ZHE LI SHI HUAI HUA

这里是

怀化

文红 ◎ 编著

九州出版社
JIUZHOUPRESS

图书在版编目（CIP）数据

这里是怀化 / 文红编著 . -- 北京 ：九州出版社，
2023.5

ISBN 978-7-5225-1809-1

Ⅰ．①这… Ⅱ．①文… Ⅲ．①旅游文化－旅游业发展
－研究－怀化 Ⅳ．①F592.764.4

中国国家版本馆 CIP 数据核字（2023）第 079869 号

这里是怀化

作　　者　文　红　编著
责任编辑　刘　嘉
出版发行　九州出版社
地　　址　北京市西城区阜外大街甲 35 号（100037）
发行电话　（010）68992190/3/5/6
网　　址　www.jiuzhoupress.com
印　　刷　唐山才智印刷有限公司
开　　本　787 毫米 ×1092 毫米　16 开
印　　张　23
字　　数　330 千字
版　　次　2024 年 1 月第 1 版
印　　次　2024 年 1 月第 1 次印刷
书　　号　ISBN 978-7-5225-1809-1
定　　价　80.00 元

《这里是怀化》编纂委员会

编委会主任：文　红

编委会副主任：袁尧清　肖建新

编委会成员：方　磊　蔡海军　吴京达　唐德彪　夏文桃

　　　　　　赵慧卉　黄义良　杨　咏

主　编：文　红

副主编：蔡海军　吴京达　黄义良

执行主编：方　磊　肖建新

序 言
怀化：美得令人心痛的地方

本书编委会

    北纬25° 52′ 22″ ~29° 01′ 25″，东经108° 47′ 13″ ~111° 06′ 30″，在祖国的大西南，湘、黔、渝、鄂、川五省交汇处，镶嵌着一颗璀璨的绿色明珠。雪峰逶迤，武陵奔腾，千里沅江宛如一条流云彩带，在群山之间九曲盘旋，渠水、巫水、潕水、辰水、酉水汇集于此，孕育了雪峰山、穿岩山、嵩云山、排牙山等国家森林公园和借母溪、鹰嘴界国家级自然保护区等众多美丽的"原生态植物园"，绘就了"雪峰画廊""沅江水秀""古城商道""侗苗风情""红色记忆"的美丽画卷。这里是怀化，一个美得令人心痛的地方。

    她从远古走来，7800年前，高庙文化在这里透出人类文明的一道曙光，凤鸟图腾在这里发源。千年古韵，绵亘不绝，成就了一段又一段文采风流、历史风云。千里沅江，烟波浩渺，屈原楚辞里的山鬼妩媚野性，王昌龄的"玉壶冰心"脱俗高洁，王阳明的"致良知"智慧通达，沈从文笔下的翠翠淳朴专情，朱湘歌里的采莲女娇美动人。神韵雪峰，雄奇壮美，传唱着"通道转兵""芷江受降"的凯歌，诉说着向警予、粟裕、滕代远等老一辈无产阶级革命家的故事，还有袁隆平"一粒种子改变世界"的传奇。山是英雄山，水是母亲河。这一片神奇的土地，沐浴着历史的沧桑，载满了人文的厚重，见证着中华历史的风云变幻，人类文明的兴衰变迁。

日月经天，江河行地。生活在怀化这块土地的汉、侗、苗、瑶、土家等51个民族从远古走到了今天，所创造的历史文化汇入中华文明和人类文明的滚滚巨流。洪江古商城、黔阳古城、高椅古村、荆坪古村等国家重点文物保护单位，沉淀着历史烟云。凝结着先贤智慧的文字、故事、文物"活起来"了，历史与现代在这里融合成一幅和谐的图景，生动而温馨。皇都侗寨、地笋苗寨、枫香瑶寨等少数民族传统村寨，日子半忙半闲，生活半丰半俭，侗族大歌、苗族歌鼕婉转动听，合拢宴、"为也"、茶棚相亲等仪式隆重热烈，傩戏、侗戏、目连戏等曲目饶有特色，处处都是体验民俗、旅游休闲的绝佳胜地。

"枋船万里通六诏，五溪烟水下三湘"，推开层层山峦，山的那边是海，怀化已成为"一带一路"西部陆海新通道节点城市。乘着最美高铁驶向诗和远方，嗨游怀化，逐梦大海，来一次身心浸润之旅、文化熏陶之旅、精神丰盈之旅吧！

《这里是怀化》，一本值得您收藏的书，一首值得您倾听的歌，一幅值得您欣赏的画。而阅读后的行走更是一种身心俱悦的享受，怀化值得一读，更值得一游。

怀化欢迎您！

目 录

第三篇　嗨游怀化

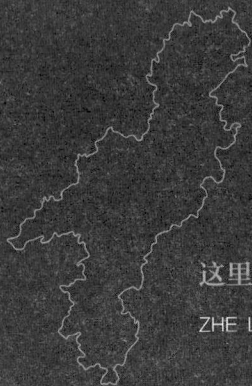

这里是 **怀化**

这里是怀化，欢迎您的到来。从现在开始，您将踏上一段神秘而惊艳的寻宝之旅，因为这里是中华文明的重要发源地之一，有着数不清的物华天宝和听不完的传奇故事，这里是屈原、李白、杜甫、王昌龄、王阳明、林则徐、沈从文等历代文人墨客行吟咏唱留下千古名篇的地方，而我们熟知的"学富五车、书通二酉""马革裹尸""老当益壮""夜郎自大""夸父追日"等成语也都出自这里。下面，我们先来了解一下怀化概貌吧。

怀化印象

　　打开中国地图，我们可以看到，地处武陵山脉和雪峰山脉之间的怀化，是中亚热带川鄂湘黔气候区和江南气候区的过渡部位，这里气候宜人，温热湿润，冬无严寒夏无酷暑，雨量充沛，光热资源丰富。沅水自南向北贯穿全境，境内溪河密布，山多林密，森林覆盖率高达71.04%，使怀化成为一座绿色资源宝库，成为中国九大生态良好区域之一。这里有活立木蓄积量8696万立方米，居湖南首位；有中药材26万亩，1900多个品种，其中175种为国家重点中药材保护品种，茯苓和天麻产量居全国第一；年产水果90多万吨。其中靖州的杨梅、溆浦的蜜枣、麻阳的冰糖橙久负盛名，是名副其实的"广木之乡""水果之乡""药材之乡"。另外，还探明矿藏11类45种，黄金、铜、磷储量分居湖南第一、三、四位，石煤、硅砂、重晶石储量居全国前列。这里是我国十大水电基地之一，水能资源蕴藏量达500万千瓦。

　　怀化南接广西壮族自治区（桂林、柳州），西连贵州省（铜仁、黔东南），被誉为"湖南西大门"，自古就有"黔滇门户""全楚咽喉"之称。怀化历史悠久，早在新石器时代就有先民在这里繁衍生息，发现于洪江市岔头乡岩里村的高庙遗址，距今7000～8000年。

秦代时在此设黔中郡，西汉为武陵郡，隋为沅陵郡，唐为黔中道，宋设卢溪郡、南阳郡，属荆湖北路，元为湖广行省下的辰州路、沅州路、靖州路，明为辰州府、靖州府，清设辰州府、沅州府、晃州厅、靖州直隶州。民国属第九、十行政区。1949 年以后，设沅陵、会同专员公署。1952 年 11 月设黔阳专员公署，治所在黔阳县（今洪江市）安江镇，1975 年迁往怀化。1981 年更名为怀化地区行政公署。1998 年，撤销怀化地区，改设为地级怀化市，辖 12 个县（市、区）和一个管委会，包括鹤城区、中方县、洪江市、沅陵县、辰溪县、溆浦县、会同县、麻阳苗族自治县、新晃侗族自治县、芷江侗族自治县、靖州苗族侗族自治县、通道侗族自治县和洪江区管委会，是湖南地域面积最大的地级市。在这片 2.76 万平方公里的土地上，目前有 530 万人在此安居乐业，其中侗族、苗族、土家族、瑶族等 51 个少数民族人口占 40%，是一个多民族聚居的地方。

得天独厚的生态优势和源远流长的历史文化，给怀化带来了丰富的自然旅游资源和厚重的人文旅游资源。她拥有 8 个主类、23 个亚类的旅游资源类型，是中国最富潜力的旅游资源黄金地带。独特的地质地貌和水系基础，造就了怀化奇山绵延、峡谷众多、泉水密布、瀑布散布的优越生态，雪峰山、万佛山、穿岩山、嵩云山、借母溪、黄溪、康龙、沅水等一系列山、峡、水、林、泉、瀑等自然景观，似锦如画。而人文旅游资源方面，有洪江古商城、黔阳古城、龙溪古镇、荆坪古村、高椅古村等为代表的古城古镇古村群落；以皇都侗寨、芋头侗寨、地笋苗寨、山背花瑶梯田等为代表的少数民族原生态文化旅游资源；以龙兴讲寺、芙蓉楼、大酉山、二酉山等为代表的名胜古迹旅游资源；以通道转兵会议旧址、芷江受降旧址、杂交水稻发源地安江农校和向警予、粟裕、滕代远纪念馆等为代表的红色旅游资源。全市现有 30 多处原始次生林，27 个国家级、省

▲ 钟坡山下尽朝晖

级自然保护区、地质公园、森林公园，处处都是"天然氧吧"。绿色的海洋里，散布着 50 个 3A 级以上旅游景区和 10 个中国少数民族特色村寨、169 个中国传统村落、23 个全国重点文物保护单位、16 项国家级非物质文化遗产代表性项目。

怀化，宛如伫立在武陵、雪峰两大山脉深处的绝代佳人，一身挂满奇珍异宝，令人初见即惊艳。您是不是已经有了说走就走到怀化探访的冲动呢？

七大名片

中央红军长征转兵之地

在怀化市的最南端，有一座美丽的县城——通道。千百年来，这里山美水秀，民风淳朴，侗乡人民世代耕种于此，过着远离纷扰、自给自足的生活，自由、恬淡、宁静。

1934年的冬天，一支3万多人的军队，悄然进入通道，在这里稍事休整，并召开了一次特别重要的会议，之后，便西进贵州。这次会议，就是中共党史上非常著名的"通道会议"，它所促成的"通道转兵"，被浓墨重彩地载入中国革命史册。通道，也因此而名扬天下。

1931年11月7日，以毛泽东为主席的中华苏维埃共和国临时中央政府，在江西中央苏区成立，临时中央政府定都瑞金，明确中国工农红军为国家的武装力量。红色瑞金成为中国革命的重要基地。中央苏区和各革命根据地的快速发展壮大，引起了蒋介石和国民党反动派的极度恐慌。从1930年到1934年，蒋介石组织国民党军，连续对中央根据地发起了五次疯狂"围剿"。1934年10月，由于王明"左"倾教条主义的错误领导，历时一年多的中央红军第五次反"围剿"失败，党中央领导机关和红军主力被迫撤离中央苏区，开始

▲ 通道侗族自治
县县溪镇红军街
摄影 / 吴庆革

了长达二万五千里的战略大突围，史称"长征"。

1934 年 11 月 27 日至 12 月 1 日，中央红军突围途中，在湘江上游广西境内，遭遇了突围以来最壮烈、最关键的一战——湘江战役。连续五昼夜的苦战，中央红军虽然突破了国民党军的第四道封锁线，但伤亡也极为惨重，人员由出发时的 8 万多人锐减至 3 万余人。

黑云沉沉，暮色苍茫。中国革命该何去何从？中央红军该怎么办？命运之问牵动着每一位红军将士的心。中央红军原计划北上与红二、红六军团会合，但是，数十万敌军早已抢先在通道以北布好"口袋"，意图全面剿灭中央红军。危急关头，1934 年 12 月 12 日，中共中央在通道召开紧急会议，参加会议的有博古、朱德、周恩来、张闻天、毛泽东、王稼祥、李德。会上，"左"倾错误领导者李德、博古不顾当时所处的险恶局势，仍然坚持从通道北上湘西与红二、红六军团会合的方针。毛泽东力主放弃原定计划，改向敌人力量薄弱的贵州前进。经过激烈争论，毛泽东的正确主张得到与会大多数人的支持。19 时 30 分，中革军委向各军团、纵队首长发出西入贵州"万万火急"电报，13 日，中央红军从通道分两路西进贵州。一场改变中央红军命运的转兵，就此拉开序幕，这就是著名的"通道转兵"。

通道转兵，于万分危急关头挽救了党，挽救了红军，挽救了中国革命，为遵义会议的召开奠定了重要基础，成为我党在长征途中伟大转折的历史开端。

杂交水稻的故乡

从茹毛饮血、刀耕火种，到春播秋收、农业文明，一部人类发展史，就是一部与饥饿抗争的奋斗史。

20 世纪 60 年代初，刚刚成立十余年的新中国，连续三年遭受严重的自然灾害，粮食大规模减产，饥饿阴云笼罩着大江南北。

历史性的转变，发生在怀化。1953 年，一个叫袁隆平的青年，从西南农学院毕业，来到安江农校任教，忍饥挨饿的经历，让他意识到，只有实现水稻大幅增产，才能战胜饥饿，才能让中国人都吃饱饭！

从 1960 年开始，袁隆平踏上了水稻增产科研的漫漫征途。当时交通极为不便，袁隆平和他的助手们，挤汽车、转火车、赶轮船，辗转奔走于湖南、云南、广西、海南等地进行水稻育种试验。一床棉絮、一卷草席、一坛土菜和一个装稻种的桶，陪伴他在祖国的天南地北，苦苦追寻、默默耕耘。

▶ 1981 年籼型杂交水稻获国家特等发明奖

1973 年，袁隆平正式宣布籼型杂交水稻"三系"配套成功，在世界上首次育成了强优势杂交水稻。20 世纪 80 年代，因为杂交水稻的大面积种植，中国人终于吃饱饭了！之后，从三系法到两系法，再到超级杂交水稻、海水稻相继研制成功，粮食产量连年增加。中国用不到世界 9% 的耕地，养活了世界近 1/5 的人口。正如袁隆平当年梦想的那样：中国人把饭碗牢牢地端在了自己手上！怀化，作为杂交水稻的发明地，从此以"杂交水稻的故乡"美誉天下。

说起来也是神奇，从地理位置上分析，怀化就是一个适宜植物生长的"物种天堂"。而以安江镇为中心的 68 平方公里区域，更是一块世界罕见的神奇物种遗传变异活跃区。安江农校的对岸，就是国家级重点文物保护单位——高庙遗址。遗址的出土物证明，在距今 7000 多年前，这里的先民就有了种植水稻的历史。或许，怀化成为杂交水稻的发明地，既是幸运，更是注定。

杂交水稻的研制成功，给全人类带来了福音。目前，杂交水稻已在 40 多个国家和地区生根发芽，谱写了"一粒种子改变世界"的神话，袁隆平先生，也被尊称为"世界杂交水稻之父"。

2021 年 5 月 22 日，90 岁的袁隆平先生，因病在长沙逝世。消息传出，举国哀悼，万民垂泪。这位"共和国勋章"获得者、中国工程院院士，把自己毕生追求的水稻增产科研梦，化作了沉甸甸的稻穗；把农业科技人员造福人民的信念，深深地印在了共和国丰沃的大地！

中国凯旋门

在怀化市的中部、潕水中游，有一座历史悠久的小城——芷江。境内有明山，明山石雕的历史超过千年，宋代即为皇家贡品，闻名遐迩。

然而，真正让芷江名扬天下的，是她以一座抗战胜利之城的形象，激发了无数华夏儿女的民族豪情，光芒四射地载入中华民族的史册。

"八年烽火起卢沟，一纸降书落芷江。"1937 年 7 月 7 日，卢沟桥事变爆发，日本侵略者悍然发动全面侵华战争，中华民族全面抗战的序幕就此拉开。1945 年 4 月 9 日至 6 月 7 日，中国抗日战争时期正面战场的最后一次会战"湘西会战"，在雪峰山下打响，双方此战的目的是争夺芷江空军基地，故又被称为"芷江保卫战"。这场长达 55 个昼夜的会战，日军死亡 12000 多人，伤亡总计达 27000 余人。芷江保卫战给日军以歼灭性的打击，为抗日战争的全面胜利，

中国人民抗日战争胜利受降旧址
The Original Site of Chinese People's Anti-Japanese War Victory Surrender Acceptance

▲ 中国凯旋门——中国人民抗日战争胜利受降旧址

立下了不朽功勋。在英雄的雪峰山下，日本侵略者的铁蹄惨然止步，在英勇的中华儿女面前，日寇傲慢的头颅黯然低下。1945年8月15日，日本天皇裕仁以广播《停战诏书》的形式，正式宣布日本无条件投降。

1945年8月21日，日军派出侵华日军副总参谋长今井武夫作为乞降使节，在芷江县城东的七里桥村磨溪口，与中国陆军相关高级参谋人员，商定日军向中国军民投降的所有事宜，并在日本投降时注意事项备忘录上签字，史称"芷江受降"。历时十四年的全面抗战，从北京的卢沟桥开始，在雪峰山下的芷江七里桥结束，英勇无畏的中华民族获得了最终的全面胜利。

为纪念"芷江受降"这一重大历史事件，缅怀在抗日战争中英勇牺牲的中国军民，1946年2月，在芷江七里桥村磨溪口修建了受降纪念坊。纪念坊取沅州白石筑成，造型为四柱三拱门血字形，寓意中国抗日战争胜利，是3500万军民用鲜血和生命换来的，警示后人要牢记历史，珍爱和平。芷江受降纪念坊是中国人民抗日战争胜利的标志，是中华民族伟大不朽的历史丰碑，是世界反法西斯战争胜利的重要历史见证，被誉为"中国凯旋门"。它也是全球唯一标志二战胜利的纪念性建筑物。

"芷江受降"，宣告了侵华日军的彻底失败，写下了我国自鸦片战争以来，抵御外敌入侵第一次取得完全胜利的光辉篇章，这个时间永恒定格在 1945 年 8 月 21 日。从此，这座位于中国湖南怀化的小城芷江，与中华民族的抗战胜利荣耀紧紧地联系在一起。芷江，以"抗战受降名城""中国凯旋门"的名片，享誉世界，成为张扬中华民族胜利豪情的国际和平名城。

国际陆港新城

说起怀化这方土地，犹如翻阅一本厚厚的历史书籍。它拥有古老而灿烂的过去，高庙遗址的发现，把它的文明史远推到 7000 多年前。但怀化这座城市，却是年轻的。从 20 世纪 70 年代至今不过短短 50 余年，怀化，这座"火车拖来的城市"，如今已拥有了"国际陆港新城"这一崭新的名片。

今天我们称之为怀化市区的地方，在 20 世纪 70 年代，还只是一个名叫榆树湾的小镇。小镇只有一条青石板小街，几百户人家，总人口不足 3000，周围是荒山一片。然而，小镇所处的特殊位置，给它带来了前所未有的改变。1970 年 8 月，国务院领导亲自审批，确定了湘黔、枝柳两条铁路在此交会的方案。9 月，一支庞大的筑路队伍开进了榆树湾。10 月，百万建设大军开始奋战在湘黔铁路沿线。

在那个火热的年代，年轻的建设者们披荆斩棘，战地斗天。他们遍地扎工棚、四处搭炉灶，形成了"白天人山人海，晚上灯火通明"

▶ 怀化西编组站位于怀化市区，是沪昆、焦柳、渝怀三大干线的会合点，是湘西最大的铁路编组站，也是全路规划的地区性编组站之一

摄影/潘雨

的壮丽景观。他们逢山开路，遇水搭桥，用青春与汗水凿开了古老的山川。"雪峰腹地凿隧道，沅水河上架钢桥。削峰填壑修铁路，会战湘黔逐浪高。"历经两年艰苦卓绝的奋战，1972 年 10 月 13 日，湘黔铁路湖南段全线贯通，火车第一次开进了偏远而闭塞的大山。

铁路的建成和通车，带来了快速的经济发展。1979 年 4 月，国务院下文批准成立县级怀化市，从此，怀化，以一座"火车拖来的城市"而声名远扬。1998 年，怀化撤地设市。至此，怀化成为一座

真正意义上的现代都市。

　　21 世纪初，随着湘黔铁路复线建成和多条高速公路的开通，以及芷江机场的通航，怀化城市发展"一年一个样、三年大变样"，路网结构完善、城市骨架拉开，青春怀化一天天长高、长大。2014 年 12 月，沪昆高铁怀化—长沙段通车，给怀化人带来了"说走就走"的公交化出行便利。2018 年，怀化至白俄罗斯首都明斯克的中欧班列开通，怀化成为中欧班列"朋友圈"的新成员，由此打通了武陵山片区、大西南地区乃至东盟地区联通欧洲腹地的快速通道，怀化成为湖南省除省会长沙以外交通最发达的城市！

"十三五"期间，国家提出建设西部陆海新通道，这是一条连接起中国西部和世界各地的大道。而怀化，正是这一新通道上的重要节点。2021 年 9 月 13 日，怀化国际陆港正式开工建设。怀化通过铁海、铁铁、公铁多式联运，紧密连接北部湾港、广州港、中老边境口岸，以至东盟各国。怀化国际陆港，成为怀化和湖南对接融入国家西部陆海新通道的枢纽工程。

从昔日名不见经传的弹丸之地榆树湾，到如今商通天下的国际陆港新城，年轻的怀化因"路"而生、倚"路"而兴，从"火车拖来的城市"，一跃发展成为拥有普铁、高铁、航运航空和高速公路的全国性交通枢纽城市。"火车拖来的城市"，承载的是湖湘儿女凿山开路、建设通畅中国的光荣历史。"国际陆港新城"，对接的是五溪人民锐意开拓、打造开放怀化、幸福怀化、现代怀化的美好未来！

多彩民族风情之域

多彩民族，风情怀化。怀化自古为多民族聚居地，汉族、侗族、苗族、瑶族、白族、土家族、回族等 51 个民族在这里繁衍生息，和谐共处，创造了浩如烟海的灿烂文明，形成了璀璨多姿的民族风情，是一方充满魅力的"多彩民族风情之域"。

这里，有以歌舞传承文明，建筑传承艺术，"饭养身，歌养心"的皇都侗寨、芋头侗寨；有以苗族歌鼟迎远亲，龙头盛宴待贵客的地笋苗寨；有以哭嫁、茅古斯、摆手舞为特色的胡家溪土家风情；有以"挑花""花瑶长鼓舞"等享誉世界的枫香瑶寨；更有神奇神秘的巫傩习俗，多彩民族风情令人沉醉。

怀化，古为楚国治下，是楚文化和巫傩文化重要的发源地和传承地。千百年来，各民族同在湖湘大地共沐楚文化，共同吸收着楚文化的营养，楚风、楚俗、楚礼深深地影响着各民族的历史文化，各民族从风俗、饮食到民间节庆，既有差异，又有相似相通之处。3000 多年前，伟大诗人屈原流放于此，创作了《涉江》《天问》《山鬼》等楚辞名篇，记载了怀化神奇的巫傩民俗。时至今日，还傩愿、唱傩戏、上刀山、踩火堆等巫傩仪式，赛龙舟、吃粽子的端午民俗，盘瓠崇拜、山神崇拜、万物有灵的民间信仰……成为怀化境内汉、侗、苗、瑶等各民族共同的习俗。

"高山连着高山啊，这是我们的屏障，我们神圣的祖母啊，你是这深山的阳光……"（《侗族远祖歌》）怀化是歌的海洋，少数民族音乐的天堂，历来以歌会友、以歌传情、以歌择配、以歌传史。多声部无伴奏的侗族大歌宛如天籁，模拟鸟鸣蝉唱、流水林涛的苗族歌鼟亦真亦幻，极富穿透力的沅水号子、茶山号子铿锵辽远……侗族的芦笙舞、哆吔舞，苗族的跳月舞、花灯舞，瑶族的长鼓舞、伞舞，土家族的摆手舞、茅古斯舞，白族的霸王鞭舞，或婀娜多姿，或粗犷矫健，或欢快有趣。

这些精彩纷呈的音乐、歌舞，是各民族劳动生活的缩影和历史文化的沉淀。这里的人民勤劳勇敢，依山傍水聚族而居，民风淳朴。各具特色的民族建筑、工艺品令人叹为观止：侗族织锦、花瑶挑花、苗族银饰、土家蜡染，五彩斑斓，美轮美奂；鼓楼、吊脚楼、凉亭、风雨桥，巧夺天工，令人惊叹。鼓角、芦笙、木叶响起，热情似火的舞蹈跳起，锦服银饰在田间地头、鼓楼长廊中闪亮，宛如一幅各民族用自己独特的民族工艺、历史人文编织的锦缎，成为怀化旅游一道亮丽的风景线。

湘商福地

在怀化中部，雪峰之麓，有一座烟火万家的千年古城——"中国第一古商城"洪江古商城。这里，鳞次栉比的窨子屋、斑驳幽深的高墙窄巷、随风摇曳的商号幡旗、纵横交错的当铺钱庄，飘逸着古商城历史文化的幽香，令人感慨于千年湘商的财富传奇。

洪江地处沅水、巫水两江交汇处，此地江面豁然开朗，浩浩汤汤，洪江因此得名。3000 年前商代时期，水上丝绸之路开始形成。据记载，四川的物资经长江转入沅水，在洪江换苗船到达贵州清水

▶ 洪江古商城独具特色的古窨子屋，蜿蜒回环的青石板路，众多的楼堂馆所、店铺作坊，散落在古商城各个地段，诉说着古城昔日的辉煌，展示着独特的商道文化气质

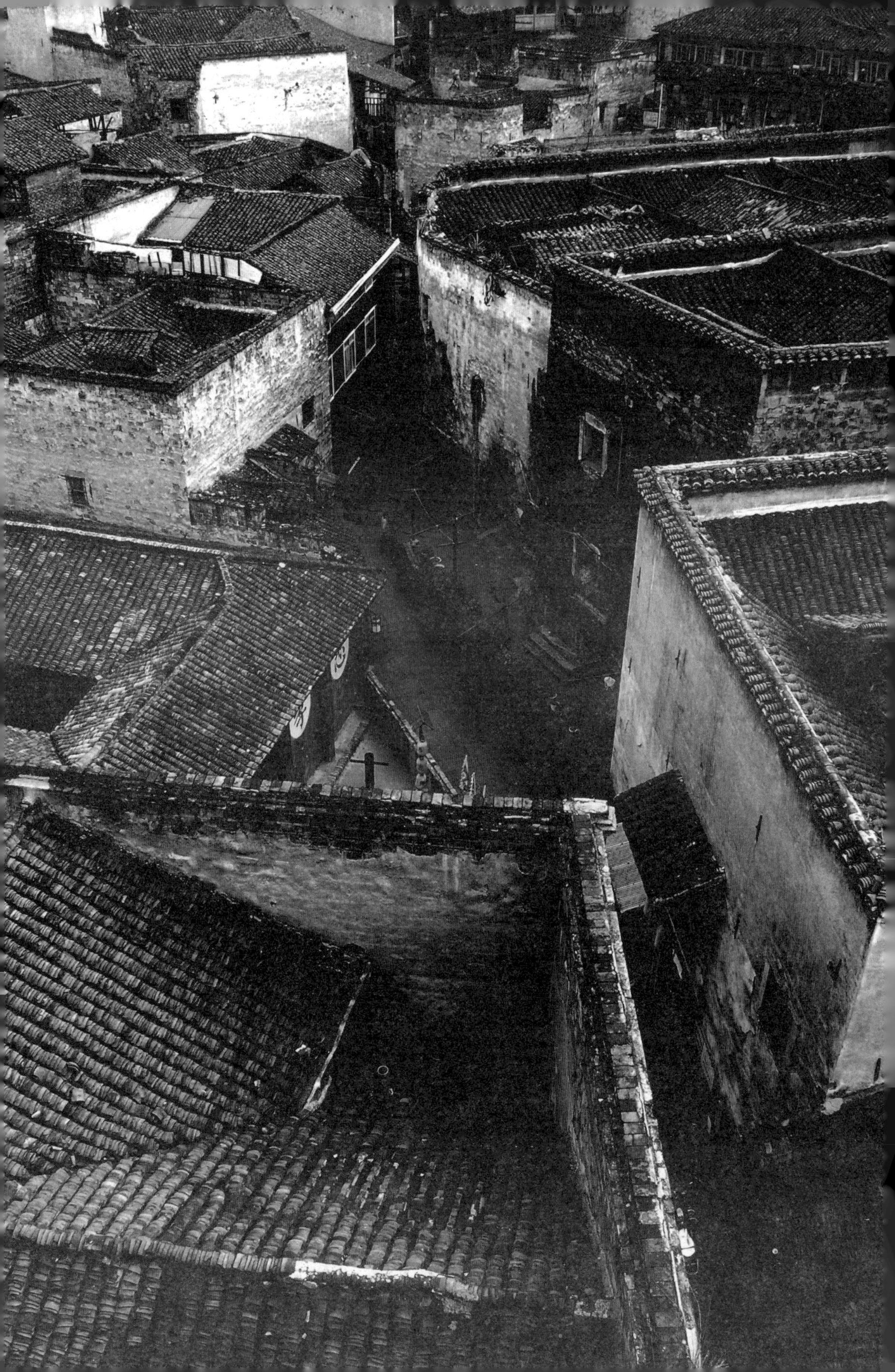

江源头，再换马帮进入云南，继而缅甸、越南，洪江作为其中的一个重要节点，就此繁华起来。北宋熙宁十年（1077），洪江就有了商税记录。

明末清初，江西、安徽、江浙一带的商人纷纷来洪经商，逐步形成商业"十三行帮"和"五府十八帮"的繁华局面。此后二百年间，洪江古商城进一步兴盛，涌现出 10 大会馆、18 家报社、23 家钱庄、34 所学堂、48 个半戏台、上百家店铺、近千家作坊，以集散洪油、木材、药材、白蜡名扬一时，是滇、黔、桂、湘、川五省的物资集散地，演变为"万货辐辏、百工毕集"的西南大商埠。民国时期，洪江的货币流通量居湖南省第二位，仅次于省会长沙。当时广为流传的一句谚语"一个包袱一把伞，走到洪江当老板"，吸引了许多人来洪江淘金，其中一些人经过数十年历练，由小商小贩变为豪门巨富，演绎了一个个跌宕起伏的湘商传奇。

千帆过尽，浮华成烟。今天的洪江古商城依然完好地保存着明清古建筑 380 多栋，"井"字形排列错落有致，形成"七冲、八巷、九条街"的独特格局，其建筑规模庞大而霸气，风貌古朴又美丽，底蕴深厚且丰富，积淀着丰厚的历史遗存和商道文化。"鱼龙变化、外圆内方"的辩证思维，"吃亏是福、诚信为本"的经商之道，"以和为贵、里仁为美"的处世哲学，培育了一代代睿智而自信的湖湘名商，成就了一个个富甲一方的商界巨子，洪江古商城也因此被称为"湘商福地"。

中华文脉传承地

"关关雎鸠，在河之洲。""青青子衿，悠悠我心。"这些朗朗上口、意境优美的诗句，成为先秦文学留给后人的宝贵财富。你可知道，如果没有秦朝时那一次名垂汗青的"二酉藏书"，那么，星光熠熠的先秦文明、灿若星河的经史子集、灵光四射的诸子百家，或许，我们都将无缘得知。

在怀化市的北部，有一个历史文化大县——沅陵。在县城西北15公里处的二酉苗族乡乌宿村境内，坐落着一座很不起眼的小山，名二酉山。山梁起伏，状如书页，又称"万卷岩"。在二酉山的半山腰，有一个名扬千载的山洞——二酉藏书洞。成语"学富五车、书通二酉"，就是典出于此。

公元前221年，秦王嬴政"扫六合、统天下"，建立了中国历史上第一个中央集权的封建国家，嬴政称帝，史称"秦始皇"。公元前213、前212年，秦始皇采纳宰相李斯的建议，下令焚烧《秦记》以外的列国史记，《尚书》《诗》《列国志》等在内的一大批先秦文化典籍均在焚烧之列。继而，又尊法坑儒，活埋儒生460人，孔子、老子等先贤的思想学说，面临着失传之忧。这就是历史上有名的"焚书坑儒"。

据传，当时的一位书生伏胜，为挽救先秦文化典籍，冒着被诛九族的危险，偷偷将两千余卷书简择地而藏，车载船运至二酉山上的二酉洞。秦亡汉兴，伏胜将全部藏书献予朝廷，重新刊印。汉高祖刘邦龙心大悦，亲自将二酉藏书洞册封为"文化圣洞"，二酉山册立为"天下名山"。从此，二酉山、二酉洞便成为天下圣迹，成为读书人心之向往的地方。历朝历代文人墨客，前往二酉山拜谒者，更是接踵而至，刘禹锡、黄庭坚、王阳明等都在此留下了大量精彩的诗词文章。

《辞源》对"二酉藏书"作了明确的记载："二酉，指大酉小酉二山。在今湖南沅陵县西北。太平御览四九荆州记：小酉山上石穴中有书千卷。相传秦人于此而学，因留之。后称藏书名二酉。"

走进二酉藏书洞，洞口边立有一块石碑，上刻"古藏书处"四个大字，为清光绪年间时任湖南督学使者的张亨嘉所题。穿越岁月风雨的石碑，苍劲有力的"古藏书处"四个大字，仿佛默默地诉说着那段已然远去的历史。

二酉藏书故事的记载与传说，成就了二酉山这座文化名山。正是有了二酉藏书，才使得秦前文化得以薪火相传。没有二酉藏书，世界东方上下五千年的历史也许会出现断代，古老灿烂的东方文明也许会难以延续。二酉山，因此被誉为中华文脉的传承之地。

＞＞延伸阅读：智慧旅游

"智慧旅游"是"智慧怀化"建设的重要板块。怀化智慧旅游开发建设围绕"以游客为中心"的理念，已建成推出怀化文旅广体云、怀化旅游微信公众号、"嗨游怀化"文旅消费一卡通等智慧旅游产品。怀化文旅广体云平台是市文化旅游广电体育局重点打造的一站式文旅广体综合服务平台，可以向怀化市民提供信息资讯、预约预订、文化课堂、志愿服务、文旅地图、文化怀化、文化遗产、社会机构、品牌推荐、一机游怀化、体育之家、广电之声、行政许可、市场监管等线上服务，发布怀化公益性文化活动、演艺演出、旅游资源等信息，展现全市街道社区文旅广体资源，发掘民间文化创意作品，为市民提供统一的、随时随地享受公共文旅服务的入口，是一个集文旅广体活动信息、群文活动预约预订、资源共享使用、群文互动分享等于一体的系统应用平台。网站 PC 端、移动 App 端（Android、IOS）、微网站 WAP 端、一机游怀化小程序端、微信服务号等多渠道相配合的应用模式，可以满足怀化市民日益增长的公共

▲ 怀化文旅广体云、怀化旅游微信公众号、"嗨游怀化"微信公众号

文旅需求。"嗨游怀化"文旅消费一卡通全面升级覆盖怀化 52 家 A 级景区,各县(市、区)300 多家旅游商户、星级酒店以及公共文娱场所,提供了"一卡在手,嗨享怀化玩乐生活"的体验,是一个更惠民、更好玩、更实用的文旅消费融合的载体。

这里是 **怀化**

"怀抱天下，化育万物"，怀化是一片钟灵毓秀的土地。

让我们一起走进去，细细品味这里的神奇山水、悠悠古韵、

红色传奇和民族风情，相信你会深深爱上这个地方。

第二篇

走进怀化

日出雪峰山
摄影 / 杨锡建

山水怀化

神韵雪峰

"湖南屋脊"雪峰山，位于湖南省西部沅江与资水之间，西南起于邵阳绥宁县巫水北岸、东北到益阳市，穿越湖南省怀化、邵阳、娄底、益阳四市的会同、洪江、中方、辰溪、溆浦、绥宁、武冈、洞口、隆回、新邵、新化、安化等 10 多个县市区，绵亘 350 多公里，宽 80 至 120 公里，因主峰常年积雪而得名。

雪峰山沟壑纵横，群峰耸峙，山势高峻，海拔在 1000 米以上的山峰有 500 余座。主峰苏宝顶，位于怀化洪江市境内，海拔 1934 米，素以"雪峰天险"闻名于世，是中原大地通向大西南的天然屏障。湖南雪峰山国家森林公园位于雪峰山脉主峰苏宝顶地域，总面积 4025.9 公顷，森林覆盖率高达 90.7%，被誉为"雪峰第一避暑胜地""天然生态氧吧"。这里古木参天，珍禽异兽随处可见。生长着野天麻、灵芝、白术、茯苓、金银花等药用植物 500 余种，是一座天下罕见的天然中药植物园。乌骨鸡、云雾茶、玉兰片、薇菜、薏米、龙牙百合等名优特产更是驰名中外。

雪峰山地名约定俗成并载入史册不超过百年，此前至宋代叫

"梅山"，"梅山"之前叫"楚山"，"楚山"之前叫"会稽山"，"会稽山"之前与武陵山合称"昆仑山"（非现今昆仑山）。历史悠悠，屹立千年的雪峰山，见证了怀化的岁月沧桑：2300年前伟大的爱国主义诗人屈原溯沅江而上，在此留下了《天问》《涉江》等绝世美文；1945年中国抗日战争最后一战——雪峰山会战在这里打响。这里孕育了魏源、蔡锷、陈天华、成仿吾、向警予、粟裕、滕代远等一大批杰出人才，这里还有诸葛亮、李自成的遗迹，有佛道文化交融的古佛寺，有凝聚第四纪冰川印记的活化石——雪峰山天池，有"世界文明卫生第一村"——翁朗溪村。当然，还有举世闻名的杂交水稻。

▲ 雪峰山国家森林公园入口处园名由"共和国勋章"获得者、中国工程院院士袁隆平题写

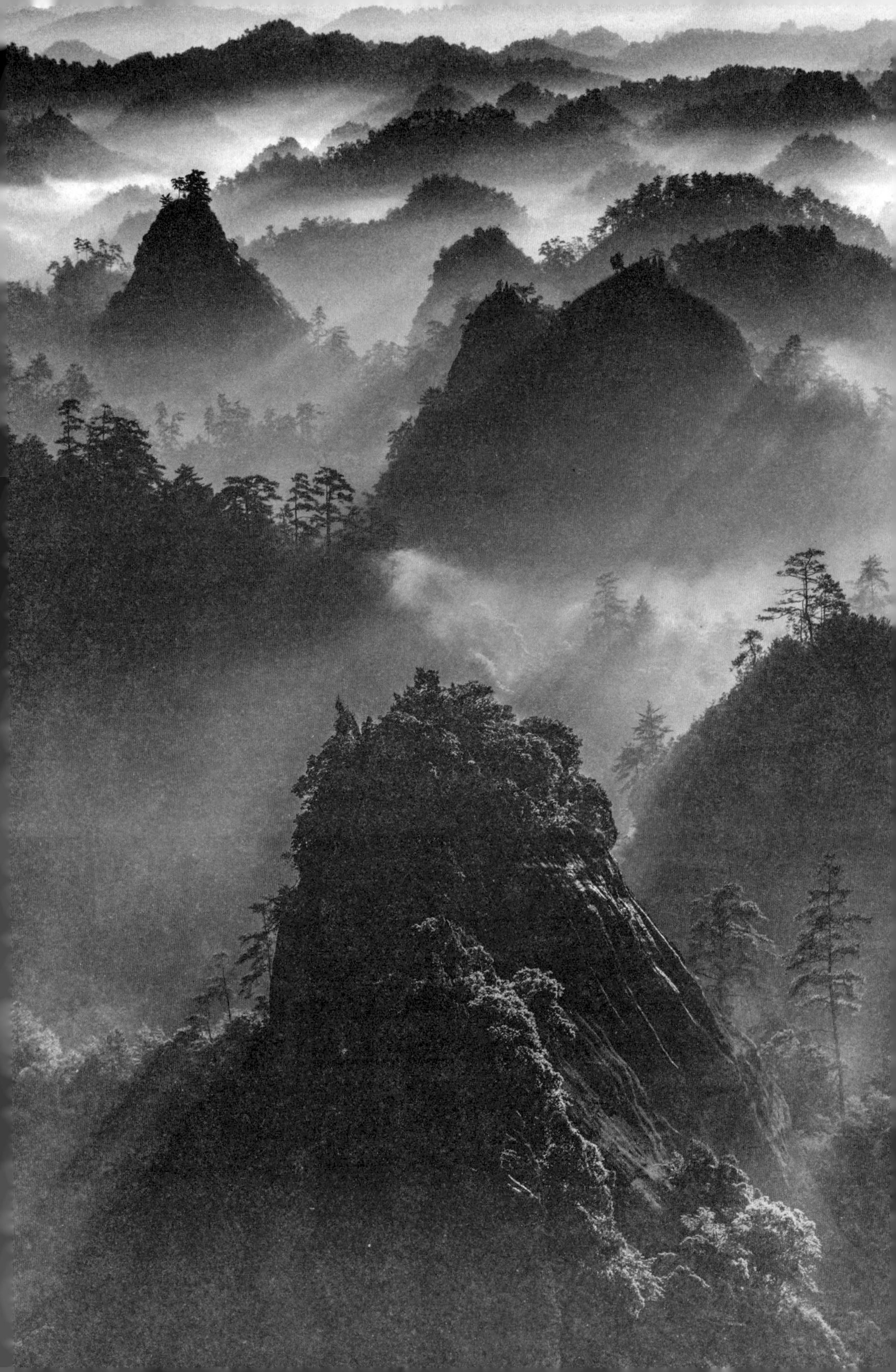

万佛魅影
摄影 / 吴公海

▲ 万佛山

万佛山

"通道东北万佛山，万座丹峰拥翠环，神州丹霞五百处，此山可列十名前"，我国著名的丹霞地貌专家黄进教授多次对万佛山进行考察后，欣然写下这首诗。万佛山位于通道侗族自治县临口镇，距县城20公里，离怀化200公里，是全国最大的丹霞地貌群之一，国家自然遗产和国家级风景名胜区，省级地质公园。万佛山丹霞地貌总面积有200多平方公里，被地理学家誉为"绿色万里长城"，景区里有独岩挺秀、七星古庵、福地洞天、雄狮望月、擎天一柱、美女望夫、神州海螺、金龟觅食、天生鹊桥、三十六弯森林迷宫共十大绝景。

万佛山主峰海拔597.9米，登临山顶，站在视野最为开阔的玻

璃栈道上极目远眺，近千座山峰拔地而起，肃然耸立，直通天际，万佛朝宗的庄严景象震撼人心，又平添几分神秘。周边各地的摄影人特别喜欢来这里，不时有人相约三五好友凌晨或傍晚登顶，抓拍万佛山在不同天气里的千姿百态。云雾蒸腾的，霞光万丈的，烟雨朦胧的……如果运气足够好，还能有幸遇见传说中的佛光一现。不同的美，让人同样的沉醉和感动。万佛山壮美如斯，神秘如斯，你动心了吗？

穿岩山

穿岩山地处湖南雪峰山生态文化旅游功能区的核心地带，现为国家森林公园、国家 4A 级旅游景区。穿岩山景区位于雪峰山东麓，

▶ 穿岩山森林公
园雁鹅界
摄影 / 刘景成

▶ 穿岩山森林公
园枫香瑶寨

公园占地 2907.3 公顷，森林覆盖率达 86.3%。公园内景观资源丰富
多样，有维管植物 238 科 975 属 2394 种，其中国家一级保护植物达
23 种，国家二级保护植物 121 种。有陆生脊椎动物 28 目 79 科 236
种，其中国家一级保护动物 2 种，国家二级保护动物 29 种。

景区四季风景殊异，大花红山茶、野生各色杜鹃、金缕梅、兰
花等遍布山野。有南天门、奇松岭、山鬼和诗溪江大峡谷等自然风

光和日出、云海奇观。有枫香瑶寨、千里古寨（云端帐篷和房车营地）、雁鹅界古村、时珍园等民宿。还有网红无边际泳池、穿岩山龙凤玻璃观景台、玻璃滑道、飞龙栈道、5D 玻璃桥、时空隧道等旅游业态和产品。同时，公园内分布多个地文、水文、人文景观，汇聚了楚文化、抗战文化、巫傩文化和舞龙灯、耍狮子、唱辰河戏、吼高山号子等民俗风情。

黄 岩

黄岩是雪峰山脉的一个支脉，属于典型的喀斯特高山台地。地处怀化市城郊东侧，距离城区仅 20 余公里，平均海拔 850 米，最高海拔 1200 米。这里自然景观迷人，古木参天，林深似海，群山环抱，云雾缭绕，因境内气温常年比市区低 5℃~7℃，享有"千年无

▼ 黄岩风景

▲▶ 黄岩风景

一暑、百里无蚊帐""怀化庐山"之美誉。

黄岩占地 55.86 平方公里，1996 年成立黄岩旅游度假区管理处，正式启动黄岩旅游开发项目。经多年建设，如今的黄岩已经打造成具有"花的海洋、山的奇险、水的柔美、林的秀丽"这四大特色的休闲旅游度假胜地，2019 年被评为国家 4A 级旅游景区。景区目前主要有怀化大峡谷和白马风景区两大区域。

怀化大峡谷由"峡谷探险觅幽"和"石林花山休闲"两大功能区组成，这座处于高山台地之间的原始次生林大峡谷，拥有得天独厚的两万多亩森林资源和陡峭的悬崖景观，是"国家农业科技园区""国家级石漠化公园""文明风景区""旅游扶贫示范基地"。"丛林漫步"怀化大峡谷休闲徒步线路是"怀化十大最美徒步线路"之一。

白马风景区位于白马村，森林覆盖率达 78%。景区拥有原始次生林、溪谷、溶洞等自然景观，已建成森林康养步道、露营区、拓

▲ 乘风破浪
　摄影 / 郑邦文

展训练区、游乐设施、互动体验、生态农庄、森林木屋等基础设施，成为休闲度假、摄影创作、户外运动、健身娱乐的多功能景区。游客在此可领略到广阔的原始次生林风光，享受到野生杜鹃竞相绽放的芬芳，是天然的氧吧和研学拓展胜地。

飞 山

湘西名山之一的飞山，有"楚南第一峰"之美称，面积 1913 公顷，是国家 4A 级旅游景区。位于靖州苗族侗族自治县城西 5 公里处，又名胜山，俗称飞山寨，是古代兵家争夺的要塞，又为历代宗教之圣地。海拔 720 米的飞山气势恢宏，巍峨挺拔，三面险峻，突兀而立，形如钟鼎、皇冠，山顶平旷，其上双峰突起，直刺云天。登临其上，可收田园山川于眼底，赏清风明月于云端。古为五溪胜景之一。

飞山，寺庙林立，古迹众多，有飞山庙、方广寺、灵官殿、玉皇阁、皮卢寺、摩真庵；有气势磅礴、笔力遒劲的邓子龙《登飞山》诗刻碑，有民国行政院院长谭延闿题联碑。数百年来，香火兴旺，游人如织。

飞山山腰多岩洞。白云洞为一大洞，洞口位于东南绝壁之上。洞口原筑有精舍，已圮。但明靖州司马吴文宗所镌"白云洞天"四字仍耀眼于洞口绝壁之上，其先人所书"天开列嶂"四字只有隐约痕迹。白云洞往右不远处，为瀑布高挂的飞珠岩，又名"白牛洞"。洞虽不深，但洞壁光滑，山泉沿壁而下，在阳光照耀下，远远望去犹如一头白色水牛。此外，飞山上还有天塘界终年不干的天塘，林龙坳千姿百态的奇石。每当夕阳西下，余晖中的飞山好似一幅雄浑剪影，在漫天彩霞簇拥下显得分外壮观神奇，这就是"靖州十景"

▶ 方广寺

▶ 飞山禅寺

之一的"飞山夕照"。

　　飞山又是一座有故事的山，相传是"忽一峰飞至"靖州而得名。白云洞内一座精致小寺门口楹联"灵鹫向云中隐去，奇峰自天外飞来"，就道出"飞山"的神奇来历，只是没指明"天外"是何方。众多的传说中，流传最广的是说飞山来自与靖州不远的邵阳武冈。武冈城南7.5公里处有一座名山叫云山。据古籍记载，云山"相传为七十二峰，一峰飞去靖州城外，遂为胜景"。所以云山只剩七十一峰了，而靖州则有了"飞山"。

◀ 沅陵二酉山

　　登顶飞山，可访"飞山太公"杨再思的庙，他是靖州杨氏始祖，虽然具有汉族血统，但也被湘西侗族、土家族杨氏尊为开族先祖。关于他的传奇经历，可参阅本书历史名人章节。

二酉山

　　中华文化圣山，古秦人藏书处，"学富五车，书通二酉"就出自这里。二酉山位于沅陵县城西北 15 公里处乌宿。当地人以此为酉水、酉溪二水合流处，故名。因山梁起伏，状如书页，又称万卷岩，是道家第二十六洞天，国家 3A 级旅游景区。

　　相传，上古时黄帝曾于此山藏书。武陵人善卷因避舜帝禅让，隐于此山守护黄帝藏书，并以之教化当地百姓。周朝时，周穆王又在此山中收藏异书。秦始皇统一中国后，采纳丞相李斯的建议焚烧秦史以外的列国史记，《诗》《书》《百家语》也在焚烧之列。焚书坑儒行动，竟坑杀咸阳诸生 460 多人。一时之间，全国到处浓烟滚滚，秦前文化面临绝灭。这时，博士伏胜挺身而出，装运了五车计二千余卷书简出咸阳准备择地而藏。伏胜想到善卷隐藏之地，也即屈原流放之地五溪，于是偷偷将书籍从咸阳经河南，水舟陆车，日夜南奔，经洞庭湖再乘小船，沿沅水转酉水逆江而上，千辛万苦地把这些竹简藏在"鸟飞不渡""兽不敢临"的二酉山山洞里。直到秦亡，他才拿出来献给汉高祖刘邦，终于保住春秋诸子百家学说不致断绝，延续了中华五千年文脉。

　　二酉山藏书功德，厚重千秋，被历代文人墨客视为天下名山而敬仰崇拜。宋真宗年间，辰州通判欧阳陟游于此山，感慕追思善卷之德，上书真宗皇帝赵恒，请建祠庙祀善卷，以示崇德报功之意。真宗皇帝准奏，下旨在二酉山顶为善卷建立祠堂。明朝时，辰州卫人董汉策、王世隆，分别自费在山中建翠山、妙华书院。抗日战争期间，湘府迁沅陵，来此避难的专家、教授不计其数。二酉山下的乌宿小学校长龙盛恒借此机会，聘请其中深孚众望者执教小学，为

▼ 书出二酉

▲ 丹凤朝阳

乌宿人才教育奠定了坚实的基础。新中国成立后，乌宿镇人才辈出，人口不到 3 万的地方，走出了近百位专家教授，成为远近闻名的"教授村"。

嵩云山

嵩云山位于洪江老城西部，相传往昔嵩云山上古松参天，云环雾绕，松、嵩同音，故名之为嵩云。属雪峰山脉西南端，东北倚老鸦坡，西南靠云雾山，海拔 500 余米，总面积 3349.67 公顷，其中林地面积 3073.8 公顷，森林覆盖率达 92%，以独特的原始自然风貌闻名遐迩。它峰密岩险，谷深涧幽，水秀林碧，云缭雾绕，以神秘、深邃、大气、古朴而被誉为"湘西第一名山"。

嵩云山景区森林旅游资源涵盖了生物景观、地文景观、水文景观、人文景观及天象景观五大类型，具有较高的文化、科研、美学及旅游价值。最著名的景点有大兴禅寺、药王寺、雄溪公园、老鸦

大兴禅寺

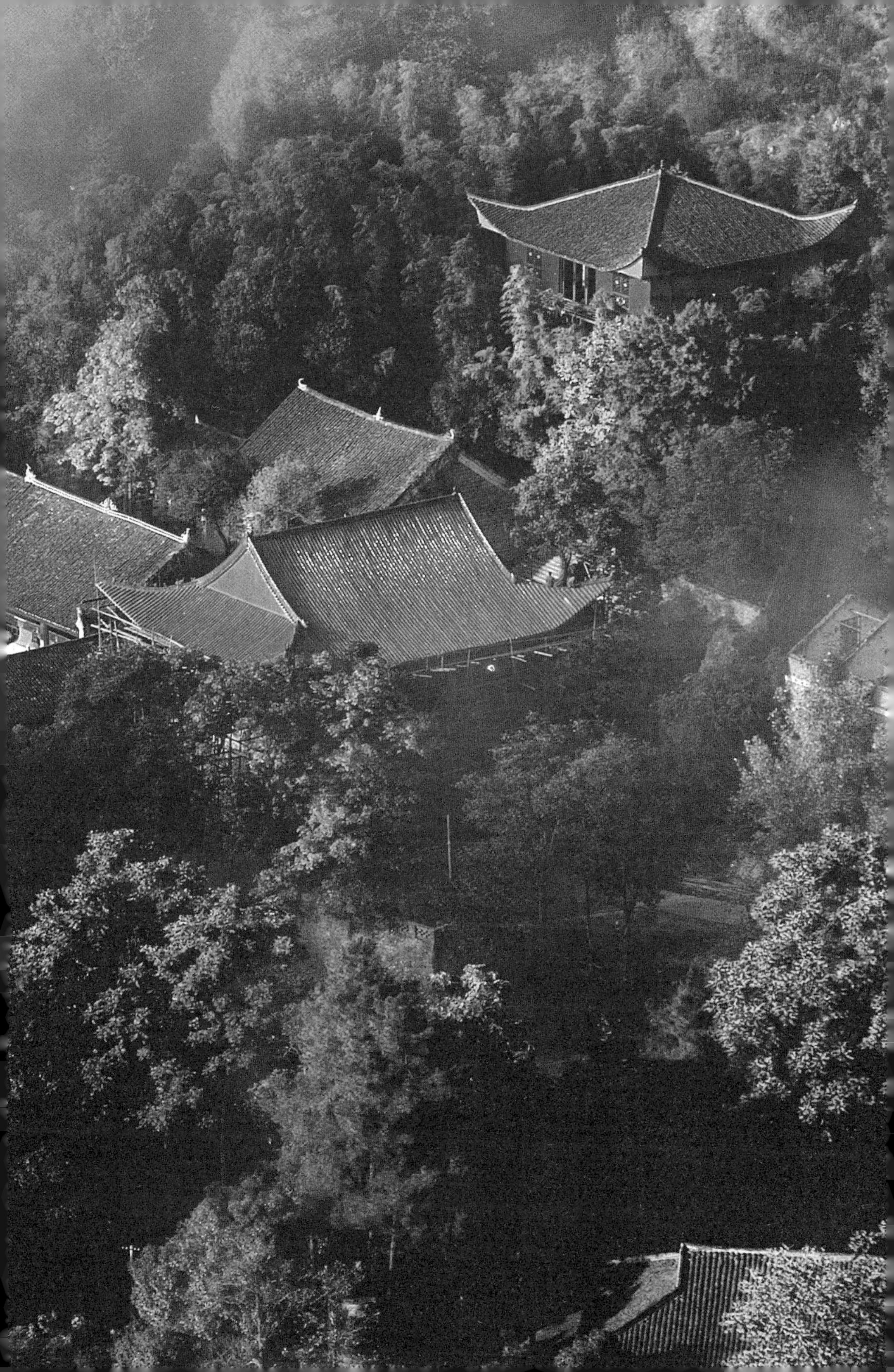

▲ 山林秋色

▲ 嵩云飞瀑

坡、紫竹林、镜子岩、白龙洞、嵩云庵、妙音寺等。登临嵩云山的最高峰老鸦坡极目远眺，峰峦雄伟、群山叠翠，还有古商城的山光水色，令人心旷神怡。只要不是连续下雨，在嵩云山都能看到云海。观云涛雾海的最佳地点是妙音寺、大洪坡、古炮台。每年10月到次年4月是嵩云山观赏日出云海的最佳时间，可见云海日出交相辉映、如梦似幻、气势磅礴，犹如置身仙境。

"正月上南岳，三伏拜洪江"，这是在湘西南广为流传的一句话。嵩云山的夏季平均气温才26℃，走进大山，有如走进了一间纯天然的"空调房"。山中古寺大兴禅寺，由嵩山愿如法师建于明世宗嘉靖二十二年（1543），占地面积2平方公里，建筑面积4000平方米，规模宏大，构筑精致，共分三进。寺庙古木葱茂，景色优美，有"湘西第一名寺""小南岳"之美称，也是全省重点寺院之一。清明前后，嵩云樱花盛开，当地举办"浪漫樱花节"活动，赏樱花，品美食，大兴禅寺祈福，是怀化春季踏青的一大盛事。

2010年9月底，原国家林业局正式行文，准予设立嵩云山国家级森林公园，定名为"湖南嵩云山国家森林公园"，以嵩云山省级森林公园为主体，整合了嵩云山景区、竹海景区、古商城景区、横岩库区等四个主要景区，是湖南省重要的区域性重点森林公园。

夸父山

"山不在高，有仙则名。"这话用在沅陵县的夸父山身上可谓精当，因为远古神话"夸父追日"出自这里。夸父山位于怀化市沅陵县五强溪镇和常德市桃源县接邻的夸父山村境内，俗名撑架山。山高不过百米，却有三个石峰拔地而起，像极了古代架鼎的三块大石头。《山海经》《水经注》里都有"夸父追日"的记载。《朝野金载》：夸父山在辰州东，三石"品"立，古老传曰："夸父与日竞走，至此炊饮，三石者，夸父支鼎之石也。"

关于夸父追日的传说，有不同版本。其中之一是说夸父族遭受了炎热天气造成的大旱，巨人夸父看到这种情景很难过，他仰头望着太阳发誓要追上太阳，捉住它，让它听人的指挥。怀着这样的雄心壮志，夸父从东海边上向着太阳升起的方向开始逐日的征程。在太阳的炙烤中，又渴又累的夸父跑到黄河边一口气把黄河水喝干，又跑去把渭河水喝光，仍不解渴。夸父继续向南跑去，那里有纵横千里的大泽，却渴死在半路上。临死前，夸父心里充满遗憾，牵挂着自己的族人，于是将自己手中的木杖扔出，落地化为大片郁郁葱葱的桃林。这片桃林终年茂盛，为往来的过客遮阴，结出的鲜桃为勤劳的人们解渴，让人们能够消除疲劳，精力充沛地踏上旅程。

夸父山于 2008 年 5 月被省政府批准为省级森林公园。景区景观可与桂林媲美，而历史文化、民俗风情胜过桂林。景区总面积 680公顷，由月亮岩、明月潭、象鼻岩、明月山、顺母桥、撑锅岩、寡妇链、瓮子洞、米汤溪、十里画廊、金冠嘴、一脚踏三桥、箱子岩、打卦石等景点组成。景区内森林茂密、鸟语花香、山清水秀、高崖矗立，系典型丹霞地貌。

>>延伸阅读："雪峰山模式"——值得推广的共享旅游经济共同体减贫模式

▶ 湖南省乡村振兴局网站登出怀化市生态旅游扶贫的"雪峰山模式"

穿岩山公园是我国第一个由民营企业——湖南雪峰山生态文化旅游有限责任公司成功打造并获得国家级认证的4A级旅游森林公园。该景区的开发是湖南雪峰山生态文化旅游有限责任公司作为龙头企业扎根乡土，引领示范当地村民脱贫致富的成功范例。这家公司在资源整合的"+"法上探索的共享旅游经济共同体减贫模式，创建5个生态文化旅游景区，受益群众近10万人，辐射带动4镇31个贫困村3.5万余人，2020年人均收入达到10288元，全部脱贫。随着景区的升级，就业率也随之提高，山里的村民们收入稳定，走上了富裕之路。这一模式被湖南省人民政府命名为"雪峰山模式"在全省推广，同时被原国家旅游局列为"旅游减贫示范项目"向全国旅游行业推广。"雪峰山模式"旅游扶贫还被《世界旅游联盟旅游减贫案例100》收录。

>>学习与思考：结合怀化山区旅游资源特点，策划与思考乡村振兴新办法、金点子。

千里沅江

沅水，又称沅江，野性而美丽，湖南省四大河流之一，发源于贵州省东南部。它从大山深处出发，一路穿山越岭，一路汇集溪河，奔腾 1260 公里，浩浩汤汤汇入洞庭湖。在怀化境内，沅水流经会同、芷江、鹤城、洪江、中方、溆浦、辰溪、沅陵，沿途纳入主要的五大支流——巫水（即洪江，古称雄溪或熊溪）、渠水（又名渠江，古称橫溪或朗溪）、酉水（古称酉溪，沅水最大支流）、溆水（古称溆溪，又称溆阳河）、辰水（古称辰溪，又名锦水或锦江，又称麻阳河）。

▲ 沅陵县陈家滩乡"千岛湖"，属沅水流域
摄影／田文国

沅水是一条古老的母亲河，曾孕育了中国的远古文明，沅水流域 30 万年前就生活着古人类，7000 多年前就有高度发达的农耕文明。沅水是一条文化的长河，51 个民族在它身旁创造了色彩斑斓的"五溪文化"。中国楚学泰斗、历史学家张正明曾说："这里是汉藏语系的各个语族交会的中心。古代的许多文化现象，在大平原和大盆地上早就被滚滚滔滔的历史大潮冲淡甚至湮没，在这里却还有遗踪可寻，所以我把它叫作文化沉积带。这么长又这么宽的一条文化沉积带，在中国是绝无仅有的。"而屈原、李白、王昌龄、王阳明、林则徐、沈从文等历代文人雅士都在此或涉江或歌赋，留下许多千古名篇。

借母溪

"古藤老树长尾雉，沟谷流水有人家。"在沈从文赞叹"美得令人心痛"的沅陵县境内，有一处被誉为"湖南九寨沟"的风景区，它就是国家级自然保护区借母溪。借母溪有国内罕见的沟谷原始次生林，是华东、华南、华西南地区动植物荟萃之地，也是湖南省"天然标本"最集中、最齐全的动植物园。千年的古藤老树、神奇的沟谷流水，恰似一幅"原始森林风光图"。

借母溪沟谷纵横，景色清幽，岩溶地貌十分发育，奇特传神的孤峰、石芽、石林、石墙、溶洞大量存在。石灰岩与白云岩形成带状展布的陡

崖，活像一道延绵不尽的南方"石长城"，极具自然野趣。

由于沟谷植被的演化，借母溪形成了一种以沟谷森林为主体的植物群落，物种丰富，起源古老，珍稀种类繁多，森林类型各异，观赏植物有 460 多种，其中包括有植物"活化石"之称的国家一级保护植物——珙桐。

沟谷里还生活着大量的珍奇动物，有陆栖脊椎动物 108 种，已

▲ 借母溪

知兽类 29 种、鸡形鸟类 5 种，其中国家一、二、三级保护动物 10 种。特别是国家一级保护动物白颈长尾雉的发现，扩大了它在我国的分布范围，为湖南省首次发现分布地。

徜徉在"湖南九寨沟"，这里的宁静、惬意让人的身心都焕然一新。除了欣赏美景，在借母溪还可进行徒步、溯溪、探洞、攀岩、速降、漂流等多种户外活动，俨然一座全方位的天然运动场。

清江湖

2019 年 12 月 25 日，清江湖通过国家林业和草原局 2019 年试点国家湿地公园验收，正式成为"国家湿地公园"。湿地公园位于洪江市托口镇境内，以清江湖为主体，以环湖公路为边界，公园总面积 3032 公顷，其中湿地面积 2489.59 公顷，湿地率 82.11%。园内拥有维管植物 161 科 535 属 815 种，野生脊椎动物 5 纲 27 目 74 科 199 种。

清江湖是湖南省第二大湖泊，湖区控制流域面积达 2.45 万平方公里，水面积最大处东西长 8.8 公里，南北宽 5.6 公里，平均水深 50 米，水域总面积达 56.56 平方公里，仅次于洞庭湖，又称"西洞庭"，也是湘黔桂渝鄂五省最大的人工水面。

清江湖是托口电站蓄水而成的库区，因水库干流清水江而得名。这里终年湖水清碧、江波荡漾，风光秀美。景区范围内的托口镇三里村是朗溪古城所在地，"十峒首领"杨再思故里，历史文化深厚，北侗民族风情浓郁，周边有碧河侗寨、龙孔坪侗族民居群、冷水溪溶洞群、见天界茶园、十里古窑等旅游景点环绕。景区集游玩性、参与性、观赏性于一体，为不可多得的旅游资源。2018 年 1 月，获评国家 3A 级旅游景区。

白河谷

这里被称为酉水画廊。酉水是土家人的母亲河，是"酒"的发源地，是长寿之河，是南方水上丝绸之路的黄金水道，是一条民歌盛行的河流。白河谷旅游度假区在沅陵凤滩与高滩两个大坝间酉水河段，河水清澈见底，绿如绸缎，如"出山泉水"，是四大国宝之一

凤滩水电站位于沅陵县沅水支流酉水河上。它是
我国第一座空腹重力拱坝。枢纽工程属一等工程，以
发电为主，兼有防洪、灌溉、航运、过木等综合效
益。坝体混凝土工程量约 117 万立方米

图题文字来源 / 百度百科

▲ ▶ **酉水画廊**

"中华秋沙鸭"的栖居地。因上游大坝百米深水涌出与下游大坝拦截回流，这段酉水流淌的是 20℃ 左右恒温的泉水，并因两岸山高谷狭与昼夜温差，形成罕见的雾漫酉水现象，雾中富含负氧离子，因此白河谷成为极佳的避暑养生度假地。现为国家 3A 级景区。

在白河谷景区，游客可以进号子谷亲身体验盘木号子、打夯号子、车水号子的劳作文化，登红字碑了解两次溪州战争与土司的渊源，过拉拉渡体验自在的水上生活，穿越蛮汉洞感受八百年土司历史，游览土司门大峡谷；还可以坐古老纤夫船参与祭河神，在酉水号子声中摇橹、拉纤，十里清浪听渔鼓击节酉水船歌，赏渔夫撒网；
或搭上巫傩船，戴上傩面具穿越神秘世界，举手祈天、跺脚祈地，
请神、祭神、送神，狂舞狂欢，在心灵与自然的沟通中，精神清澈，
天人合一。

思 蒙

湿地被誉为"地球之肾"，与森林、海洋并列为全球三大生态系
统。湿地公园具有湿地保护与利用、科普教育、湿地研究、生态观

光、休闲娱乐等多种功能，归于国家湿地保护体系。在我国 100 多个国家级湿地公园的队伍里，溆浦县思蒙乡的思蒙景区就位列其中。

　　思蒙国家湿地公园地处低山岩溶、丹霞地貌区，总面积 1018 公顷。公园内主要有江口、思蒙、仲夏 3 处码头，桃源洞天、三闾滩等主要景点，通航里程 27 公里。园区内动植物种类繁多，其中有国家 I 级重点保护植物银杏、水杉，国家 II 级重点保护植物樟树、莲、野大豆、大叶榉、喜树、中华结缕草，国家 II 级重点保护动物有虎纹蛙、黑耳鸢、赤腹鹰、雀鹰、燕隼等。

　　思蒙国家湿地公园景观资源丰富，有丹霞山水、溶洞峡谷、古村驿站等，沿河山水风光与田园风光交相辉映。主要景点有烟雨思蒙、溆水屈僮、桃源洞天、五佛山、三闾滩、屈原祠、犁头咀古驿站等。其中"烟雨思蒙"山水景观被列入新潇湘八景之一。三闾滩因屈原而得名，"幸而河有险滩，留大夫在此治病数日"。"碧水丹霞"位于溆水下游，历史悠久。据 1999 年考古发现，早在一万多年

以前这里就有人类活动；2005 年 7 月，又发现了粗陶片和石球，据专家鉴定，大约是 7000 年前的人类遗物。

　　思蒙，诗意朦胧，也是名副其实产生经典绝唱的地方。两千多年前，屈原从洞庭湖沿沅江南下，经溆浦大江口进入思蒙，山水激发了诗人的激情，让思蒙在他的楚辞名篇中流芳千古，成为中华民族精神财富的历史符号。来思蒙，即走进诗人"入溆浦余儃徊兮，迷不知吾所如"，"深林杳以冥冥兮，乃猿狖之所居，山高峻以蔽日兮，下幽晦以多雨，霰雪纷其无垠兮，云霏霏而承宇"的千古佳句意境中，完成一场两千年的穿越。

　　＞＞学习与思考：结合怀化水域风光特点，谈谈对"智者乐水，仁者乐山"的理解。

古韵怀化

"八千年的怀化文明，四千年的苗侗沧桑，两千年的刀光剑影，撞击积淀着怀化原始的农耕文化、祭祀文化、民族文化、建筑文化，给怀化留下了极其珍贵的文化古迹和人文掌故。"（摘自《怀化符号》一书）这段描绘怀化的文字可以说是毫不夸张的，因为，怀化拥有中国最大的古城古镇古村群落，是当之无愧的"古建筑博物馆"。而各种历史遗址的存在，都佐证着怀化远古的文明和曾经的辉煌。在美丽的五溪山水之间，始终荡漾回旋着悠悠古韵。

历史遗址

从30万年前的旧石器时代到现在，五溪地区从来没有出现过文化断代。这些可以从200多处古遗迹和100多处古墓葬群得到佐证，怀化也因此成为考古学家眼里的"古遗址博物馆"。这里，我们一起来了解其中最重要的三个遗址。

高庙文化遗址

古老而神奇的湘西，因为缺乏足够的文献传世，长期以来都被

◀ 洪江高庙
出土的白陶上
的神鸟双飞

称为"南蛮"之地。而高庙遗址出土文物表明，这里的先民早在远古时代就已创造出光辉灿烂的文化，高庙遗址也因此升级为"高庙文化遗址"。一夜之间，湘西之地一洗"南蛮"之名，跨入中华文明远古正史。高庙文化的发掘，改写了中华文明发源于北方的定论，证明了五溪之地也是中华文明的摇篮。

高庙文化遗址位于洪江市（原黔阳县）安江镇东北约 5 公里的岔头乡岩里村，分布面积约 3 万平方米，是保存完好的新石器时代的贝丘遗址。遗址先后于 1991 年、2004 年、2005 年经 3 次大规模挖掘，揭露面积 1672 平方米，出土石、玉、陶、骨、角、蚌等各类文物和标本 1 万余件。其中包括很多 7000 多年前的精美的玉器，并发现了中国最早可辨认的文字、最早的易图和最早的凤凰图腾。而陶器上出现的装饰豪华、艺术精湛的风帆船和双身画舫，表明早在 7400 多年前的新石器时代，五溪流域的先民们就创造了自己的生存工具——船。

高庙遗址的文化遗存自上而下主要有：明清时期的房址、灰坑和墓葬；战国时期的房址、灰坑以及围沟等；上部新石器时代、铜石并用时代遗存（简称高庙上层遗存）；下部新石器时代遗存（简称高庙下层遗存），其年代跨度约为距今 7800 年至 6700 年。

考古研究结果表明，居住在以沅湘流域和洞庭湖区为中心，包括鄂西、黔东和桂江、西江流域，以及粤北至环珠口（包括香港、澳门）广大地域的高庙文化先民，是当时中华大地上势力最为强盛的远古族团；他们的系列发明和科学技术成就，以及信仰体系中的神系和礼神祭典的确立，联系古史传说记载进行综合研究，可推知高庙文化早期遗存为人文始祖伏羲氏族团所创造，高庙文化晚期遗存及其后续的大溪文化遗存为炎帝族团所创造；伏羲氏族团是炎帝神农氏族团的直系祖先；高庙文化所在区域是中国上古邦国文明的发源地。

高庙文化遗址 2005 年被评为考古界重大收获，并入选当年全国十大考古新发现，2006 年获评全国重点文物保护单位。

文化人类学家、民俗学家林河曾说，在高庙遗址挖掘出了 60 余个"世界之最"，高庙文化是中华文明的一座里程碑，也是人类文明史上的一座丰碑。有兴趣进一步了解高庙文化的朋友，可去查阅高庙遗址发掘主持人、湖南省考古研究所研究员贺刚先生耗时 28 年写成的《湘西史前遗存与中国古史传记》一书。

► 《湘西史前遗存与中国古史传记》书影

>>延伸阅读：伏羲、炎帝的主要成就和中国上古文明起源的核心元素

伏羲最突出的成就是，观天法地，初定历法；始作八卦，以通神明之德；发明渔网（网罟）；驯养动物，始行畜牧业；造琴、瑟，始作弦乐器；刻木为书替代结绳记事；制定嫁娶之礼。伏羲氏有龙瑞，以龙记官，号曰龙师。

炎帝神农氏最突出的成就是，教耕生谷，作耒耜——农耕；立历日，正四时之制——历法；和药济人——医药（巫医）；课工定地为之城池以守之——都邑；作《连山易》——三易之首。

中国上古文明起源的核心元素主要有：太阳历的发明；以八卦为代表的易学的发端；天圆地方宇宙观的产生；中国早期神系的初创与礼制起源，以及与之相适应的祭器和祭仪、祭典的发端；数理观念的产生；与文明时代相传承的艺术法则的产生；氏族部落成员等级的分化和中心聚落的产生。

▼ 会同县境内的连山石

黔中郡遗址

据历史文献记载，黔中郡是沅陵在汉置县之前的称谓，原属楚国，称为"黔中地"，辖沅陵周边近 300 公里的面积，是战国时代两个超级大国——秦国和楚国反复争夺的生死存亡之地。黔中郡遗址位于沅陵县城西 10 公里的黔中郡村（原窑头村）。古城遗址规模宏大，长 1500 米，宽 200 余米，分为上中下三部分，现存有夯土城墙、夯土台基和护城河遗址，城内文化堆积层达到 0.4 ~ 0.6 米。

据考古发现，窑头古城遗址正是楚黔中郡郡治所在地，其占地面积达 11 万平方米，相继出土了大量的秦砖汉瓦和鬲、钵、豆、罐壶，及铜戈、铜剑、铜箭镞等兵器。出土文物中还有用来称黄金的战国砝码，目前全国只发掘出两套。

2000 年 5 月，中科院长沙大地构造研究所和湖南省考古研究所联合组成的专家组采用地质雷达等国际先进的科技手段探测发现，在黔中郡古城遗址东南面山顶聚集有 40 余座巨型战国至汉代墓，每一座墓就是一座山，半数以上超过长沙马王堆汉墓，最大墓面积为 40 米×40 米，相当于马王堆汉墓的 5 倍。此外，四周还有大大小小战国至汉代的平民墓 1000 多座。这一浩大的秦始皇时代城池和千余座古墓葬，构成了一幅大秦时代的历史画卷，让世人惊叹。随之，让专家们迷惑不解的问题也来了，这个惊天大发现又很快变成了惊天大谜团。因为在等级制度森严的封建专制时代，墓葬规格与墓主身份是严格匹配的。多高的身份就搭配多高的墓葬规模，"超标"者有诛灭九族的可能。那么，沅陵这个远离封建王朝都城的穷乡僻壤之地，为何有这么多巨型墓葬呢？这个千古之谜就留给有志于考古的人们去继续研究和发现吧。

虎溪山汉墓

虎溪山位于沅陵县城西的沅水与酉水交汇处，坐北向南，其虎头高耸，傲视着脚下千万年来日夜奔流不息的沅、酉二水。其南麓山腰处有一座规模宏大、雄伟壮观的全国重点文物保护单位、唐宋时期的木构建筑群——龙兴讲寺。在龙兴讲寺的后面有一代哲人王阳明先生的讲学遗址虎溪书院。然而令虎溪山骄傲和自豪的还不仅是这些。1999 年 5 月至 8 月，在山顶上发掘了一座巨型汉代墓葬，使虎溪山这个沉寂了千年的地名，又一次因考古大发现引起世人瞩目。

当时，全国著名考古学家、时任湖南省文物考古研究所所长何介均带领所长助理郭伟民和部分田野考古专家，对沅陵虎溪山 1 号汉墓进行抢救性考古发掘。经专家们细心发掘清理，出土了漆木器、陶器、铜镜、墨玉印章、玉璧等 600 余件文物及竹简千余枚，主要器物为生活用器、兵器和乐器。8 月 28 日，考古工作者在揭开内层棺盖盖板时，发现一件细小的正方形的器物，清洗后，上面清晰地出现了篆刻的"吴阳"二字。从文字考证，确认这件文物是西汉初期长沙王之子、第一代沅陵侯吴阳的墨玉私人印章。至此，墓主的身份得以

◀ 吴阳印

确认。墓主吴阳的下葬年代为汉文帝后元二年，即公元前162年，是以该墓距今2100年，与长沙马王堆1号汉墓下葬年代相同。

经对千余枚竹简的初步清理和释读，竹简上记载的内容基本上有三类：第一类为"黄薄"，即我国早期的户口、田亩、赋税登记册。这是我国目前发现最早的黄薄。它详细记载了西汉初年沅陵侯国的行政设置，吏员人数及总户数，总人口，总兵器数，总田亩数，赋税，大型牲畜如耕牛，经济林木如梨、梅等的数量，兵甲船只以及各项增减和增减的原因；还记载有沅陵至长安的道路交通、亭聚、往来长安的路线和水路里程等。第二类为"美食方"。这是我国目前发现最早的宫廷菜谱，"美食方"中记载了米饭、菜肴、饮料、干肉等制作方法。其中"饭方"就有7条，即把大米做成熟饭的7种方法。"菜方"则涉及猪、马、牛、羊、鹿、鱼、兔、犬、鹄、鸡、雁、鹦等肉类的具体做法。烹调加工植物性食品的记录有7条，而烹制动物食材的方子多达148条。第三类为占卜文字，其中记载了秦末汉初大量的历史事件。尤其是漆器中发现的"太乙九宫式盘"，反映了五行家的学说，是研究我国汉代天文科学的重要材料。

据研究证实，吴阳系长沙王吴芮之孙、吴臣之子。吴芮，是长沙国的开国者，江西人，秦时曾任番阳令，秦末西楚霸王项羽因吴芮军功封其为衡山王。汉帝国建立以后，刘邦封其为长沙王，由此开创了长沙国。吴氏长沙国的地盘包括了今湖南全部以及江西、广东的少部分，是汉帝国的南方屏障。

沅陵虎溪山1号汉墓的考古发掘，填补了我国田野考古中的数项空白，这是继长沙马王堆汉墓以后，湖南西汉考古的又一次重大发现，被评为1999年全国十大考古发现之一。

古城古镇古村群落

　　怀化的古建筑像一颗颗明珠散落在沅水及其支流岸边，这座"古建筑博物馆"的"馆藏清单"令人眼花和艳羡，以洪江古商城、黔阳古城、龙潭古镇、高椅古民居、芋头侗寨等为代表的 30 多座古城、古镇、古村纵贯南北、绵亘数百里。

＞＞延伸阅读：怀化古建筑文化特色

　　怀化的"三古"群落，大多为明清时期建筑，规模庞大、风格各异，形态丰富、组合完美，由于长期交通相对闭塞和开发相对滞后，至今完好保存。其分布以怀化市治为中心，以沅水及其支流为轴线，中心区域以包含风水文化的荆坪古村

▲ 辰溪县五宝田古村

为代表；向南有体现官道文化的黔阳古城，体现商道文化的洪江古商城，体现"耕读传家"的高椅古村，体现侗族特色的芋头侗寨等；向西有体现商埠文化的新晃龙溪古镇，体现"忠厚传世"的麻阳豪侠坪古村，展现吊脚楼风采的芷江板山侗寨等；向北有体现商埠文化的辰溪辰阳古镇，体现宗祠文化的溆浦龙潭古镇，体现瑶家文化的辰溪五宝田古村等。

▲ 洪江古商城

洪江古商城

　　洪江古商城吸引人的首先是一串数字：在形若网织、状似迷宫的"七冲、八巷、九条街"中，竟完好地保留了明清以来兴建的 17 家报馆、23 家钱庄、34 所学堂、48 个半戏台、50 多家妓院、60 多家烟馆、70 多家酒店、数十家客栈、上百个作坊、近千家店铺以及 60 多座寺、庵、庙、宫、殿、堂、馆、祠等宗教祭祀场所，总面积近 30 万平方米，规模之大、气势之雄、建筑之奇国内罕见。这座全

▲ 洪江古商城
封火墙

国唯一将明清商业盛景保存完好的山水古城，被誉为"中华商业故宫""中国第一古商城""现实版清明上河图"，也被称为资本主义萌芽时期的活化石。

　　洪江古商城位于雪峰山边，沅、巫两水交汇处，起源于春秋，成型于盛唐，鼎盛于明清。曾以集散桐油、木材、白蜡而名扬一时，是滇、黔、桂、湘、蜀五省区的一处物资集散地。早在楚吴之争时，这里就是有名的桐油产销地。至清代，洪江每年输出"洪油"达700万公斤，价值白银百余万两。贵州和湘西的木材在洪江集散，成为皇宫、贵族府邸的上等栋梁之材。据清县志载：全城 3.76 万人，就有 1.5 万人经商。洪江考古出土的一幅雕版清楚地记载了古商城的繁华：沅、巫两水绕城而去，河面上布满了南来北往的商船，河岸边是一座比一座气派的码头和风雨桥式的连通走廊，高大壮观

古商城晨景

▲ 青楼堂班
摄影 / 陈碧信

的古城墙内有雕梁画栋、翘角飞檐的寺庙与宫廷式楼堂会馆、鳞次栉比的民居及人来人往的集市……

窨子屋是古商城最有代表性的建筑，也是中国乃至世界建筑史上的一大特色。窨子屋形似四合院，高高的封火墙内，屋顶从四方成比例地向内低斜呈小方形天井；多为两进两层或两进三层、三进三层，三层上南北间有天桥通连。它"贵精而不贵丽，贵新奇大雅，不贵纤巧烂漫"，不仅具备了实用、坚固、美观的建筑三要素，而且体现了合乎礼制的东方文化内涵，堪称我国古建筑之经典。窨子屋大都依山而建，以山为骨架，以水为血脉，筑于高坡，或就于坎边，或坐落在深巷，或吊脚于岸边低洼处。屋檐连着屋檐，高墙连着高墙，曲径通幽的青石板和高低错落的石阶相连，贯穿整个古商城。

优越的自然与人文环境形成了古商城特有的商业文化特质，并根深蒂固地融入洪江人的性格，延续至今。杨三凤商行的"清白传

家"、刘安庆油号的"里仁为美"、陈荣信商行的"吃亏是福"、汛把总署的"对天勿欺""居仁由义"等，体现了洪江人做人、经商的原则。

巨商显贵的兴衰史、趣闻轶事也是古商城宝贵的文化财富，进一步丰富了洪江古商城的非物质文化，它们同水系、街道、建筑、牌匾、雕刻等一起构成了古城灿烂的商道文化。

往事越千年，如今的洪江古商城虽然繁华不再，但旧貌依然。独具特色的古窨子屋，蜿蜒回环的青石板路，众多的楼堂馆所、店铺作坊，散落在老城各个角落，诉说着古城昔日的辉煌，展示着独特的商道文化气质。洪江古商城，2006 年被列为全国重点文物保护单位，并入选"新潇湘八景"；2007 年入选中国十佳古城；2008 年与丽江古城、平遥古城、凤凰古城缔结为"姊妹古城"；2020 年 5 月，被评为"2019 年湖南十大文旅地标"。2022 年，由路奇执导，

▶《一代洪商》
剧照

张丰毅、张睿、张含韵等主演，讲述 20 世纪初至抗战时期古商城商人故事的《一代洪商》在中央电视台、芒果 TV 热播，展现了一代洪油商人在历史变局中的家国情怀和商贾理念，热情讴歌湘商的民族大义。电视剧的播出引发了全国观众对该剧主要取景地洪江古商城的高度关注。

黔阳古城

在怀化"三古"群落中，黔阳古城宛如大家闺秀，与相隔只有 20 多公里的洪江古商城交相辉映，堪称古城双壁。

黔阳古城位于雪峰山中脉，沅水干流上游，沅水和潕水汇合处。古城三面环水，古时是湘楚苗地边陲重镇，素有"黔滇门户""湘西第一古镇"之称。自汉高祖起，各朝均在此设立县治，已有 2200 多年的建制历史，比云南丽江大研古镇早 1400 年，比同在湘西境内的凤凰古城早 900 年。历经两千年历史风雨，古城依然保存完好，五门十街十二巷纵横交错，狭长幽深，楼、寺、书院、祠堂、军营、公

馆、园林点缀其中，是湖南省历史文化名城，国家级文物保护单位。

　　探幽黔阳古城，首先必去芙蓉楼。这里曾是唐代龙标县尉、"诗家天子"王昌龄宴宾送客、吟诗作赋的地方，一首绝唱《芙蓉楼送辛渐》让王昌龄和芙蓉楼闻名遐迩，千古流名。芙蓉楼景区占地面积 10230 平方米，依林踞阜，筑叠巧思，既具江南古典园林风格，又有浓郁的地方文化特色，在清代就被誉为"楚南上游第一胜迹"。

　　送客亭旁的门坊名为"龙标胜迹门"，建于清代晚期，也称"三绝门"。门坊正中为大型泥塑——《王少伯（王昌龄）送客图》，左右为春、夏、秋、冬四季图。门坊上的泥塑以桐油、石灰、糯米等主要材料堆塑而成，造型精美，栩栩如生，世所罕见，为第一绝。牌坊高达三丈多，却面向临河处倾斜了两尺多而不倒，其倾斜度已超过意大利比萨斜塔的斜度，是为第二绝。门楣正中是一个指南针，上南下北，与常规指南针正好相反，是何缘故，至今仍为千古之谜，此乃第三绝。

整个古城共有五个门，东门寅宾门，西门安远门，北门拱辰门，南门正南门、宣化门。

出芙蓉楼，沿江而上，便来到古城西门安远门。门洞为红砂石垒砌，赤褐色巨石由于风化而凸凹不平。1938 年戴笠在黔城办军统特训班时，蒋介石亲临视察，应戴笠请求在西门城楼上题写了"高瞻远瞩"匾额。后蒋介石出西门，经芷江回重庆，为表忠心，戴笠撰写碑文，将西门改称"中正门"。

由西门而入，踏进有着 2200 年历史的黔阳古城。城内明清街巷格局保存完整，文物古迹星罗棋布，现保存完好的古建筑有明清时期的南正街、钟鼓楼、万寿宫、状元桥、老县衙、宝山书院、龙王庙等40多处，被誉为"江南古建筑博物馆"。

走出古城，沿东门大街拾级而上，就可看到钟鼓楼。钟鼓楼坐落在古龙标山普明寺内，为国家级文物保护单位，三重檐方亭尖顶木结构，占地200平方米，高14米，有旋梯可上，各层有矮栏，四面开敞，登高望远，龙标十二景尽纳疏棂短槛之中。钟鼓楼内外，有千年铁树和古樟树，都是普明寺的遗存，也是古城历史的活化石。

作为全国保存最为完整的明清古城之一，黔阳古城不仅每年吸引数万游客前来探访，还成为不少影视剧的取景地。如《恰同学少年》《敌营十八年》《毛泽东》《最后一战》等均在黔阳古城拍摄，

▲ 夕照古城 "北影""八一""上影""峨嵋""潇湘"等6家电影制片厂和中央电视台、湖南电视台等8家电视台多次在此拍摄影片。

龙溪古镇

　　龙溪古镇位于新晃县城北面，与县城隔河相望，因地处龙溪汇入潕水之口，故得名龙溪口。古镇上接云贵，下连湖广，是古时黔楚走廊要道，也曾是晃州（新晃旧称）城镇的代名词，迄今已有300多年，素有"小汉口"之美誉。

　　龙溪口汇潕水，流常德，奔长江，人和物在这里集结，形成了清同治年间繁荣一时的龙溪口市场，留下了各种风格的明清窨子屋，成为中国东西部民族经济文化交流合璧的历史见证。《龙溪口赋》有云："商家船郎多会于此，迁客骚人往返留……桐籽茶油换得洋纱细布，朱砂水银变成黄金白银。有坐贾日进斗金，有行商腰缠万

贯。曾几何时吊脚楼换成窨子屋；灶王宫、禹王宫、万寿宫、江西会馆、湖广会馆、桐油大号、湘黔客栈热闹非凡；瑶池宫、镇江阁耸立云端；徽派建筑、干栏建筑民族典范。"足见当年的昌盛繁华。抗战时期，龙溪口市场空前繁荣，成为湘黔边界有名的商埠，日吞吐货物200多吨，"八大油号"久负盛名，"七子"鼎盛，金号、银号、布号等鳞次栉比。每逢集日，商贾云集、车水马龙，形成"龙市晚归"优美画卷，成为晃州八景之一。

龙溪古镇建筑整体布局缜密，工艺精湛，格调清新，充分体现了天人合一的儒学思想和融通吐纳的民族特点。建筑集窨子屋、吊脚楼、白墙、黛瓦、马头墙等精华于其中，不仅设计精巧、造型美观，而且防火防盗性能极好。古街小巷四通八达、错落有致，石板街、花阶路，工艺精美，材质精良。寺庙云集，灶王宫、禹王宫、龙溪寺、龙王庙等寺庙三教合一（此处指道教、佛教、基督教），香火

旺盛，朝拜者络绎不绝，宗教文化甚为浓厚。

"杨花落尽子规啼，闻道龙标过五溪。我寄愁心与明月，随风直到夜郎西。"龙溪口不仅是物资的通道，还是官道驿道，更是民族文化交流的通道，这里有行江号子，有山歌渔歌，有古老的民族风情，沈从文、闻一多、梁思成、林徽因、任继愈漫步在龙溪口的车水马龙，镇江阁上留下他们的脚印。1936年贺龙元帅率军过境晃州时，驻兵于龙溪口，并在春和元商号里召开"龙溪口会议"，指挥"便水战役"，革命豪情至今犹存。

◀ 龙溪口古镇街景

龙潭古镇

龙潭，因"潭中有龙"的传说得名，位于溆浦县南部，北宋神宗元丰二年（1079）始置龙潭堡，是怀化有名的历史古镇和抗日名镇之一。在这片500多平方公里的土地上，寺庙、祠堂、牌坊、书院等明清建筑林立，而抗日战争的最后一战在这里结束，又将这座古镇载入民族解放史册。

龙潭古镇完整保存着30多座各具特色的宗祠，密度之大，气势之壮观，堪称中华一绝，被冠以"中华宗祠之乡"称号。夏氏宗祠是古镇宗祠文化的一张名片。夏氏宗祠建于清乾隆壬寅年间，由戏楼、正殿、祖先堂三个部分组成，共五进五开间，典型的四合院建筑风格，为龙潭境内历史较长、建造面积规模较大的一座古祠。

龙潭的每一座宗祠都是独特的。位于岩板村的吴氏宗祠以文学的姿态教育子嗣后代。吴氏子弟启蒙受教的"崇实书院"，也称"延陵家塾"，是典型的氏族书屋。书院建于清道光十四年，占地5亩，为三进厅庭院式砖木结构建筑。院门飞檐翘角，雕龙镂凤。院内建筑吸取西洋建筑风格，屋面青瓦，悬山顶，主体建筑及四周外墙彩绘有山水、花草及鸟禽等。过厅正中悬挂有清宣统元年谌百瑞书"大学之基"竹纹金匾。崇实书院是研究我国近代教育体制演变发展和书院建筑格局的重要实物。

龙潭古镇地处雪峰山腹地的山间河谷地，21座海拔1000米以上的高山将其紧紧围抱，仅凭几处险峻关隘与外界相通，历来是连接湘中、湘西的重镇和兵家必争之地。1945年4月，日本侵略者派兵8万发动雪峰山战役（也称湘西会战），妄图突破雪峰山防线，抢占芷江机场，吞食我大西南。龙潭作为会战主战场之一，在这里先后展开鹰形山争夺战、松山高地肉搏战、大小黄沙围歼战、马颈骨歼灭战等激烈战斗，历时 28 昼夜，击毙击伤日寇 2000 余人，国民党军队 700 多名将士也长眠于此。1946 年，民国政府在鹰形山为死难的烈士修建"抗日阵亡将士公墓"。1993 年，龙潭人民为缅怀抗日英烈，集资数十万修建"抗日阵亡将士陵园"。

高椅古村

明风清韵的高椅古村，是一处令人向往的心灵家园。它位于粟裕大将的故乡——会同县境内巫水河畔，距会同县城 45 公里。现为国家重点文物保护单位、国家历史文化名村、国家 3A 级旅游景点、中国传统文化村落（侗族）。

"高椅"因其三面环山，一面临水，宛如一把高高的太师椅而得名。这里曾是水陆交通枢纽，是历史上著名的烟土交易地。贸易的发展使高椅成为湘西南有名的大村落。村里现保存有明洪武十三年（1380）至清光绪七年（1881）修建的民居建筑 104 栋，总建筑面积达 19416 平方米。是湖南省迄今发现的一处规模较大、保存较完整的明清时期古民居建筑群，被誉为"江南第一古村""民俗博物馆"。浓郁的人文内涵和秀美的自然风光交相辉映，是高椅古村区别于国内其他古民居村落的独有特色。

古村的每栋建筑都坐北朝南，外表相似，整个村以五通庙为花蒂，大水塘为花蕊，五个自然村庄为花瓣，组成一朵梅花开在太师椅面上。梅花瓣的布局使得高椅五条道路成放射状向外延伸，巷道与封闭式庭院呈八卦阵式，连接家家户户的道路纵横交错，如入迷宫。

古村建筑多为木质穿斗式结构的两层楼房，四周封有高高的马头墙，构成相对封闭的庭院，当地称为窨子屋。因为是高墙封闭仅开小窗，具有防风、防火、防盗的特殊功能。与张谷英村相似，高椅古村每家每户相通，这是典型的明代江南营造法式。侗乡风情更

▲ 会同高椅古村
摄影 / 林安权

增添一份民族特色。房屋建筑式样优美，大都饰以壁画、墙头画，门窗都是隔扇花式样，花纹各异，或龙腾、或凤舞、或花鸟、或人物，匠心独运，技艺精湛，现仍保存有很多的丹青墨宝、石雕、石碑、镌刻等艺术品。庭院内的木构楼房，门窗多有精美雕饰，不少庭院、堂屋前悬挂匾额，照壁多绘壁画，屋内明清家具随处可见。

"一村几座读书堂，为国储才族有光，苦读寒窗人不寐，五更犹听诵文章。"高椅自古有着浓郁的"耕读文化"氛围。这里的每栋屋子都是一本催人上进的书，雕刻"喜鹊贺梅""一路封侯"的窗

花，寄托了主人对生活的期盼和对后代的期冀；将"关西门第"
"清白家声""耕读传家"等牌匾高挂门楣之上，作为庭训告诫后人
"清清白白做人，清清白白为官"。高椅人时刻牢记"耕读传家"的
祖训，生活富裕的高椅先人不忘大力办学，不但办有男子学堂、
"清白堂"，还修有专供女子读书的"醉月楼"。文化的熏陶、书香的
沁润使高椅人才辈出，据统计，明清时期，高椅村共出文武人才
293 人，民国时期会同县有大学生 10 人，其中 4 人为高椅村人。

▲ 高椅古村红黑鱼池
▲ 高椅古村马头墙

荆坪古村

荆坪古村位于中方县潕水河西岸，是清乾隆皇帝启蒙老师潘仕权的故里。现保存着42栋明清时期民居，建筑面积6300多平方米，是全国重点文物保护单位，国家3A级景区，湖南省历史文化名村。

荆坪历史悠久，文化底蕴深厚。据专家鉴定，这里至今还保留着各类文化遗迹40余处，印证了这里10万年前就有古人类繁衍生息。战国时这里是牂牁古国之都且兰古城，汉代为舞阳县址，唐宋为溆州城址，是"潕水文化"的发源地。荆坪新元遗址，填补了湖南省旧石器时代考古发现的一段空白。遗址内的伏波宫记载了汉代马援将军征战"蛮夷"的历史。在这片废墟中，人们还曾发掘出青铜剑、青铜矛、青铜戈、四山纹镜、麻布纹罐、滑石圆璧等。

踏上荆坪渡口，有着400余年历史的潘氏宗祠赫然伫立面前。

▲ 荆坪古村

祠堂占地面积 1600 多平方米，旁边古柏苍翠，四面高筑封火马头墙。宗祠门墙上，山水、人物、走兽等浮雕栩栩如生，活灵活现。宗祠内戏台、天井、厢房、前厅、过殿、正殿一应俱全，正殿后壁的神龛上，供奉着许多荆坪潘氏家族先人的牌位。这些先人中，潘仕权是灵魂人物。潘仕权自幼聪明过人，读书过目不忘，尤精象、数、音律，著《学庸一得》而受署钦天监博士；著《大乐无音》被钦定为《律吕正义》内容；著《洪范九畴补注》列入《四库全书》书目。最为荆坪人津津乐道的是，相传乾隆年幼时好玩厌学，潘仕权以"天命之为道，人命之为性，道也者有不可布予力也"的道理为其开蒙，造就了"十全武功"的乾隆爷，被誉为乾隆启蒙老师。乾隆十一年（1746），潘仕权奉旨回籍丁忧，乾隆赐"见官高三级"，官员凡路过潘家门口"文官下轿、武官下马"。可惜潘仕权故居现在

▲ 荆坪古村潘氏宗祠戏楼

只剩下几堵残墙。好在他故居的大门仍然保留着"居仁由义"的题额和"随处体认天理，出门如见大宾"的楹联，给后人留下无尽的哲思。

除了潘家祠堂，荆坪八卦巷道要算是最耀人眼目的文化遗迹了。这八卦巷道，是潘家五、六房先祖在元代始建潘家大院时设计建造的，由九条长度在100米左右的青石巷子平行组成，在八个方向的巷口分别设置寨门；巷子宽2~3米，采用的是北方村落宽巷高墙的设计，均为南北走向。这九条巷子间设计了很多的丁字巷口和"S"形拐弯，这样的设计，把荆坪潘家大院变成了一个九宫八卦阵形，既可以调节风水，使之"藏风聚气"；又可以因巷道七弯八拐，防盗防匪。如今的八卦巷道，虽只有四条巷子两道门还较完整，但是外

▲ 荆坪古树

来游客有时还会在这里转上半天也找不到出口。

走在仄仄不平的青石板古驿道上，仿佛能感受到与古人擦身而过，明清八百里加急的文书在这儿换马疾传，村内的节孝坊，诉说着潘仕权的婶娘守节 50 多年含辛茹苦地把四个儿子培养成才的故事……

>>学习与思考：选择怀化古城古镇古村群落中的代表，撰写旅游攻略一篇。

书 院

书院是产生于唐代，从事藏书、读书、教书、校书、修书、著书、刻书等活动的文化教育组织。从唐代初年至清代末年，书院发展延续一千多年，遍及除今西藏之外的全国所有省（区、市），数量至少有 7500 所之多，成为文化教育不可或缺的组成部分。

据现有史料记载，怀化各县（区、市）的古代书院，始设于宋。从宋代至清代末年，官府和民间共建书院 50 余所，其中宋代 6 所，元代 2 所，明代 10 余所，清代 30 余所。宋崇宁四年（1105）兴建的通道罗蒙书院（即恭城书院）；宋绍兴十八年（1148）沅陵邑绅张氏在县城南郊长田建长田张氏书院；宋绍兴二十四年（1154）程敦厚谪靖州时创建的侍郎书院；宋嘉定八年（1215）知州黄棠建于靖州的作新书院；宋宝庆二年（1226），魏了翁谪靖州时，在州治北创建的鹤山书院；宋宝庆年间知县饶学敏建于黔城东赤宝山麓的宝山书院；元大德末年致仕回乡的处州知府粟朝仪于会同塘口（今坪村镇塘口村）兴建的广德书院；元至正末年致仕回乡的张镇卿于溆浦县水东镇兴建的香林精舍，则是设立较早的书院。尽管怀化地处五溪蛮荒之地，但历代书院的发展却名列湖南省的前列。据学者统计，明清两代，湖南拥有书院总数分别是 102 所和 276 所，而怀化拥有书院的总数分别是 16 所和 37 所，分别占湖南书院总数的 1/6 和 1/7 强。

据不完全统计，怀化现存的书院约 52 所，其中，沅陵县（含辰州府）10 所，辰溪县 2 所，溆浦县 13 所，芷江县（含沅州府）7 所，鹤城区 1 所，洪江市 5 所，麻阳县 2 所，新晃 1 所，靖县 8 所，会同县 1 所，洪江区 1 所，通道 1 所。

恭城书院

位于通道罗蒙山下，它始建于宋崇宁四年（1105），原称"罗蒙书院"，至明代改称"罗山书院"，概由书院后耸峙的罗蒙山得名。后被大火烧毁。清乾隆五十七年（1792），侗家的一些能工巧匠将罗蒙书院在原址重建，更名为"恭城书院"，是因县溪犁头嘴至江口（乡）河段称恭城河而取此名，现有隶书题梁铭文可鉴。咸丰五年（1855），书院得到了正式维修，规模逐扩，学风渐旺。这是中国现存最完整的侗族古书院。从清代至民国，这所书院在湘、桂、黔三省交界地带都享有盛名。

恭城书院坐东朝西，后靠罗蒙山，前延恭河水，有藏龙之势。占地面积 2830 平方米。属纯木穿斗抬梁式古建筑结构，通面阔 26.9 米，通进深 64.5 米，错落有致。由门楼斋舍（2 栋）、讲堂有序分合成 4 幢双层建筑物，沿纵轴规范排列，采用独特的"通廊串联营造法式"等分建构，整合一体。门楼样式侧重美观，为"重檐歇山顶式"构造，正立面开格栏式棂窗，易于学者游人极目远眺，怡心怡

恭城书院

情。斋舍则为四坡顶屋面，施小青瓦，压檐石归安划一，封檐板朴实庄肃。群楼上下层均设外廊，供人通行。讲堂下层为全开敞式堂屋，专供讲学，上层用以藏书存物。民国十年（1921），县长翁信浮在书院前厅立柱上刻下的一副对联，上联是"小学毕业的一定要升中学，中学毕业的一定要上大学"，下联为"家境富裕的固然要升学，家境贫困的也要想方设法升学"。

现在恭城书院旧址已成为通道转兵纪念馆的组成部分，是全国重点文物保护单位、红色旅游经典景区、爱国主义教育基地。

龙兴讲寺

位于沅陵县城西北角的虎溪山麓，唐贞观二年（628）敕建。它集寺庙、书院于一体，是世界上现存最古老的书院之一，比南岳大庙早建97年，比976年开建的著名千年学府岳麓书院早建348年。寺中讲堂，主要由僧侣向佛学弟子或善男信女讲解佛学经典。唐太宗敕建江南讲寺并赐名龙兴，有其深刻政治含义。用龙兴为名，比喻帝王之业的兴起；以讲寺冠之，以期借此弘扬佛法，感化西南群蛮，从而教化一方、稳定一方。历代达官贵人和文人墨客至此甚多，王守仁（号阳明）曾在寺内讲授《致良知》，并留下题壁诗一首："杖藜一过虎溪头，何处僧房是惠休？云起峰头沉阁影，林疏地底见江流。烟花日暖犹含雨，

鸥鹭春闲欲满洲。好景同来不同赏，诗篇还为故人留。"1937年10 ▲ 千年龙兴讲寺
月，讲寺主持妙空长老约南岳名师到寺中讲经，轰动沅陵。而王阳
明讲学的地方，后由其学生筑虎溪精舍，后又改为虎溪书院。

虎溪书院

位于沅陵县，旧名虎溪精舍。明正德六年（1511）王守仁离开
贵州龙场（今修文）回京，途经辰州，与郡人唐愈贤等讲良知之学
于虎溪白云轩，并作《与辰州诸生论收放心书》，以明致良知之道。
嘉靖二十年（1541）同知徐珊访其师当年讲学遗迹建精舍，有亭、
轩、楼、阁等，辟修道堂，"大集多士，以倡明其学"，并辟祠以祀

王守仁，请罗洪先作记。"四方志学之士，日彬彬焉集。"隆庆四年（1570）知府徐廷绶"虑其无以容"，增建讲堂（称当仁堂）六楹，翼以号舍，"教诸士以同仁之学"。崇祯初年，守道樊良枢重修，改名"阳明书院"。清康熙四十五年（1706）知府迟熤重建。雍正十一年（1733）知县赵念曾改名"虎溪"。乾隆三年（1738）同知何璘捐经史古文等书籍数百卷。十一年，知县张浚重修。十二年巡道永贵倡捐银 2000 两以供膏火。十七年知县王冕、五十七年知府陈廷庆相继重修。道光十八年（1838）知县方传穆重修，并增生额 10 名。咸丰十年（1860）知府刘位坦捐书数百卷。次年，知府李明握增设诗赋课，每月一试。山长如蔡用锡、张本先、向岚、罗以纯等，皆一时名宿。光绪年间，欧廷飏主讲席，订《阳明守则》以规范生徒，二十九年（1903）改为辰州府中学堂。民国间继续办学。1949 年后，并入沅陵一中。1956 年列为省级重点文物保护单位，主体建筑今已重建。

鹤山书院

位于靖州。宋宝庆元年（1225）始，学者魏了翁贬居靖州 7 年，曾在此读书讲学。后来书院数次被废又重建，直到清乾隆十五年（1750）知州裘日发倡议重建，十八年知州李大矗（一作李大本）继成。乾隆四十年知州裴直方、道光十七年（1837）知州觉罗隆恩、光绪元年（1875）州人士等均有修葺，房屋增至 45 间，有学田 455 亩，学租 707 石，规模日广，兴学不断。清代山长有益阳蔡珩、通道杨之健、本州臧文雅等。光绪二十八年（1902）改为校士馆，光绪三十二年（1906）改为官立高等小学堂。民国时改为鹤山中心小学。1958 年以前，鹤山书院校室尚保持旧貌，正厅有重建和修缮的石碑 6 块立于两侧墙边，正厅中悬挂墨底白字书"鹤山书院"四个大字木匾一块。1966 年书院遭毁，石碑均被打碎铺路。1979 年，书院改建为今鹤山小学礼堂。

大酉书院

位于辰溪，又称大酉华妙洞书院。明代嘉靖年间，沅陵人王世隆（晋叔）未仕时，创建于大酉山麓，有让王堂、逍遥堂，颇多老庄之意。五年，王世隆中进士入仕。十二年，欧阳德为作《大酉洞书院记》，言"老庄不可以名斥，而宗孔氏者不可不既其实。"王历官刑部主事、山西佥宪、贵州副使，有风裁。告归，仍居书院，日集诸生讲学。后废。清乾隆二十六年（1761）知县卢九云重建。讲堂悬湖南布政使许松佶所书"敦崇实学"额。辰溪县内有被称为"七姓瑶"的瑶族诸生捐银助修，并立碑为记。乾隆四十六年（1781）知县佴兆凤迁建于城内学宫右，以双溪之水环抱于前，改名"双溪"。嘉庆八年（1803），知县赵文在迁于考棚，并因"大酉"为藏书胜迹，于书院取义最合，复名"大酉"。道光九年（1829）邑绅举人刘荣批迁建县署右。刘荣批、刘远纶、刘荣春、刘宝南等先后担任过山长。光绪二十八年（1902）改为校士馆。光绪三十年（1904），辰溪知县董白助改为辰溪官立高等小学堂，后来改为辰阳小学。

历史名人

怀化自古人杰地灵，圣贤仁人灿若繁星。从 2000 年多前"哀民生之多艰"的爱国诗人屈原开始，到留下千年文脉的秦朝伏胜，唐朝的"诗家天子"王昌龄、"诗仙"李白，再到王阳明、张学良，还有"五溪蛮王"杨再思、"一代清吏"满朝荐等，历史上先后有

100 多位名人名士来到五溪大地，与这里结下不解之缘。

屈 原

屈原（约前 340—前 278），芈姓，屈氏，名平，字原，战国时期楚国诗人、政治家，楚武王熊通之子屈瑕的后代。屈原早年受楚怀王信任，提倡"美政"，主张对内举贤任能，修明法度，对外力主联齐抗秦。后因遭贵族排挤毁谤而被流放。秦将白起攻破楚都郢后，屈原自沉于汨罗江。

屈原是我国文学史上第一位伟大的文学家，世界历史文化名人。生于秭归、流放溆浦、终于汨罗的他，在溆浦生活长达 16 年之久，写下《九歌》《离骚》《涉江》等楚辞名篇，溆浦因此被中国屈原学会认定为"屈原故里，楚辞之源"。为传承屈原文化，溆浦境内修建有屈原庙、涉江楼、橘颂阁、怀屈楼、屈原文化广场，逐步打造屈原文化城。

溆浦因溆水而得名，最早见诸屈原诗篇《涉江》："入溆浦余儃徊兮，迷不知吾所如。"屈原也是历史上第一个将"溆浦"地名写入文字的人。溆浦，地处湘西东南的雪峰山脚下，自古名人辈出，是滋生英杰雄才的灵山宝地。其民风淳朴豪放，从古至今都有崇"巫"的民俗，这才有屈原诗赋中原汁原味的"溆方音"和"巫词华藻"。可以说"方音巫咸"是屈赋的精髓神采，正是"骚体"的创作风格奠定了屈原"诗赋之宗"的地位，从而也催生了中国文学史上第一部浪漫主义诗歌总集及浪漫主义的文学源头《楚辞》。屈原用伟大的爱国情感和高尚人格所创作的《楚辞》，已成为中华民族及全人类共同的精神财富，为我们古老的中华文化增添异彩的光芒。

王昌龄

王昌龄（698—755），字少伯，唐京兆长安人（一说太原人）。诗人。开元十五年（727）进士，授汜水尉。二十八年贬为江宁丞。天宝七年（748），因一首《梨花赋》而遭人中伤，再贬为龙标尉（治所在今洪江市黔城镇），故又称王龙标。他的诗中有"昨以金陵道，远谪沅溪滨"，就是记述这件事。龙标七年，王昌龄应是失落而忧虑的，这里没有一展政治抱负的舞台，也不能享受亲人厮守相伴的天伦之乐。但他终究是为诗而生的情种，是仰望星空的"诗家天子"，对他而言，只有诗才是他心灵的归宿。《龙标野宴》诗中有云："沅溪夏晚足凉风，春酒相携下竹丛。莫道弦歌愁远谪，青山明月不曾空。"《武陵田太守席送司马泸溪》诗中有"山水清辉远，俱怜一逐臣"等句。又有《送魏二》诗云："醉别江楼橘柚香，江风纺雨人舟凉。忆君遥看潇湘月，愁听清猿梦里长。"这些诗篇大都在抒发被贬的孤寂和悲凉之情。天宝十四年，安史乱作，离龙标返回故里，行至亳州，为刺史闾丘晓所杀。

王昌龄看重相聚，也看重离别。在龙标城东，王昌龄专门修建了送客临江楼。摆酒饯行，写诗相送，缠绵凄切，感伤满怀。他现存近180首诗作里，送别诗就占据了四分之一的篇幅，在龙标时的较多。友人带走了祝福，带走了诗，但自己的愁意却不知何往，只能与一江沅水相伴。

杨再思

杨再思（869—957），靖州人。唐末五代靖州飞山酋长，号十峒首领，人称"飞山太公"。作为五代时期的五溪少数民族首领，杨再思是一位促进官民相通、地方升平的少数民族英雄。宋代诗人陆游题杨再思庙对联云："澄清烽火烟，赤胆忠心昭日月；开辟王化路，宣仁布义壮山河。"

唐代末期，王室衰微，天下纷争，藩镇割据。其时，叙州（治所在今洪江市黔城镇）南部一带苗、瑶、侗各民族在潘金盛、杨再思的领导下，逐渐兴旺繁盛，形成一个以飞山（今靖州飞山）为中心的民族集团——"飞山蛮"。后梁时期，马殷占据湖南，称楚王。潘金盛领飞山和五开（今贵州省黎平县）一带，杨再思踞叙州的潭阳、郎溪一带，互为声援，以拒马楚。后梁开平五年（911）马殷遣吕师周经飞"袭斩金盛"。败势已定，杨率领"飞山蛮"残部，降附于楚，被封为诚州刺史，此举不仅挽救了处于灭亡边缘的"飞山蛮"，而且使其取得合法地位，为以后发展奠定了政治基础。杨再思励精图治，设立十峒，以其族姓散掌州峒，抚驭峒民，拓荒种地，发展生产。并以字派"再、政（正）、通、光、昌、胜（晟）、秀（进）"七字为等级建立封建领土分封制度，从此"飞山蛮"进入兴盛时期。

五代之乱，天下多遭涂炭，独诚州兵民屯集，商贾出入，社会安定，人民得以安居乐业。杨再思团结各州的兄弟民族归顺朝廷，因治国安邦功勋卓著，被宋王朝先后追封为威远侯、英济侯、广惠侯和英惠侯。杨再思世代忠实于朝廷，拓疆辟土，保境卫国，顺应民意，深受五溪瑶、苗、侗、土家各族人民爱戴，奉为神灵，或尊为祖先，普建飞山庙祀之。每年杨再思的生辰农历六月初六和忌日十月二十六日，湘桂黔三省周边群众都有人赶去飞山庙祭祀，经久不衰。

魏了翁

魏了翁（1178—1237）字华父，号鹤山，邛州蒲江（今四川省蒲江）人。生于南宋淳熙五年（1178），庆元五年（1199）中进士，授签书剑南节度判官。在蜀为官 17 年，入朝升兵部郎中。宝庆元年（1225）擢升工部侍郎。他为官清廉，敢于直言，不为权势所屈。当时权臣史弥远为相，欲网罗魏为党羽，被严词拒绝。史怀恨在心，借故弹劾魏"欺世盗名""朋党谤国"，诏降三级，远谪靖州。

魏至靖州后，见靖地处边陲，文化落后，便在州治之北纯福坡（今城北鹤山）上创建鹤山书院，开门授徒。魏满腹经纶，学识渊博，蜚声湖湘，不但州人踊跃从学，江浙学子亦慕名前来求教。魏为开发靖州文化做出了重要贡献。

魏还率学生于书院左侧辟芙蓉洲为游憩之地。洲内遍植芙蓉，夏秋季节，芙蓉盛开，清风摇曳，香沁心脾，成为古靖州著名十景之一——芙蓉别渚。

魏在靖州 7 年，除讲学外，还著书立说，笔耕不辍，所著之《九经要义》《鹤山全集》等百余篇，订定精密。绍定四年（1231），魏复工部侍郎职。绍定六年，史弥远死，魏以代理礼部尚书身份还朝，最后资政殿大学士致仕。嘉熙元年（1237）病逝，享年 59 岁。朝廷赠太傅衔，谥"文靖"累赠秦国公。

满朝荐

满朝荐（1561—1629），字震东，麻阳人。明万历三十二年（1604）进士。授咸宁知县，有廉能名声。万历三十五年，梁永派人谋害巡按御史余懋衡，被满发觉，梁永害怕满揭露他的罪行，带领军士闯入县府，企图杀害满，未成。梁还私养甲兵数百，城中传言梁将谋反。满协助余懋衡捕拿，恶党趁机逃跑，在追捕时死伤了一些人。梁永入京诬告满抢劫贡物，杀死多人投尸河中。皇帝将满朝荐投进监狱。朝廷内外自大学士朱赓以下百余人上疏营救，直到万历四十一年秋，才被释放。光宗即位，将满提升为南京刑部郎中。不久，又调任尚宝卿。明天启二年（1622），辽东地区全部失陷，加上农民起义、市民反抗，国家形势很危急，而朝廷内部又党争激烈。满向皇帝上疏，奏言"时事十可忧，八可怪"，语言激昂，切中时弊。不久，调任太仆寺少卿，又向皇帝上疏论朝政，说"朝廷政令乃颠倒日甚"并列举事实，说明朝廷纲纪已坏，阉党专政，是非颠倒，忠奸不分，祸起四方，恳求皇帝与阁部大臣"更弦易辙，悉轨祖宗旧章"。奏折呈上去后，被削职为民。后来，魏忠贤又指满朝荐为东林党人，遂不复用。崇祯二年（1629），恢复原来官职，未及上任就因病去世。

满朝荐从政 24 年，因得罪权贵，被排斥在野就有 19 年。他在这 19 年中坐过牢，罢过职，充过军，真正在朝做官也就 5 年多。但在朝的这几年时间，他胸怀一腔正气，凭着机智和勇敢同贪官污吏，甚至同皇帝进行过艰苦和危险的斗争，留下了许多脍炙人口的传说，《明史》中也留下了他的传记。

潘仕权

潘仕权（1701—1772），字龙庵，号三英，中方县人，清代琴家、占卜学家，祖上系北宋名将潘美。生于康熙四十年，自幼聪明过人，读书过目不忘，尤精象、数、音律、八卦，著有《学庸一得》《大乐无音》《洪范补注》等书，颇得吏部尚书赞赏。在京时为钦天监博士、太常寺博士。

潘仕权出生在潕水河畔的荆坪古村，这里自古信奉《易经》，整个村为三面环水一面靠山的龙脉。很早就接触了《易经》等天文地理学说的潘仕权 16 岁进京，雍正年间考补天文生，后授钦天监，为皇宫中的御用风水先生，掌管礼乐。此时正值大清朝的"康雍盛世"，天下经济文化空前繁荣。康熙最疼爱的小孙子弘历出生了，他从小十分聪明活泼，深得康熙皇帝的宠爱。但弘历从小就不太喜欢读四书五经的传统八股文，康熙帝请了很多博学多才的翰林大学士来教他都无济于事。这时有大臣向康熙帝推荐了潘仕权，潘仕权做起了弘历的启蒙师傅。他一开始并没有教弘历学习文化，而是找来一帮子年龄相仿的阿哥、格格们陪弘历天天玩乡下的一些土游戏，晚上就一边弹奏自编的音乐一边给他讲天文星相，讲民间神话故事。结果弘历变得十分好学，也比以前更活泼聪明。

潘仕权教了弘历三年，期满后仍回到太常寺做钦天监。后来潘仕权几次想告老还乡都得不到皇上的恩准，弘历登基后还是得不到恩准，皇宫上下都不愿这么一位才学高深的先生离去。直到潘仕权42岁那年，因为父亲去世，才得到乾隆皇帝恩准回乡丁忧。感念师恩的乾隆还赐他"见官高三级"，路过潘家门口"文官下轿、武官下马"。

在潘仕权生命的最后26年，远离北京城的喧闹，在故乡维系和传承文化的薪火，整理族谱、修葺祠堂、倡建义塾、翻新古井、敦化民风……一个盛世皇帝的老师，在朝廷辅助明君治理国家兢兢业业，在桑梓之地传播文明不遗余力。

沈从文

沈从文（1902—1988），原名沈岳焕，笔名休芸芸、甲辰、上官碧、璇若等，乳名茂林，字崇文，湖南湘西凤凰县人，苗族。沈从文是现代著名作家、历史文物研究家、京派小说代表人物，他的《边城》《湘西》《从文自传》等文学作品在国内外有重大的影响，两度被提名为诺贝尔文学奖评选候选人。沈从文的乡土题材作品多含怀化元素，描绘了怀化的人、怀化的山水，主要体现在其散文《湘

► 沈从文像

► 《边城》
《湘行散记》

行书简》《湘行散记》《从文自传》《湘西》和小说《长河》等作品中。这份深厚的缘分来源于他在怀化不寻常的经历。

沈从文出生于凤凰一个颇有名望的家族，4岁开始识字，14岁升入高小，15岁高小毕业。因家道中落辍学当兵，加入当地一支土著军队，后随部队编入"湘西联合政府"所属"靖国联军"。1918年秋，16岁的沈从文随部队来到芷江"清乡"，1919年随部队撤离芷江返驻辰州（沅陵）。1920年上半年，沈从文所在部队开往川东，他自己则在出发前因人还没有枪支高，引发一直关心他的军法处处长肖选青的怜悯之心，被临时安排留在辰州留守处，使他得以幸免于难。是年秋，这支因"清乡剿匪"杀人如麻而臭名昭著的军队，在开往川东的路上受到当地"神兵"袭击，全军覆没，辰州留守处随之解散，沈从文被遣散回家。两年多的当兵生涯，沈从文跟着部队从芷江东乡榆树湾（今鹤城区城中街道），到怀化镇（今中方县泸阳镇），以一个小司书的身份，整天抄写公文、习字、看杀人，看到了很多人类做出的蠢事，看到了这支部队以"清乡剿匪"为名，视人命如草芥的残酷现实。这段经历，为他未来的文学创作积累了丰富的素材。他也遇见了改变他命运的两个人。一个是秘书文颐真（湘西泸溪人），希望沈从文不要满口粗话野语，而是要读书上进，告诉他"世界上有多少好事情可学"。一个是又高又胖的军法处处长肖选青（湘西凤凰人），给他改名沈从文。

1921 年，19 岁的沈从文投靠在芷江做警察局局长的舅父黄巨川，当了一名办事员、屠宰税收员。他的七姨夫熊希龄的胞弟熊捷三也在芷江居住，藏书颇多的熊家让沈从文得以饱览群书，萌发了创作冲动。其间，沈从文与一马姓少年朋友的姐姐马泽惠一见钟情，开始了甜蜜的初恋。1922 年，因匪患造成的失联引发了沈从文对马家姐弟的误会，他负气出走。自此，沈从文进北京，入文坛，一举成名天下知，成为一代文学大师。

芷江沈从文旧居陈列馆，挂有黄永玉题写的"沈从文旧居陈列馆"牌匾，藏有沈从文青年时期唯一存世的书法作品，并展有诸多反映芷江及湘西乡土气息的文学作品。沈从文旧居位于芷江镇老人巷内，占地面积 538 平方米，建筑面积 142 平方米，系清代四合小院。

金 山

金山（1911—1982），原名赵默，字缄可，沅陵县人。民国十二年（1923），他与著名戏剧家章泯组织"上海业余剧人协会"，先后主演外国名剧《娜拉》《钦差大臣》，电影《狂欢之夜》《夜半歌声》，成为全国著名戏剧家和电影明星。民国二十一年（1932），金山秘密加入中国共产党。

民国二十五年（1936），金山组织"四十年代剧社"，主演话剧《赛金花》《爱与死之角逐》，电影《貂蝉》。卢沟桥事变后，参加上海戏剧、电影界联合大公演，演出话剧《保卫卢沟桥》。八一三后，与洪琛共同组织"上海救亡演剧二队"，任副队长，到陇海铁路沿线巡回演出抗日救亡话剧《放下你的鞭子》等。同年冬，演剧二队到达汉口八路军办事处，见到中共中央副主席周恩来。周恩来令其组建"中国救亡剧团"，金山任团长，带领剧团历尽艰险，远渡重洋到新加坡、马来亚、越南等地向华侨募捐。演出节目有《塞上风云》《卢沟桥》《九一八以来》等救亡话剧，募得法币 1300 余万元，全部捐献抗日前线。

民国三十一年（1942）2 月，金山率剧团到达重庆，受周恩来表彰。以后主演话剧《屈原》，连续演出月余，场场爆满，轰动山城，激励人民爱国救亡精神。

抗日战争胜利后，金山遵照周恩来的指示，采取多种措施，赢得国民党内高层人士的信任，以国民政府"接收大员"身份，到东北接收满洲电影制片厂（后改名"长春电影制片厂"），金山任厂长。拍摄自编自导的抗日故事片《松花江上》，受到中外观众好评，为我国 40 年代成功之作。

1949 年 4 月，国民政府代总统李宗仁聘请金山为国民党代表团顾问，赴北平与中共代表团和谈。谈判期间，他机警地向中共代表团及时传递情报，使中共方面掌握谈判主动权。当国民党首席代表张治中得知金山是一位入党多年的共产党员时，惊讶不已，风趣地说："你真是一位出色的演员！"

中华人民共和国建成后，北京成立"中国青年艺术剧院"，金山任副院长，主演《保尔·柯察金》《万尼亚舅舅》等名剧，自编自导并主演话剧《红色风暴》，导演《丽人行》《文成公主》等剧，改编《风暴》等电影多部。"文化大革命"期间，金山遭到"四人帮"的残酷迫害，被监禁 7 年。1975 年彻底平反，恢复名誉。1978 年任中央戏剧学院院长，导演话剧《于无声处》《屈原》。金山还是全国政协委员，兼任中国电视剧艺术委员会主任、全国文联委员和中国戏剧协会副主席等职，勤奋工作，直到逝世前一天。

金山一生主演和导演话剧近 50 部、电影 10 部。在舞台和银幕上塑造了李鸿章、宋丹平、屈原、保尔、万尼亚、施洋等许多著名人物形象。他在《屈原》剧中的《雷电颂》和《红色风暴》剧中的《江岸演讲》台词，被全国各戏剧院校作为台词课范本。他编写话剧和电影剧本 15 部；撰写戏剧、电影导演艺术论文数十篇，中国戏剧出版社出版了《金山戏剧论文集》。2005 年，在中国电影诞生 100 年之际，金山被评为"中国电影百位优秀演员"。

朱 湘

朱湘（1904—1933），中国现代著名诗人，"新月派"诗歌的代表人物之一，沅陵人，原籍安徽太湖，字子沅。一生致力于中国新诗歌创作和外国诗歌译介，提倡诗歌的"形式美"。在清华大学学习期间，被称为"清华四子"之一，享有诗名。1926 年与人合办《晨报·诗镌》，1929 年留学美国。回国后执教于安徽大学。他为人外冷内热，性情孤傲倔强，一生穷困潦倒、颠沛流离。有诗集《夏天》《草莽》《石门集》《永言集》，散文评论集《中书集》，评论集《文学闲谈》，书信集《海外寄霓君》等，翻译有《路曼尼亚民歌一斑》《英国近代小说集》《番石榴集》等。离开安徽大学后，南北奔走，求职未果，心灰意冷，1933 年 12 月自沉于南京采石矶。他被鲁迅称为"中国的慈济"，他的诗是不死的。

舒新城

舒新城（1893—1960），溆浦人，原名玉山，字心怡，号畅吾庐，是我国现代著名的教育家、出版家、辞书学者。15 岁入学溆浦县立高等小学，1917 年毕业于湖南高等师范学校。一生苦学自励，从事文化教育出版事业近 50 年，主编新旧《辞海》30 余年,主要著

▶ 舒新城与《辞海》

作 40 余种。其中仅在辞书方面，就有《辞海》《中华百科辞典》《名人辞典》《中国教育辞典》等。他把一生奉献给了新旧《辞海》主编工作和出版事业，对中国文化科学和出版事业做出了杰出贡献。

作为一代辞书编纂大师，除编纂《辞海》外，舒新城的一生所编、所写堪称著述丰富，主要有学术专著《现代心理学之趋势》《近代中国留学史》《教育通论》《人生哲学》《道尔顿制研究集》《中华百科辞典》《近代中国教育思想史》《近代中国教育史料》，散文《蜀游心影》《漫游日记》《故乡》《狂顾录》，通信集《十年书》。另外他还是中国摄影史上的一位先行者，著有《摄影初步》《晨曦》《习作集》和《美的西湖》等。

红色怀化

红军长征在怀化

红军长征在通道——通道转兵

"湖南是一方红色热土，走出了毛泽东、刘少奇、任弼时、彭德怀、贺龙、罗荣桓等老一辈革命家，发生了秋收起义、湘南暴动、通道转兵等重大历史事件，大批共产党人在这片热土谱写了感天动地的英雄壮歌。"（习近平《论中国共产党历史》）

这段话里谈到的"通道转兵"，发生于 1934 年 12 月中央红军长征途中。这次转兵，不仅在生死攸关的时刻挽救了党和红军，而且为遵义会议的召开奠定了重要基础，成为中国共产党在长征途中伟大转折的历史开端。

1934 年 10 月，第五次反"围剿"失败后，中央主力红军为摆脱国民党军队的包围追击，被迫离开江西瑞金实行战略转移，开始了艰苦卓绝的长征。离开江西时，中央红军制定的战略转移计划是进入湘西会合贺龙、萧克领导的红二、六军团，建立新的革命根据地，以此为依托转入反攻。历经一个多月的颠沛流离和艰苦转战，突围的中央红军途经福建、广东、湖南、广西，跨越敌军的四道封

▲ 通道转兵
纪念馆陈展

锁线，并付出了巨大的代价。中央红军和军委纵队，由出发时的 8.6
万人锐减到 3 万多人。

面对惨烈代价，红军没有停止长征的脚步。1934 年 12 月 4 日，
红军第一纵队开始翻越老山界，向湖南境内行进。当时的情况是，
伤病员们都下了担架，由其他同志背着或搀着走。有几匹马踩空了
脚，摔下了万丈深渊。但红军以惊人的勇气和毅力，带着骡马，抬
着辎重，彻夜行军。12 月 9 日，胜利通过老山界的中央红军兵分三
路进军通道县。这是红军湘江突围（突破第四道封锁线）以来打下
的第一座县城。

当时，为防止中央红军北上与红二、六军团会合，数十万敌军
早已抢先在通道以北进入阵地，布下了一个包围圈。

危急关头，毛泽东根据敌我双方的军事态势，建议中央红军放
弃北上同红二、红六军团会合的原计划，立即转向西，到敌军力量

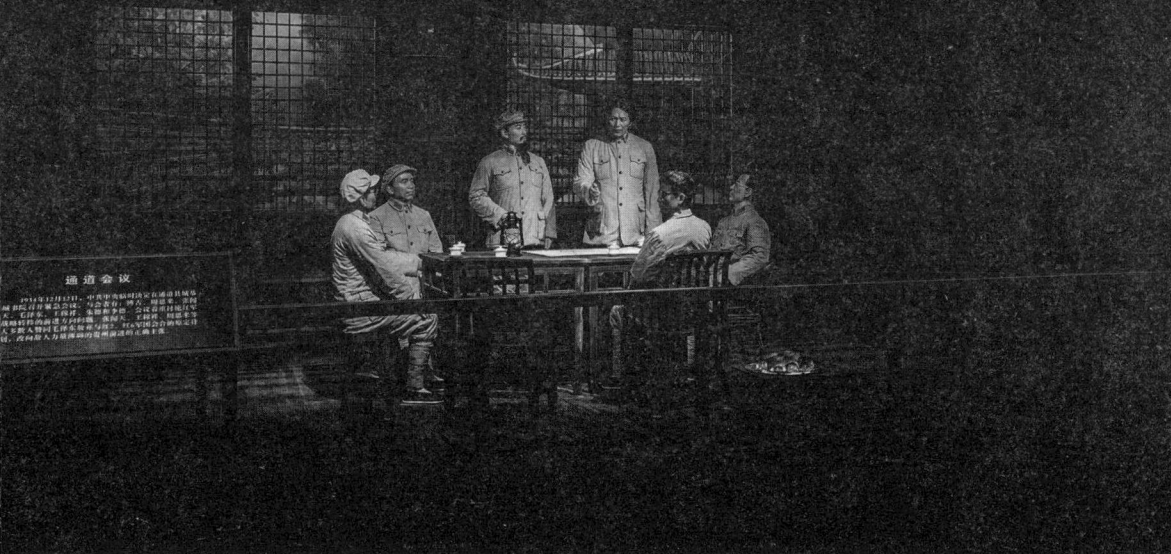

比较薄弱的贵州去。博古、李德等不顾红军全军覆没的危险，执意要按原计划北上湘西，去与二、六军团会合。这就引起了中央最高领导层对中央红军前进方向的讨论。

1934 年 12 月 12 日，中央在通道境内临时决定召开紧急会议，着重讨论红军战略转移的前进方向问题。毛泽东主张，部队应该放弃原计划，改变战略方向，立即转向西到敌人力量薄弱的贵州去，一定不能再往北走了！参加会议的周恩来、张闻天、王稼祥等多数同志赞成和支持毛泽东的主张。当晚 7 时半，中革军委向各军团、纵队首长发出西入贵州的"万万火急"电令："我军明十三号继续西进"，"第一师如今天已抵洪洲司，则应相机进占黎平"。12 月 13 日，中央红军在通道境内分两路转兵西进：一路进入靖县（今靖州苗族侗族自治县）的新厂、平茶，向贵州进军；一路进入贵州洪州，向黎平挺进，避开了敌人布下重兵的包围圈。14 日，中央纵队进入黔境后，军委又命令活动在湘西的红二、六军团配合行动，调动或牵制黔阳、芷江、洪江的敌人，以便策应中央红军向黔北进军。几十万追击的敌军统统被抛在湖南的西南地区，使敌人在湘西消灭红军的计划破产。

事实证明，通道转兵的决定，是在当时环境下中央红军摆脱险境的唯一正确抉择，避免了红军按原计划北上湘西可能遭受的毁灭性命运，为党和红军开辟了一条生路。刘伯承在《回顾长征》一书中写道："正是在这危急的关头，毛主席挽救了红军……当时，如果不是毛主席坚决主张改变方针，所剩3万红军的前途只有毁灭。"中央党史出版社2017年4月出版的《历史转折：从通道到遵义》中认为：通道转兵是红军长征中一次具有战略意义的伟大转折，是红军从失败走向胜利的起点。从通道会议到黎平会议再到遵义会议，中央红军长征史上的伟大转折得以真正完成，为夺取长征的伟大胜利奠定了基础，也使中国革命在惊涛骇浪中转危为安。

通道转兵纪念馆位于县溪镇罗蒙山下，由主题陈列馆，纪念广场，恭城书院，毛泽东、王稼祥、张闻天住址宝庆会馆，中国工农红军原总政治部旧址东岳宫等部分组成。其中恭城书院始建于北宋崇宁四年（1105），原称"罗蒙书院"，后更名为"恭城书院"，是全国保存最完整、体量最大的侗族古书院古学馆。

通道转兵纪念馆占地面积46200平方米，陈展面积2900平方米，300余件红军长征过通道时的相关资料和文物，真实再现了红军长征"通道转兵"这一辉煌历史。这里已经成为广大干部群众、青少年学生和部队官兵开展爱国主义和革命传统教育的重要阵地。2002年以来，纪念馆先后被公布为湖南省爱国主义教育基地，全国30条红色旅游精品线路，湖南省全民国防教育基地，中国人民解放军火箭军、湖南省军区、原广州军区理想信念教育基地，湖南省廉政文化教育基地，全国重点文物保护单位，全国红色旅游经典景区，国家 4A 级景区。

红军长征在靖州——新厂战役

新厂战役发生于 1934 年 8 月，红六军团 9000 余人在中央代表任弼时、军团长肖克、政委王震率领下，执行长征先遣任务，出广西，转湖南，在通道小水击溃湘敌 55 旅后，南下袭占通道老县城，后夺路经晒口、杆子溪、杨家冲等地向靖县新厂前进。敌军尾追红军，径直扑向新厂。我军侦察到该敌已远离主力，系孤军深入，决定利用有利地形组织新厂战役，歼灭尾随之敌。8 月 19 日早晨直到黄昏，共毙敌 200 余人（其中营长 1 人），俘敌 300 余人，缴获长短枪 300 余支，使红军从容进入贵州。新厂战役纪念碑已成为爱国主义教育的重要基地。

1979 年，为纪念红军长征新厂战役，颂扬红军战绩，纪念阵亡烈士，靖州县委、县革委、县人武部决定在新厂镇金星村斗篷坡顶修建纪念碑。纪念碑于 1979 年 3 月 24 日落成，由碑座、碑身、碑盖三部分组成。碑的东面凹刻行书"红军长征新厂战役纪念碑"及碑文，西面凹刻"革命烈士永垂不朽"及毛泽东手书体（草书）《七律·长征》一首。碑身呈长方体，高 7 米，宽 1.7 米。一座红军烈士墓修筑于纪念碑西面 150 米处。

红军长征在沅陵

红二、六军团策应中央红军长征，创建湘鄂川黔革命根据地，沅陵是根据地重要组成部分。红军长征在沅陵为两个阶段，即红二、六军团策应中央红军长征，建立湘鄂川黔革命根据地时期；红二、六军团突围长征，突破敌军沅水封锁线，挺进湘中时期。

► 新厂战斗
纪念碑

1934 年 10 月，中央红军第五次反"围剿"失利，中共中央不得不做出撤离根据地的决定。按原定计划，中央红军准备转移到湖南西部同红二、六军团会合。

11 月 25 日，中革军委向中央红军各部下达了抢渡湘江的命令。任弼时、贺龙根据中革军委指示，决定进一步发动"湘西攻势"，把敌人兵力吸引到自己这边来，减轻对中央红军的压力，策应中央红军转移。

与此同时，中央红军向江华、江永前进，27 日，红二师和红四师各一部在兴安、全州间突破敌军防线，渡过湘江，并控制了界首至脚山铺之间的渡河点，这时，中央纵队还在 100 多公里之外。蒋介石严令湘桂两省守军将中央红军截断，情况十分危急。然而，已经到达灌阳北边文市、桂岩的中央纵队和军委纵队没有把握住最后的急行军机会抢渡湘江，而是从 11 月 28 日一直拖拉到 11 月 30 日，同蒋介石在这里进行了 4 天 4 夜的血战，是役，红军从 8 万余人锐减至 3 万人。

12 月初，中央红军经过血战，突破了敌人的湘江防线，通过老山界向湘南的通道挺进。为牵制敌军，策应中央红军突围，红二、六军团领导决定，由任弼时留守湘鄂川黔省委根据地驻地，贺龙、关向应、萧克率领红二军团主力和红六军团的第五十一团 8000 余人挥戈向南，攻打沅陵，执行策应中央红军突围转移的任务。12 月 5 日，红二、六军团主力从大庸天门山出发南下，进袭沅陵。第二天凌晨，全军将士在军大坪村前深溪的岩滩上集合，由当地老百姓带路，沿深溪出枫香坪，经刘家溪上常安山，抵达沅陵城郊。

当红军先头部队到达常安山时，驻防在常安山一带的国民党军队架上机枪疯狂扫射，妄图阻击红军前进。红军战士个个奋勇当先，以排山倒海之势向前冲锋，敌人夹着尾巴逃往城里。

12月7日下午,红军主力到达沅陵县城郊外。贺龙、萧克指挥红军从白岩界经亭子界奔袭沅陵县城。下午5时许,红军逼近城北的鸳鸯山、丁公庙一带。贺龙命令红四师师长卢冬生首先向鸳鸯山、丁公庙之敌发动猛烈进攻。

鸳鸯山、丁公庙各有敌军两个营防守,构筑了工事,他们居高临下拼命地阻击红军的进攻。红四师经过短时间的准备,开始进攻鸳鸯山和丁公庙。贺龙见强攻一时拿不下敌人阵地,又派出两支精锐部队从守敌的左翼和右翼对敌军偷袭。

沅陵县城坐落在沅江北岸,守敌有廖怀中旅及沅陵保安团共4个团兵力,妄图凭借沅陵城高墙厚,同红军拼个你死我活。入夜,贺龙亲自指挥红军发动猛烈攻击,攻占了敌城北所有阵地,并突破了敌人最后一道防线——城壕。敌人全部龟缩进城,红军势如破竹,形成兵临城下之势。激战通宵,双方都损失巨大。天亮之前,红四师发动了更加猛烈的攻势。廖部不支,将两团之残部撤入城中,紧闭城门,固守待援。

沅陵城高大坚固,易守难攻。扫清城外守敌据点后,红军开始攻城准备。他们制作云梯,准备爆破器材,侦察攻城线路,对县城志在必得。这一切吓坏了守城敌军,廖怀忠一面加紧督促士兵坚守,一面急电求援。

8日晨,红军兵分三路,分别从上南门、下南门、文昌门强攻县城。采取集中火力掩护攻城部队、架云梯爬城、突击爆破、连续冲锋的办法,打得守城敌人手忙脚乱。国民党沅陵县政府县长黄锡鑫和守军廖怀忠急忙致电何键、陈渠珍求援。

沅陵城告急,何键不敢怠慢,命令陈渠珍部和各县保安团及沅陵县长,严守城池,阻击红军,决不能让沅陵失陷。同时,四处调兵遣将,前往增援。"湘西王"陈渠珍亦怕失掉沅陵,急令廖怀中旅及沅陵保安团固守沅陵县城。同时硬着头皮率部从凤凰赶来增援督战，又令追剿中央红军的戴季韬、周燮卿各旅赶赴沅陵布防，令驻防古丈的顾家齐旅火速驰援，妄图抄红军后路，形成两面夹击之势。

蒋介石闻悉沅陵告急，急令陈诚派飞机助战。何键急派轰炸机数架飞临沅陵常安山上空轰炸，在常安山马路溪丢下炸弹，对城北郊狂轰滥炸，给守城军队壮胆助威。

由于沅陵城自身坚固，又有沅、酉两水作屏障；沅陵国民党守军抵抗亦十分凶顽，红军战士连续攻打三天三夜，终因缺乏攻城大炮，攻城不克。12月10日，红军果断地改变战术，放弃夺取沅陵城的计划，主动撤出战斗，回驻常安山。

12月11日，红一军团先头部队红二师在陈光、刘亚楼的率领下攻占了通道县城。12日，红军领袖们在这里召开了一次秘密而短暂的会议——通道会议。12月12日19时半，中革军委向各军团、纵队发出西入贵州的"万万火急"电报，实行"通道转兵"。

红二、六军团进攻沅陵城等一系列湘西攻势，打乱了国民党反动派围剿消灭中央红军的部署，震动了正在指挥围追中央红军的蒋介石，迫其将追击中央红军的国民党军前线总指挥何键及其所属第16、19、62师由通道、靖县新厂，调向沅陵，进攻红二、六军团。牵制敌正规军及地方保安团共30余万兵力，迫使湘敌分兵反击，减轻了中央红军在湘桂边界活动期间的敌方压力，客观上为中央红军突围创造了条件。中央红军突破重围，于12月12日顺利实现"通道转兵"，进入贵州，走上长征征途。

红军长征在辰溪

1935年10月，国民党军队对湘鄂川黔革命根据地发动了大规模"围剿"。根据中央指示和遵义会议精神，红二、六军团决定实行战略转移，开始长征。

1935 年 11 月 19 日，红二、六军团分别从桑植的刘家坪和塔铺出发，以迅雷不及掩耳之势，突围大庸，抢渡澧水、沅水。进入沅陵后，兵分三路分别向辰溪、溆浦、安化等地进发，直插湘中。由贺龙、甘泗洪率领的部分机关人员和红二军团第四师、第五师共8000 余人，于 11 月 26 日下午进入船溪驿向家村一带宿营。

听闻红军已经到达船溪驿一带，辰溪县城的国民党驻军、官吏仓皇潜逃。11 月 27 日凌晨，红二军团先头部队沿湘黔公路向辰溪进发，在城北的十里铺俘虏了国民党保安团的一个哨兵排，控制其哨所。随后，红军分三路向辰溪县城进发。上午 9 时，红军未遇国民党军抵抗顺利占领辰溪县城。

城内的工人、农民、店员欣喜若狂，奔走相告。数百市民从祥云庵起沿途鸣放鞭炮，夹道欢迎。红二军团司令部设于县城欧家巷天主堂内。

红二军团进入辰溪后，国民党派湘军第十五师王东原部、第十九师李觉部、第十六师章亮基部、第六十二师钟光仁部、第六十三师陈光中部分别从浦市、麻阳、沅陵向辰溪挺进，试图将红二军团歼灭于辰溪。为了堵截、钳制、迷惑敌人，掩护红军主力在辰溪、溆浦等地短时间休整，红四师、红五师分头行动。

红四师一部驻防县城东北部的田湾、十里铺、泡潭一线，以堵截、钳制从沅陵方向而来的尾追之湘军。红五师十三团分兵两路向浦市进发。一路从塔湾渡沅江，经麻田、杀人溪、刘家坳至军屯；另一路从后山头翻山，经梨子溪、张家溜至军屯。两路部队在军屯会合，当晚占领了浦市镇。

28 日，红五师十三团团长刘汉卿率领十三团前锋，继续沿沅水北岸而下，佯向泸溪进发，给敌人以红军要掉头北上直取泸溪重返根据地的错觉。果然，湘军十九师、十五师迅速西移，死守泸溪。这样，就打乱了湘军的追剿部署，钳制了尾追红军的 3 个师的强敌，为红军主力休整赢得了时间。

红五师十三团前锋在过浦市十余里的红土溪与湘军十九师李觉部相遇，发生战斗后回撤。29 日下午 4 时，红五师十三团在浦市附近的中庵、北极观一线，与尾随而来的湘军十九师唐伯寅旅、十五师汪之彬旅展开激战，即"辰浦战役"。

战斗持续到天黑，红五师十三团团长刘汉卿在战斗中身负重伤，后因伤势过重牺牲。这是红二军团突围转移以来经历的一次较大战役。30 日，红十三团胜利完成钳敌任务，撤离浦市，向辰溪转移。

12 月 1 日，红二军团四、五师分别撤离田湾、辰溪县城，分两路东进修溪口。一路由田湾过界牌坳，经十里铺、王家坪、进马溪翻越香炉山至牛溪、独木湾、征溪口；一路从辰溪县城出发，溯沅水而上，经米家滩、泡潭、大溇潭，进入修溪口。红军撤离辰溪县城时，县义勇大队队长熊桂清部为了向国民党政府邀功，特从照顶界返回，在大路口隔河装腔作势尾随红军，胡乱开枪。红军一枪未还，毫发无损。

红二军团各部在修溪口会合以后，兵分两路向溆浦进发。红四师的一部，往向家湾方向挺进溆浦，到了向家湾再分成两路：一路沿沅水北岸，经傅家湾、柳溪，进入溆浦境内的溇水湾；一路沿着梓溪，经观音阁、稠木湾、坡下田，进入溆浦境内的圆蛋岩，两路会师于大江口。

贺龙则率领红二军团主力翻越庐坡，经桃田坳、牛儿岩、分庄坳进入石山关、铁炉冲、道光屯，当晚宿营道光屯村莲花庵、张家院子、溶洞。

12 月 2 日清晨，红军在道光屯村口的田坪里召开大会，贺龙向全军指战员作行军小结和战斗动员。会后，红二军团主力向溆浦进发，红五师后卫营仍留在修溪口、石山关、铁炉冲、道光屯沿线活动，以掩护红军主力在溆浦的活动和后续部队的转移。

12月5日，湘军以及县义勇大队从石山关向驻铁炉冲的红五师后卫营包围而来。双方在树林里展开战斗，随后红军向道光屯高地转移。12月6日，红军后卫部队完成钳敌任务，撤离道光屯，经舒溶溪向溆浦县城进发。当晚，红军一支小分队又夜袭道光屯，使尾随湘军不敢贸然跟进。

红军在与国民党军队进行军事斗争的同时，还广泛深入地开展了宣传发动、打土豪、反恶霸等活动，深受广大群众拥护。辰溪县300多贫困群众参加红军，组成了新兵营，成为红二军团长征时湘西地区扩红最多的县之一。

红二军团长征在辰溪历时11天，沉重地打击了国民党在辰溪的统治，使辰溪人民加深了对中国工农红军的认识，发展和培养了一批骨干革命力量，播下了革命火种，对辰溪革命的复兴产生了深远的影响。

红军长征在溆浦

1934年10月，由任弼时带领的红六军团和贺龙领导的红二军团在川黔地区会师。1935年初，红二、六军团根据毛主席、党中央的指示，组成了中共中央革命军事委员会湘鄂川黔军委分会，贺龙任主席，任弼时、关向应、萧克、王震等任委员。革命武装力量在湘鄂川黔根据地迅猛发展到12000余人，使湖南军阀何键惶恐不安，即电蒋介石告急。同年10月，蒋介石调集中央军120个团近20万的兵力，组成东、西、南、北四路纵队，采用经济封锁、筑堡推进的策略，对湘鄂川黔革命根据地大举"围剿"。

根据中央军委的指示，贺龙率领的红二、六军团撤离湘鄂川黔革命根据地，突破"围剿"。红二、六军团总指挥部决定向东南方突围，形成"湘西攻势"，以雪峰山屏障，在其南、北侧相机运动歼敌。由萧克、王震率红六军团占领新化县城，使敌军产生红军要"进攻湘中"的错误判断，牵制住敌军往西调集重兵，然后，红六军团迅速回撤溆浦桥江与红二军团会合，兵分两路往雪峰山区转移。第一路由贺龙率领由岗东、上团往新化老鸦田、隆回司转移。第二路由萧克、王震率部由蛇湾、两丫坪至龙潭后，折往隆回司与红二军团会合。随后，往贵州战略转移，实现西进北上与中央红军会师的战略目标。

1935 年 11 月 19 日，红二、六军团总指下达"战略突围"总命令，红二、六军团在桑植县刘家坪集结突围。

1935 年 11 月 22 日，红二军团直属队，红四、五、六师及红军学校，成功突破敌军李觉纵队在沅水布防的封锁线，迅速向溆浦、辰溪等境域全线推进。11 月 27 日上午 9 时，红四、五师占领辰溪县城，红四师在辰溪休整筹粮和扩红 300 余人；下午 5 时，红六师占领溆浦县城。同日，萧克、王震率红六军团占领新化县城。

1935 年 11 月 28 日晌午 12 点，贺龙率总指挥部、红二军团直属队、红军学校及大行李（辎重队）进驻溆浦县城。总指挥部驻扎县城老天主堂（今妇幼保健院），直属队和红军学校及大行李扎营城东郊寺坪（今人民体育场）。

红二、六军团长征在溆浦县停留 27 天中，军纪严明，秋毫无犯，商铺照常开门营业，民众日常生活没有受到干扰。红军把宣传工作当成一项战胜敌人的革命传家宝，在地方党组织的大力配合下，发动了声势浩大的宣传攻势，张贴文告，刷写标语，散发传单，还组织群众召开批斗大会，斗土豪打劣绅，将没收的财产分发给贫苦民众等。一时间，城镇乡村的壁板、墙面、岩石上到处都是红军留下的标语："废除一切苛捐杂税""工农武装割据""人人平等自由""只有苏维埃才能救中国""打土豪除劣绅，财产均分工农""对日宣战，抗战到底"……红校学生经常上街为群众唱红军歌，如《红军纪律歌》：

> 红军纪律最严明，行动听命令，不敢胡乱行。打土豪要归公，买卖要公平，群众东西不能拿分文。说话要和气，开口莫骂人，工农团结好像一家人。出发与宿营，样样要记清：上门板，捆谷草，房子扫干净。借物要归还，损坏要赔钱。大便上厕所，洗澡避女人。三大纪律，八项注意，个个要执行。

《当红军歌》：

> 当兵就要当红军，处处工农来欢迎。官长士兵都一样，没有谁来压迫谁。当兵就要当红军，帮助工农打敌人。买办豪绅和地主，杀他一个不留情。当兵就要当红军，退伍下来不愁贫。会做工的有工做，会做田的有田耕。当兵就要当红军，冲锋陷阵杀敌人。消灭军阀和地主，民族革命快完成。

红军进驻溆浦期间，展开了广泛的革命工作，帮助地方党组织成立了 15 支共 800 余人的游击队武装，惩处土豪劣绅 381 户，将谷物 2 万余石、家什物品 8000 余件、衣物万余件，全部分发给贫苦民众，将没收的数万银圆充为军饷。红军为广大群众谋利益，深受人民群众拥护和爱戴，群众自发组织"劳军慰问团"送猪送羊，溆浦商会为红军捐钱筹粮。

红军在宣传革命思想的同时，在县城、麻阳水、观音阁、花桥、低庄、岗东、两江、桥江、水东、两丫坪、龙潭等地积极展开"扩红运动"。

1935 年 12 月 7 日，扩红大会在溆浦城东寺坪召开，全县各乡村

3000 余人红新兵在寺坪集结，上万群众送儿郎参军，盛况空前，情景十分感人。贺龙、任弼时、关向应、甘泗淇等红二、六总指主要领导在大会上讲话，溆浦籍红军干部荆吉生讲述参加工农革命军的亲身经历。这次扩红中，有六支游击队集体参加红军。红二、六军团长征时的总兵力只有 12000 人，这就意味着红军队伍里每 5 个人当中就有 1 个人是溆浦籍子弟。红二、六总指专门为溆浦籍子弟成立了"红新团"。自此以后在红军战斗序列中有了"红新团"的身影。

红军队伍撤离溆浦后，一场腥风血雨接踵而来。蒋介石反动政府反攻倒算，下达了"清乡肃匪"令，凡"赤匪红属""窝藏赤匪""资助赤匪"等都与"赤匪"同罪论处，实施砍头威慑镇压。白色恐怖席卷而来，红属处于"逃的逃，躲的躲，抓住被砍头"的悲惨状态。也有不少伤病和掉队的红军被抓。

据不完全统计，这场"清乡剿赤"大屠杀，全县前后被屠杀的红军和红属大约有 1700 人。但有的人却说远远不止，这次大屠杀到底有多少人惨遭杀害，一直是有争议的话题，谁也说不清楚。

红军长征在芷江——便水战役

便水位于芷江侗族自治县与新晃侗族自治县交界之处，当年，贺龙带领的红二、六军团长征时为打击尾追的国民党军队，曾在这里组织了一次激烈的战斗，在长征史上称为"便水战役"。

1935 年 12 月 28、29 日，中国工农红军第二、六军团在任弼时、贺龙、关向应、萧克、王震等率领下，先后进入芷江县境。30 日红六军团进驻县城黄甲街一带，31 日红二军团进驻冷水铺一带，分别在宝庆会馆、胡家大院设立临时指挥部。

1936 年 1 月 4 日，为阻击、歼灭国民党"追剿"军十六师，以赢得战略主动，红二、六军团决定发起芷江便水战役。便水战役历时三天两夜，是红二、六军团长征史上规模最大的一次战役，歼敌千余人，严重打击了敌军的嚣张气焰，阻延了敌军的追击。红军得以从容转向石阡休整，并宣告国民党歼灭红军于湘西企图彻底破产。

在距离战斗旧址 1 公里，上坪村南面园艺场的山坡上，屹立着一座被苍松翠柏环绕的"红军烈士纪念碑"，它就是为纪念在便水战斗中牺牲的红军而修建的，整个山坡也建成了上坪红军烈士陵园。纪念碑的背后，有 9 座红军墓，除了 3 座墓碑有名字外，其余 6 座埋葬的都是无名烈士，只有墓碑上的红五星，记载着他们生前的英勇与不屈。2019 年，红二、六军团便水战斗烈士纪念陵园被批准为湖南省第十批省级文物保护单位。

芷江有以"便水战役遗址群"为代表的红军长征遗址 16 处，有以"黄甲街红六军团司令部旧址"为代表的红军长征旧址 7 处，有以"上坪红军烈士陵园"为代表的纪念碑、纪念塔、烈士陵园、烈士墓等 11 处。2021 年 8 月底建成"红军长征在芷江陈列馆"。

革命故里

向警予故居及纪念馆

向警予（1895—1928），原名向俊贤，笔名振宇，土家族，溆浦人。我国妇女运动的先驱和领袖，中国共产党第一位女中央委员，党创建时期的重要领导人之一，为妇女解放做出了不可磨灭的贡献。

1895 年 9 月 4 日，向警予诞生在溆浦县城的商人家庭，排行老九。向警予有几个兄长曾留学日本，她自幼受其影响追求新知识。向警予 6 岁入私塾，8 岁进入长兄在县城开创的新式小学。她在校品学兼优，幻想成为花木兰式的英雄。后入湖南第三、第一女子师范和周南女校，因与蔡和森之妹蔡畅的同学关系而结识蔡和森、毛泽

▲ 向警予纪念馆

东。向警予于 1916 年毕业后回溆浦老家，打破当时"男尊女卑"的传统观念，创办新式学堂并任校长，试图走教育救国之路。她在校内要求女生放脚，并一个个地陪其回家向父母做动员，亲自为她们解开裹脚布。

1919 年夏，向警予赴长沙发起女子赴法勤工俭学行动，并加入毛泽东、蔡和森主持的"新民学会"。1919 年冬天，向警予赴法国

▲ 向警予铜像

攻读法文并学习马列主义，参加了周恩来等组织的"工学世界社"。1920 年 5 月，向警予和蔡和森在法国蒙达尼尔结婚，人们把他们的结合称为"向蔡同盟"。

1921 年年底，旅法的蔡和森等人因参加学生运动被当局遣送回国，已怀孕的向警予也随之返回。翌年，她在上海加入中国共产党，随后参加中共二大，当选中央委员并担任中央妇女部部长。此后，她在党的三大、四大上继续当选为中央委员，并领导过上海十四家丝厂 1.5 万名女工大罢工和南洋烟厂 7000 名工人罢工，还为党代会和报刊写过许多论述妇女解放运动的文章。

1927 年 4 月，向警予在武汉先后负责武汉总工会、汉口市宣传部和湖北省委、武汉市委的领导工作，在白色恐怖极其严重的形势下坚持地下斗争。1928 年春，她在汉口法租界被捕，于 5 月 1 日英勇就义，时年 33 岁。

向警予同志纪念馆位于溆浦卢峰镇警予西路 27 号，由向警予铜像纪念碑广场、向警予同志故居、向警予同志生平事迹陈列室三个部分组成，现占地面积 8680 平方米。向警予同志纪念馆馆名由胡耀邦同志亲笔题写，"向警予同志故居"由江泽民同志亲笔题写。

向警予故居始建于明末清初，是一栋具有地方特色的木结构四合院，建筑占地 1200 多平方米。院内有"故居复原陈列"和"向警予同志手迹展览"，展出实物 40 多件和她学生时代的作文、日记、读书笔记以及从事革命活动撰写的文稿、书信 30 余件。在纪念碑广场，有向警予同志雕像纪念碑，高 9.4 米，上方为英姿焕发的向警予塑像，塑像作者是我国著名雕塑家朱惟精，下部碑座正面是陈云同志亲笔题写的"向警予同志纪念碑"八个镏金大字，其余三面錾刻有蔡和森同志 1928 年 7 月在莫斯科撰写的《向警予同志传》全文。

向警予同志纪念馆是湖南省第一批省级爱国主义教育基地、全国重点文物保护单位、国家级 3A 级旅游景区、湖南省文明风景旅游区、湖南省红色旅游景区。

粟裕故居及纪念馆

粟裕（1907—1984），原名粟多珍，曾用名粟志裕，侗族，会同人。中国无产阶级革命家、军事家，中国人民解放军的主要领导人，中华人民共和国十大大将之首。

▲ 粟裕故居

　　粟裕 1927 年加入中国共产党，参加南昌起义，后进入井冈山，参加历次反"会剿"和全部五次反"围剿"战争。长征时留在南方组织游击战争。抗日战争期间，任新四军第二支队副司令员、江南指挥部和苏北指挥部副指挥。1941 年任新四军第一师师长，后兼第六师师长。第二次国共内战期间，任华中野战军司令、华东野战军副司令、代司令员兼代政委等职，主要指挥高邮战役、陇海线徐（州）海（州）段战役、苏中战役、孟良崮战役、济南战役、淮海战役、渡江战役、上海战役等。中华人民共和国成立后，历任中国人民解放军总参谋长、中国共产党中央军事委员会常委、第五届全国人大常委会副委员长等职。

　　粟裕 1955 年 9 月 27 日被授予大将军衔，并荣获一级八一勋章、一级独立自由勋章和一级解放勋章，1984 年 2 月 5 日逝世。

▲ 粟裕同志
纪念碑

粟裕同志故居和纪念馆景区紧邻 209 国道，距包茂高速 2.5 公里，距怀化高铁站、芷江机场不足百公里，交通十分便捷。景区现有面积 1.1 平方公里，内有单体文化旅游资源 2100 余个，有复合型文化旅游资源 2 处。其中，省级文物保护单位粟裕同志故居，飞檐翘角，雕梁画栋，极富湘西南民族特色，室内至今仍保持粟裕青少年时期生活的原样。粟裕同志纪念馆由杨尚昆同志亲笔题名，馆内收藏粟裕遗物 2000 余件（套），其他文史资料 700 余件（套），是唯一一座全面、系统宣传和展示粟裕大将生平业绩的专题纪念馆。粟裕同志纪念碑由张爱萍同志题写碑名，碑身伟岸挺拔，碑底安放有粟裕同志的部分骨灰。园区内瞻仰大道、明镜湖、七捷亭等纪念设施众多，军用战机、大炮等军事纪念设施丰富，千年樟树等古树群

高耸入天，龙抬头等地貌景观内涵深蕴，将军兰苑基地兰花芬芳……景区背靠伏龙山将军岭，面朝伏龙溪与伏龙盆地千顷良田。在将军岭俯瞰枫木田园风光，"春时遍地黄金甲，秋日又见稻浪翻"，一年四季如诗如画，而景区正是万绿丛中那一点"红"。

粟裕同志故居和纪念馆先后荣获国家国防教育示范基地、中国最佳红色旅游景区、湖南省红色旅游经典景区、湖南省廉政文化教育基地、湖南省爱国主义教育基地、湖南省文明旅游景区和怀化市十大文化旅游新地标等殊荣。

滕代远故居及纪念馆

滕代远（1904—1974），苗族，1904年11月2日生,麻阳人，曾用名唐大光、李光，中国工农红军早期创始人、中国人民解放军的领导者之一，新中国人民铁路事业的奠基人。

滕代远早年在湖南省常德第二师范读书时，就参与领导进步学生运动，1924年加入中国社会主义青年团，1925年加入中国共产党。第一次国内革命战争时期，他历任中共长沙近郊区委书记、农协委员长、中共湖南省委委员、湖南省农民协会委员长。第二次国内革命战争时期，他历任中共醴陵县委书记、湘东特委书记、湘鄂赣边特委书记。1928年7月，滕代远与彭德怀、黄公略等发动和领导了平江起义，成立了中国工农红军第五军，任军党代表兼十三师党代表，同年12月率部队到达井冈山与毛泽东、朱德领导的红四军会师，任红四军副党代表，参与并领导了井冈山保卫战，是井冈山革命根据地创始人之一。1931年11月和1934年2月，他分别当选为中华苏维埃共和国第一、第二届中央政府执行委员会委员；1933年2月调任中革军委总动员武装部部长，同年7月受中

▲ 滕代远纪念馆

央委派赴莫斯科参加共产国际第七次代表大会，后进入列宁学校学习军事，于 1937 年回国，任中共中央和八路军驻新疆办事处代表。

抗日战争时期，他任中央军委参谋长，1939 年冬赴晋西北地区指挥反顽斗争。1940 年任抗日军政大学总校副校长兼军政委员会书记、中共北方局委员。1942 年 8 月任八路军前方总部参谋长兼情报

▲ 滕代远故居

处处长、八路军副参谋长、中共北方局常委。

解放战争时期，滕代远任晋冀鲁豫中央局常委、军区第一副司令员兼军政大学校长；任北平军事调处执行部中共代表团军事顾问，中共华北局委员、常委，华北人民政府委员，华北军区第二副司令员。1949 年 1 月任中央军委铁道部部长，铁道兵团司令员兼政治委员。

中华人民共和国成立后，滕代远任中央人民政府政务院政务委员，财经、国防委员会委员，第一任铁道部部长兼党组书记。1965 年 1 月任第四届全国政协副主席。1974 年 12 月 1 日在北京病逝，终年 70 岁。

滕代远纪念馆于 1986 年 11 月 2 日建成，为一座二层现代殿堂式砖混结构仿古建筑，占地 6300 平方米，建筑面积 1182 平方米，陈列面积 500 多平方米。馆内陈列滕代远同志各个革命时期的有关图片、实物、文献、书信等近 400 件文物以及中央等领导同志的题词。现为湖南省爱国主义教育基地，湖南省红色旅游 13530 精品线路及工程，国家级 3A 旅游景点。

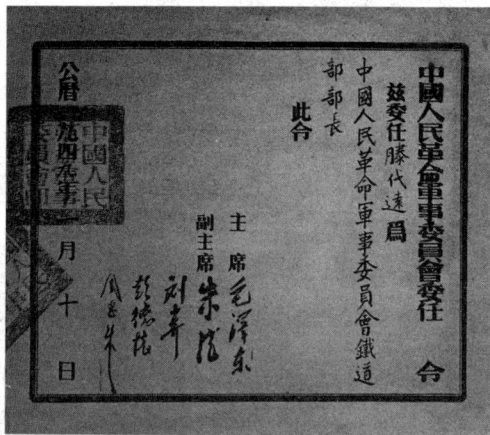

▲ 滕代远担任第一任铁道部部长的委任状

滕代远故居位于麻阳县岩门镇玳瑁坡村，故居为清代民居建筑，是湖南省重点文物保护单位、爱国主义教育基地、红色旅游精品景点之一。

抗战名城

芷江受降

1945 年 8 月 15 日，蒋介石以中国战区盟军最高统帅名义，电令日本中国派遣军总司令冈村宁次："一、日本政府已正式宣布无条件投降。二、该指挥官应即通令所属日军停止一切军事行动，并迅速派代表至玉山接受中国陆军总司令何应钦之命令。三、军事行动停止后，日本可暂保有其武器及装备，保持现态势，并维持所在地之秩序及交通，听候中国陆军总司令何应钦之命令。四、所有飞机及船舰应停留现驻地，但长江内之船舰，应集中宜昌、沙市。五、不得破坏任何设备及物资。六、以上各项命令之执行，该指挥官及所属官员，均应负个人之责任，并迅速答复为要。"

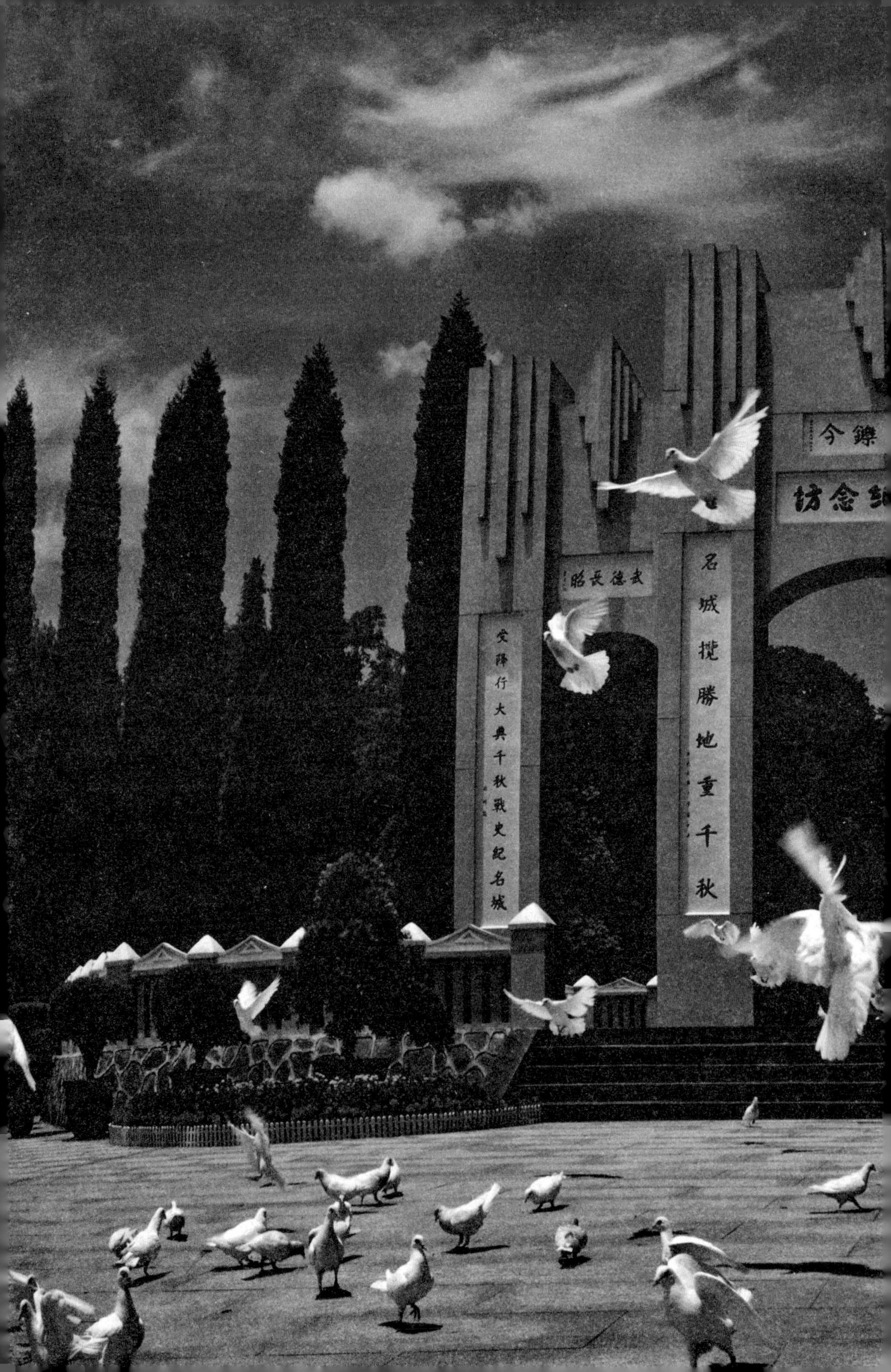

武德長昭
受降行大典千秋戰史紀名城
名城攬勝地重千秋

和平丰碑

1945 年 8 月 17 日，冈村宁次复电蒋介石，派侵华日本副总参谋长今井武夫等，于 18 日乘飞机至杭州候命飞玉山。由于玉山机场跑道被雨水损坏，当日，蒋介石电告冈村宁次，洽降地改为湖南芷江，并通知投降代表于 21 日到达芷江，需随带中国大陆、台湾及北纬 16 度以北越南地区所有日军之战斗序列、兵力位置等表册，代表人数不得超过 5 人。

1945 年 8 月 20 日，何应钦率中国陆军参谋长萧毅肃等随员及其他人员，由重庆飞抵芷江。同日，从昆明和全国各地到达芷江的各方面军的司令官有：第一方面军卢汉、第二方面军张发奎、第三方面军汤恩伯、第四方面军王耀武、昆明防守司令部司令杜聿明及第三方面军副司令郑洞国、张雪中等。

1945 年 8 月 20 日晚，何应钦在芷江召开军政要员会议，宣布："从现开始，这里是陆军前进总部，陆军总部奉命办理全国受降事宜。具体内容是：准备接待日军侵华派遣军总司令冈村宁次的投降代表；规定中国各战区军事长官受降接管有关事项，迅速将部队运往各沦陷区；成立南京前进总指挥所；迅速空运部队至上海南京，接受日军占领区；二十一日举行投降仪式，考虑军衔对等原则，派萧毅肃参谋长主持，陈应壮少将改佩少校军衔负责接待日本降使。"

1945 年 8 月 21 日，冈村宁次派遣副参谋长今井武夫一行 8 人，乘日本飞机自汉口起飞，在盟军飞机监护下由汉口飞抵芷江。

1945 年 8 月 21 日 11 时，日本投降代表今井武夫等一行 8 人乘机到达芷江。下午，中国战区日军洽降会议正式举行。至 23 日，中国谈判代表将中国战区陆军总司令部备忘录第 1 至第 5 号交今井武夫转冈村宁次，详细规定了中国受降的事项。23 日下午，洽降会议结束后，何应钦召见了日本投降代表今井武夫，并告之日本投降书签字地点定为南京。

为纪念这一重大历史事件,1947年8月30日,"受降纪念坊"在中国战区受降地芷江七里桥落成。(详情见本书第三篇第6节)

中国人民抗日战争胜利受降纪念馆依托受降纪念坊而建,建成于1995年。采用声光电高科技手法陈列展出国家一级文物29件,二级文物30件,三级文物89件,重要文献资料1000余件。是全国唯一一家全面反映中国人民抗日战争胜利受降的专题性纪念馆,三个展室常年设有"芷江——中国战区总受降地""芷江受降""和平万岁"展览,被誉为中国"抗战胜利受降博览窗"。

2015年8月21日,位于芷江和平文化园太和塔的湖南抗日战争纪念馆正式开放。纪念馆占地10532平方米,布展面积5000余平方米。同时,"中流砥柱血肉长城"湖南抗日战争历史陈列主题展览也在纪念馆开展,共展出历史照片900余张、文物文献500余件、场景10个、多媒体20处及油画、国画、雕塑等,全方位、立体式再现了湖南人民浴血抗战的光辉历史。

▲ 1945年8月21日,日本投降代表降机到达芷江机场,乘坐插有白旗的降车驶往指定地点。

▲ 中国人民抗战胜利受降纪念馆外景

▲ 受降旧址

▲ 受降会场

飞虎队纪念馆

中国空军美国志愿援华航空队（American Volunteer Group，AVG，后改为第14航空队），又称飞虎队（Flying Tiger），由美国飞行教官克莱尔·李·陈纳德创建。主要工作区域前期以云南为主，后期以芷江机场为主。

陈纳德1893年9月6日出生于得克萨斯州，拥有出色的飞行技术。1937年7月初，应国民党政府邀请，陈纳德抵达中国考察空军，担任顾问。考察快结束之时，抗日战争全面爆发。陈纳德接受宋美龄的建议，在昆明市郊组建航校，以美军标准训练中国空军，他还积极协助中国空军对日作战。迫于日本外交压力，陈纳德的活动逐渐转为非公开。

1941年，陈纳德接受国民党政府的委托，前往美国招募飞行员。罗斯福政府当时已准备对轴心国开战，故给予暗中支持，以私人机构名义重金招募美军飞行员和机械师，以平民身份参战。

1941年7月中旬，陈纳德回到中国时，已有68架飞机、110名飞行员、150名机械师和其他一些后勤人员到达中国。分为亚当和夏娃、熊猫及地狱天使三个中队。

▲ 飞虎队纪念馆

1941年12月7日，陈纳德率第1中队和第2中队到昆明。20日，防空台侦测到一批日机向云南飞来，陈一白将军急告陈纳德所有战机都升空迎击。之前云南人民饱受日机轰炸之苦，日军有时甚至在无战斗机保障护航的情况下，就出动轰炸机进行轰炸。当天，入侵日机10架，被击落6架，击伤3架，志愿队无1架损失。志愿

▲ 飞虎老兵瞻仰英烈墙

▲ 飞虎群雕

队初战告捷，昆明各报相继报道战斗经过，称美国志愿队的飞机是"飞虎"，志愿队一战成名，被称为飞虎队。

创下辉煌战绩的飞虎队成为美国帮助中国抗日的中美合作典范，中国对这支英勇作战、战功卓著的美国志愿队给予了极高的赞誉。

1942 年 7 月 3 日，陈纳德根据美国陆军部和蒋介石的命令，解散美国志愿援华航空队，组建隶属美国陆军第 10 航空队的第 23 大队。除少数继续留在中国外，大部分飞行员选择回到美国。

据称，在他们参与的 31 次空战中，飞虎队队员以"5 至 20 架可用"的 P-40 型战斗机共击毁敌机 217 架，自己仅损失了 14 架，5 名飞行员牺牲，1 名被俘。

抗日战争即将胜利之际，陈纳德在与下属研究工作中由于政治上的分歧被迫辞职回国。临别之时，蒋介石和宋美龄亲自设宴送行，并且授予陈纳德将军当时国民党政府最高军事荣誉——青天白日勋章。陈纳德回国后不久，日本便宣布投降了，没能见证这最后的胜利时刻成为他的遗憾。战后，飞虎队大多数队员均得到了中国政府的嘉奖。有十多名飞行员获得美、英政府颁发的飞行十字勋章。

坐落于芷江的飞虎队纪念馆,是中国唯一一座全面反映陈纳德及其率领的飞虎队援华抗战的专题性纪念馆。由飞虎队纪念馆、空军作战指挥塔旧址和中美空军联队俱乐部旧址三栋建筑构成。纪念馆于 2005 年 5 月建成,占地总面积 51.19 亩,馆内陈列有大量珍贵文物,包括飞虎队战机、飞虎队员所用过的实物、各种文献资料、珍贵图片等,真实再现了飞虎队在中国抗战期间的英雄事迹和生活场景。2016 年 12 月,飞虎队纪念馆被列入《全国红色旅游经典景区名录》。

雪峰山会战

也称"湘西会战",是中国抗日战争时期正面战场的最后一次会战。侵华日军此战目的是争夺芷江空军基地,故又名"芷江作战"(日本称"芷江攻略战",中方称"芷江保卫战")。

雪峰山会战起于 1945 年 4 月 9 日,止于 6 月 7 日。双方参战总兵力 28 万余人,战线长达 200 余公里。雪峰山会战最后一仗主战场为溆浦龙潭镇、温水乡和邵阳市洞口县的高沙、江口、青岩、铁山一带。

1945 年,世界反法西斯战争已经接近尾声,日本侵略者为挽救其灭亡的命运,垂死挣扎,从中国东南调兵于华北,集中兵力实施所谓"本土决战"计划。4 月,驻湖南日军抽调 5 个师团 3 个外加独立旅团约 8 万人,发动了对中国战场的最后一次进攻作战——雪峰山战役。国民党第三、四方面及第六战区一部,以雪峰山为依托,节节抵抗,诱敌深入,给日军以歼灭性打击,最终取得了雪峰山会战的胜利。

在长达 55 个昼夜的雪峰山会战中,日军伤亡 27000 人,其中死亡 12498 人，还有大约 1000 人被国军围困后绝望自杀，日军被全歼一个旅团加四个联队，一个师团被重创。国军缴获迫击炮 43 门、榴弹炮 13 门、山炮 5 门、重机枪 48 挺、轻机枪 240 挺、掷弹筒 260 个、步枪无数，还得到了日军洋马 1650 匹。国军方面伤亡 20660 人，其中阵亡 7817 人（军官 823 人），约为日军伤亡人数的三分之二。雪峰山会战的胜利标志着中国抗日正面战场由防御转入反攻阶段。

怀化境内的雪峰山会战旧址主要有两处。

湘西雪峰山会战旧址——英雄山抗战旧址。战场遗址位于溆浦县大华乡小黄沙村英雄山，包括周围的车岩岭、红岩岭、木鳌洞（原放洞）、牛形山、网形、蒲板溪等，面积 200 多万平方米，是雪峰山会战的主战场之一。战场工事有单人掩体、长形交通壕等多种形式，既有人工砌体也有天然洞穴。遗址占地面积 16 平方公里，保存基本完整，敌我双方于山上所筑之大部掩体、工事及天然石洞、弹药库均在，山脚因地势平坦已被流沙和落叶所掩。2019 年，湘西雪峰山会战旧址——英雄山抗战旧址被批准为湖南省第十批省级文物保护单位。

湘西雪峰山会战旧址——洪江市战时指挥部旧址。雪峰山会战是抗日战争期间中日最后一次大会战。安江作为当年的前线指挥中枢，当时驻有第四方面军司令部、中美联合作战司令部、七十四军、新六军指挥部以及大量后勤保障单位，现在安江镇还保留有各类抗战旧址 40 多处。指挥部旧址包括杨家窨子屋、蒋家祠堂和关圣宫三个建筑，总面积近 2000 平方米，收藏有各类相关藏品 200 多件、照片 100 多幅。如今也是湖南省第十批省级文物保护单位。

湘西剿匪

湘西匪患，始于明末，猖獗清中，甚嚣于民国初。由于湘西境内峰峦起伏、沟壑纵横、洞穴密布，数百年来，湘西及湘、鄂、川、黔、桂五省交界处聚匪 10 万之众。土匪出没于丛林险隘，杀人越货，俗称"强盗""抢犯""棒棒客"。民国四年和民国十六年，袁世凯的一个师和军阀叶开鑫的两个师兵败贵州，顺酉水而下溃逃被土匪消灭，无数枪支弹药落于匪手，壮大了土匪武装。后因官府屡剿失败而采取以抚代剿政策，更助长土匪嚣张气焰，演变成为恶霸、地主、匪特为一体的反动势力，在经济上、政治上对湘西人民进行残酷压迫和血腥统治。其中匪首张平杀人无数，残暴至极。蒋家王朝覆灭前夕，白崇禧等国民党军政要员在湘西大肆收编各路土匪武装，成立湖南"游击司令部"，构筑"千里人防长城"反共基地，更让湘西生灵涂炭，民不聊生。

1949 年秋，中国人民解放军第四十七军第一三九师、一四〇师先后进驻沅陵县，至 1951 年 2 月，共剿灭土匪 10 万余众，湘西 22 县 350 余万人民得到彻底解放，对顺利推进解放大西南战役和全国剿匪，产生了巨大的影响。

1952 年，沅陵区（时辖辰溪、沅陵、麻阳、溆浦、泸溪、乾城、凤凰、永绥八县）人民为缅怀湘西剿匪的丰功伟绩，修建了纪念湘西剿匪胜利的标志性建筑物——沅陵区剿匪胜利纪念堂。这是中国人民解放军军史上光辉的一页，是剿匪辉煌胜利的历史见证和历史丰碑，极具历史价值和文物保护价值。湘西剿匪胜利纪念设施分别由位于沅陵县沅陵镇胜利门居委会的中国人民解放军第四十七军军部旧址和位于辰溪县辰阳镇湘西剿匪胜利公园的沅陵区剿匪胜利纪念堂组成，总占地面积 5100 平方米，总建筑面积 2081 平方米。

四十七军湘西剿匪指挥部旧址

沅陵曾是湘西匪乱的重灾区，许多人为了躲避土匪的劫掠，逃进深山老林，过着穴居野处的生活。当时的老百姓流离失所，苦不堪言。1949 年 9 月 18 日，中国人民解放军三十八军解放了沅陵。同年 10 月，中国人民解放军第四十七军奉命挺进湘西，清剿匪患。

沅陵县四十七军军部旧址由 1 号楼和梧庐组成。1 号楼坐落在沅江河畔的龙舟广场的西面，始建于 1948—1949 年，是一栋砖木结构的两层小楼，面积 200 平方米，建筑面阔 3 间进深 2 间。梧庐位于沅陵镇胜利门居委会滨江大道北侧 31 号，旧址始建于 1932—1933 年，是一栋砖木结构的两层小楼，面积 150 平方米，建筑面阔 3 间进深 2 间。建筑南面与滨江大道相连，位于沅水北岸的一级台地，距沅水 100 米。1950 年四十七军进驻沅陵，这两栋楼就是当时的军委指挥部。

1950 年 1 月 8 日，湖南军区以第四十七军为主体建立湘西军区，担负会同、沅陵、永顺三个地区的剿匪任务。"为了支援湘西人民剿匪，大多战士都是从外地参军赶赴沅陵等地，没想到一来就是三年多……"湘西剿匪战斗中，涌现出许多英雄集体和战斗功臣，如打退1000 多名土匪进攻的"老溪寨英雄排"；月行 750 余公里，终于将敌歼灭的"长追千里连"；连续 7 次爆破土匪巢穴的英雄丛士林；单身夺机枪，一次歼匪 70 余名后壮烈牺牲的赵启英，等等。在湘西剿匪中，四十七军 1000 多名将士献出了自己年轻而宝贵的生命。

湘西人民为了永远纪念人民解放军为他们翻身解放所做的无私奉献和流血牺牲，特意在原四十七军军部驻地沅陵和原三个师驻地辰溪、芷江、永顺以及烈士牺牲的地方，建立了一座座剿匪胜利纪念

塔、纪念堂和烈士纪念亭，经常组织悼念活动，进行爱国主义教育。

1987 年，湖南电视台摄制了以湘西剿匪为题材的 18 集电视连续剧《乌龙山剿匪记》，成为当年吸引亿万电视观众眼球的电视剧目。

辰溪湘西剿匪胜利公园

公园位于辰溪县城公园路，规划面积约 4000 平方米。民国时期称西园，辰溪县府设于此。1952 年，为纪念在湘西剿匪战斗中牺牲的革命烈士，改称湘西剿匪胜利公园。园内建有沅陵区剿匪胜利纪念堂，种有梧桐、刺槐、松柏、樟树等 700 多株树木，堂前梯形台阶建有"园中园"，种有桂花、广玉兰、雪松、万年青、翠竹花等花木，公园大门两侧建有仿古式乐山亭。园内古木参天，绿荫环绕，四季花香。

沅陵区剿匪胜利纪念堂是目前存留的全国最完整、最具规模的纪念湘西剿匪胜利地面标志性建筑。纪念堂长 45 米，宽 17 米，占地面积 1050 平方米，有可容纳千人的会议大厅，中央正门牌楼高 9 米，正门上首塑"沅陵区剿匪胜利纪念堂"字样，两侧墙壁上嵌有高大石碑，右为中共沅陵区地方委员会、湖南省沅陵专员公署、沅陵军分区署名的纪念碑，左为剿匪中牺牲的 174 位烈士英名录。

沅陵湘西剿匪烈士纪念园

纪念园位于沅陵镇城北的梧桐山上，1951 年 1 月为纪念湘西剿匪取得全面胜利而建。纪念园总占地 40.07 亩，由胜利门、烈士纪念塔、四角形纪念亭、六角形纪念亭组成。地势北高南低，俯瞰沅水。正南面砌一长方形石台基，建四柱三门牌坊一座，园内的苍松翠柏中建有一座 16 米高的四方形的纪念塔，塔台东西北三面分别镌刻着当时党政军领导人黄克诚、王首道、黄志勇、周赤萍、曹里怀、晏福生的题词。纪念塔前方两侧建有纪念亭 4 座，内竖 6 座石碑，铭刻着 1005 名革命烈士的英名。公园入口处建有 1 座 3 道孔门的"胜利门"。

湘西剿匪烈士纪念园已成为沅陵的革命传统教育基地。1988 年 1 月 25 日湘西剿匪烈士纪念园被湖南省人民政府命名为"沅陵烈士陵园"，并列入省 18 个重点烈士纪念建筑保护单位之中。

▶ 湘西剿匪烈士纪念园中纪念塔

2009 年 3 月 2 日经国务院批准为第五批全国重点烈士纪念建筑物保护单位。2011 年 1 月被湖南省人民政府公布为省级文物保护单位。

新时代风采

袁隆平

袁隆平（1930 年 9 月 7 日—2021 年 5 月 22 日），汉族，无党派人士，江西省九江市德安县人，生于北京。中国杂交水稻育种专家，中国研究与发展杂交水稻的开创者，被誉为"世界杂交水稻之父"。国家杂交水稻工程技术研究中心、湖南杂交水稻研究中心原主任，湖南省政协原副主席，中国工程院院士，美国国家科学院院士，中国发明协会会士，湖南农业大学名誉校长，第六届到第十二届全国政协常委。

1953 年 8 月，毕业于西南农学院（现西南大学）农学系的袁隆平，被分配到怀化地区的安江农校任教。1960 年 7 月，他在农校试验田中意外发现一株特殊性状的水稻，用该株水稻试种后发现其子代有不同性质。因为水稻是自花传粉的，不会出现性状分离，所以他推论为天然杂交水稻。随后他把雌雄同株的水稻雄蕊人工去除，授以另一个品种的花粉，尝试产生杂交品种。1961 年春天，他把变异株的种子播到创业试验田里，结果证明了 1960 年发现的那株"鹤立鸡群"的植株，是天然杂交稻。这一发现让他开始思考，如果可以人工培育杂交稻，那么水稻必将大大增产。虽然他当时只是一名普通教师，但面对严重的粮食歉收，袁隆平立志用农业科学技术击败饥饿威胁，从此开始了他的杂交水稻科研人生。

1966 年，《科学通报》上刊登了袁隆平撰写的《水稻的雄性不孕性》，这篇文章引起了国家科委有关人员的重视，在政府指导下，

1967年成立了由袁隆平、尹华奇和李必湖3人组成的"水稻雄性不育科研小组"，主攻水稻雄性不育。在安江农校的科学试验田，袁隆平每天像照顾自己的孩子一样照顾他的秧苗。有一天早上，袁隆平照常来到试验田里，发现秧苗全部被拔光。心急如焚的他在学校里几经翻找，才在一口枯井里找到仅存的5棵秧苗，正是这5棵秧苗让杂交水稻的研究得以持续下去，但这次破坏把试验推迟了整整3年。很多人嘲笑他的坚持，袁隆平却说："无论遇到什么困难，我决不会退缩。"他不辞辛劳地在湖南、云南、海南、广东等地辗转研究。1970年的11月，他的学生李必湖在海南南湖农场铁路桥下发现了"野败"，正在北京的袁隆平立马赶到海南，他们用"野败"进行杂交转育，杂交水稻的研究由此打开了突破口，"野败"成了所有杂交稻的母本。1974年秋天，袁隆平团队育成了中国第一批强优势组合"南优2号"，普通水稻亩产只有200多公斤，而杂交稻亩产一般都超过500公斤，袁隆平和他的团队终于获得成功。

从第一篇论文发表后，50多年来，在袁隆平团队和全国科研工作者的努力下，我国杂交水稻研究不断迈上新台阶，如今第三代杂交水稻单季亩产已经突破1000公斤。

袁隆平不仅造福了中国14亿人口，还将杂交水稻制种、栽培技术向全世界倾囊相授，践行着他的两个梦想：禾下乘凉梦、杂交水稻覆盖全球梦。作为联合国粮农组织聘请的国际发展杂交水稻的首席顾问，袁隆平30次赴国际水稻所开展合作研究和技术交流，10多次赴印度、越南、缅甸、菲律宾等国指导发展杂交水稻。20世纪80年代以来，先后在境内外举办了50余期杂交水稻国际培训班，培训了来自40多个发展中国家约2000名政府官员和农技专家。截至2020年，我国的杂交水稻技术已被引进到全球40多个国家，每年在海外的种植面积超过700万公顷。

袁隆平一生都致力于杂交水稻技术的研究、应用与推广，发明"三系法"籼型杂交水稻，成功研究出"两系法"杂交水稻，创建了超级杂交稻技术体系。提出并实施"种三产四丰产工程"，运用超级杂交稻的技术成果，出版中、英文专著6部，发表论文60余篇。2018年9月8日，获得"未来科学大奖""生命科学奖"。同年12月18日，党中央、国务院授予袁隆平"改革先锋"称号，颁授"改革先锋"奖章。2019年9月17日，国家主席习近平签署主席令，授予袁隆平"共和国勋章"。当选2020中国经济新闻人物。2021年5月22日13时07分，袁隆平因多器官功能衰竭在长沙逝世，享年91岁。

"袁隆平热爱祖国、一心为民、造福人类的崇高品德，与中国共产党肝胆相照、同心同德的思想风范，与时俱进、勇攀高峰的创新

◀"共和国勋章"
获得者袁隆平

精神，不畏艰险、执着追求的坚强意志，严于律己、淡泊名利的高
尚情操，是当代中国人学习的楷模，更是新世纪呼唤的时代精神。"
（贾庆林评）

"袁隆平是一位真正的耕耘者。当他还是一个乡村教师的时候，
已经具有颠覆世界权威的胆识；当他名满天下的时候，却仍然只是
专注于田畴。淡泊名利，一介农夫，播撒智慧，收获富足。他毕生
的梦想，就是让所有人远离饥饿。"（中国科技评奖委员会评）

安江农校杂交水稻纪念园

杂交水稻纪念园位于安江城郊，与岔头高庙遗址仅一河之隔，占地面积 250 余亩，建筑面积 4 万多平方米。校园内古树参天，绿叶成荫。袁隆平带领他的助手们在这里一边教学，一边从事科研工作长达 37 年。"一粒改变世界的种子"——杂交水稻就是在安江农校经过艰难探索取得突破并成功走向世界。安江农校杂交水稻纪念园已经成为隆平精神和杂交水稻研究历程的大型鉴证。

安江农校前身为国立第十一中学职业部，1939 年成立于湖南武冈，因日寇南侵，抗战时内迁于此。校址是闻名湘西的佛教古刹——胜觉寺。1950 年 2 月，更名为湖南省安江农林技术学校。1953 年，从重庆西南农学院毕业的袁隆平来此任教。1958 年，学校下放黔阳专区，更名为黔阳专区农学院。1962 年，学校收归省农业厅管理，恢复湖南省安江农业学校校名。2001 年，因当时安江交通不便（沪昆高速尚未开通），学校将教育教学、行政办公区域迁至怀化市河西，升格为怀化职业技术学院。安江老校区用于科研培训、学生实习、杂交水稻研究。

2008 年，安江农校老校区更名为"安江农校杂交水稻纪念园"，集科研、教学、文物展示、人文景观、旅游休闲与爱国主义教育于一体，保存了具有一定规模的、1939 年至 1986 年间特定历史时期修建的各类建筑及科研设施。如旧办公楼、校训牌、袁隆平旧居、鱼鳞板教学楼、杂交水稻温室、鱼塘、早期杂交水稻试验田、捞禾深井、玻璃温室、高温抗病鉴定圃等。这里见证了袁隆平及其团队的科学研究奋斗足迹，是人类稻作文明阶段性历史发展的载体，是

◀ 杂交水稻从这里走向世界——航拍安江农校

我国教学与科学实验相结合，教育与生产实践相结合的典范，为杂交水稻的研究推广及农业科技人才的培养做出了重要贡献。安江农校杂交水稻纪念园空间格局布局合理，功能、环境风貌协调，文物专家对其的评价是：符合世界文化遗产保护的原真性和完整性原则，具有重要的历史研究和利用价值。安江农校杂交水稻纪念园现为全国重点文物保护单位，国家 3A 级旅游景区。

　　>>学习与思考：以怀化红色景点为例，撰写一篇红色旅游讲解词。

风情怀化

　　怀化自古为多民族聚居区，长期以来，各族人民和谐相处，彼此交融，共同创造和保存了完整独特的原生态民俗文化。怀化因此被誉为"少数民族非物质文化遗产之乡"，至今已有国家级非物质文化遗产代表性项目 16 项，省级非物质文化遗产代表性项目 39 项，市级非物质文化遗产代表性项目 172 项。无论是有"原生态民族音乐活化石"之称的靖州苗族歌鼟，还是堪称"中国民族声乐艺术之奇葩"的辰溪茶山号子；无论是世代相传的花瑶手工挑花，还是编制工艺独特的侗乡织锦，都彰显着少数民族文化艺术的无穷魅力。此外，驰名中外的通道侗族芦笙节，被专家称之为"中国戏曲活化石"的辰河目连戏，彰显侗族农耕文化的新晃侗族傩戏"咚咚推"，以及大戊梁歌会、盘瓠祭、侗族琵琶歌、侗族喉路歌、雕花蜜饯制作技艺、二酉藏书传说等少数民族民俗文化，都值得探索与挖掘。

醉美侗乡

"看白族去大理，看傣族去西双版纳，要看侗族，那就得到怀化。"全国五个半侗族自治县中，三个半在怀化，怀化地区是全国侗民族的主体地带，至今仍保持了原汁原味、古色古香、丰富多彩的侗民俗文化。侗族的鼓楼、风雨桥、吊脚楼，堪称少数民族建筑的"奇葩"；拦门酒、合拢宴、腌鱼、腌肉，独具民族韵味；侗族大歌、

芦笙舞、哆耶舞享誉世界；侗锦是全国少数民族著名的三大锦之一，挑花、剪纸、刺绣、雕刻、竹编等民族手工艺品久负盛名。

皇都侗寨

皇都侗寨坐落在通道"百里侗文化长廊"中心地带的黄土乡。传说古夜郎国天子路过此地，被其浓郁的民族风情所吸引，故建"皇都"城。侗寨由头寨、盘寨、尾寨、新寨共同组成，前三个寨子

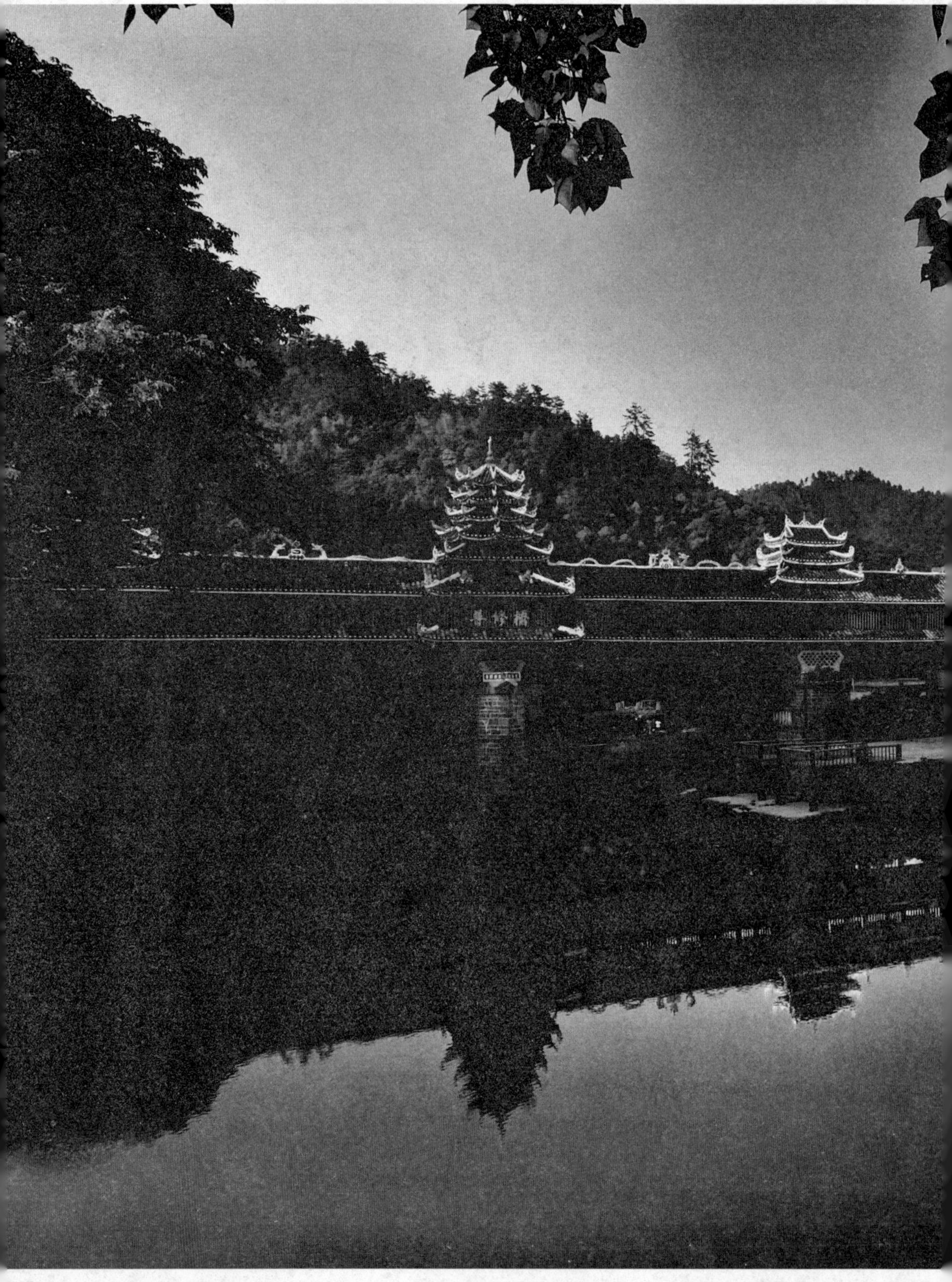

皇都风雨桥—普修桥　摄影 / 林安权

▲ 皇都合拢宴
摄影 / 凌忠义

连为一体，新寨则是处于一个半岛上，由风雨桥（普修桥）和公路与隔河相望的另三个寨子连通。侗族的民族建筑一般分为居住建筑和公共建筑，居住建筑大部分为三层杉木结构的吊脚楼，公共建筑包括寨门、戏台、鼓楼、风雨桥、凉亭等。皇都侗寨现存3个寨门、3座鼓楼、1座普修桥、1座凉亭，有吊脚楼500余座，形成气势磅礴的侗族吊脚楼群，是侗族村寨保留最完整的地方之一。

皇都侗寨的民俗风情，能满足你五官的所有需求。油茶、苦酒、侗粑、腌鱼、腌肉等独具特色的风味食品，让你的嘴无法停下；数十款荤素搭配的合拢宴，侗家姑娘热情洋溢的敬酒，让你盛情难却，情愿一醉方休；侗家阿妹身着自纺、自织、自染且绚丽多姿的侗服，

▲ 皇都实景演出
摄影 / 粟汇华

加上全套银饰、侗锦等配饰，让你目不暇接；而艺术团表演的《敬酒歌》《扯扯摸》《板凳情歌》《筒地咯罗闹歌堂》等汇集侗族传统文化精华的文艺节目，更会让你沉醉于侗族文化盛宴之中。

芋头侗寨

芋头侗寨位于通道县城西南 9 公里处的双江镇芋头村。始建于明洪武年间，至今有 640 多年历史，是现存侗寨建筑中始建年代较早的之一。后几经续建和维修，仍保留着大量清代中期以前的建筑物，是我国保存完整的民居古建筑群，被誉为侗族民居"实物博物馆"。2001 年 6 月被确定为第五批全国重点文物保护单位。

芋头古侗寨之古寨晨雾
摄影 / 吴满亮

▲ 牙上古楼

古侗寨建筑以芋头溪流为轴线，向两边分开布置成 7 个聚居群。民居以杆栏式吊脚楼为主，沿山脊、山谷一幢接一幢地因地就势布局，形成独特的"山脊型"与"山谷型"布局模式，又和外界环境巧妙融于一体，构成侗寨地域特色和风格。山脊上的牙上寨，一栋栋吊脚楼，一层叠一层分布在坡上，高耸入云，颇为壮观，人们惊赞这是侗乡的"布达拉宫"。

芋头侗寨建筑有三宝，一是悬空建在半山腰且历经 200 多年至今安然无恙的牙上鼓楼，二是八字扇形寨门，三是芋头廻龙桥。还有红军长征走过的 1.6 公里长的古驿道，以及长寿井、萨岁坛等景点，都向世人展示着侗寨美丽的故事。

岩脚侗寨

岩脚侗寨位于靖州寨牙乡境内，距县城 24 公里，岩脚侗寨和三锹地笋苗寨一道被誉为靖州的"东侗西苗"。

岩脚侗寨始建于宋朝，经过上千年的繁衍生息，历史积淀，逐渐形成了独具特色的民俗文化。侗寨内有三神：女神、树神、土地神，还有三宝：驿道、琵琶、森林氧吧，是一个集历史文化之美、民俗风情之美、自然生态之美于一体的3A 级旅游景区、湖南省少数民族特色村寨。

在当地，女性地位高于男性，妇女掌握着家庭中的经济大权，历史上一直由女性担当族群首领。因为女性扮演主导地位，侗寨现在还延续着每年农历四月初八、十月初一、十月十二和十月二十六过四个"姑娘节"的传统。明朝中叶，岩脚侗寨因地理位置独特而成为湘桂古驿道商旅歇脚、物资交易的一个重要驿站，在清乾隆、嘉庆时期达到鼎盛，寨内有 360 多户，人口

▲ 岩脚侗寨

▶ 丝路女儿国——
靖州岩脚侗寨全景

千余，旅店、酒肆等生意兴隆。因此，岩脚侗寨被誉为"南方丝绸之路上的古驿站，南蛮故地深山中的女儿国"。

龙津风雨桥

与万和鼓楼相辉映的龙津风雨桥，全长 146.7 米，宽 12.2 米，始建于明代万历十九年，400 多年来经过多次损毁和多次重建，一直是湘黔公路的交通要塞，是商贾游客往来云集的繁华之地，史称"三楚西南第一桥"。1999 年，芷江县委县政府投资 600 余万修缮龙

津侗乡风雨桥，修缮后的风雨桥集贸易、旅游观光、休闲于一体，人行道宽 5.8 米，长廊两侧共设厢房式店面 94 间，隔间建有 7 处凉亭，亭最高 17.99 米，为当今世界第一大风雨桥，2000 年 12 月被载入上海吉尼斯世界纪录。抚扶木栏，登观赏亭，潕水两岸风光尽收眼底。深厚的文化底蕴和良好的环境，吸引来了福建、广州、广西等外地商贾，销售侗锦、刺绣、雕刻、竹编、银饰、堆画等侗族民间手工艺品。

整个风雨桥为全木质架构，无一钉一铆，气势宏大，如一条长

侗乡第一风雨桥——龙津风雨桥

龙横贯东西两岸；整体设计简洁明快，精雕细琢；深蓝色的琉璃瓦、6组金黄色的双龙抢宝和兽头等隐含着江南园林风味；悬柱、悬瓜、柱角、石鼓则体现了侗族木建筑艺术特色。风雨桥实现了历史古迹和建筑艺术的完美融合，成为华夏大地一道不可多得的人文景观，每年吸引4万余海内外游客到此观光旅游。

万和鼓楼

目前为全国最大侗族鼓楼群的万和鼓楼，位于芷江芷东新区，㵲水河东岸。建于2005年，由中心芦笙楼、琵琶楼、地筒楼与2座对歌楼共5座鼓楼组成。为全木质结构，没有一钉一铆，全部凿榫衔接。中心芦笙鼓楼高24米，共15层，4座小鼓楼围在芦笙鼓楼四角，皆为7层，并由360个龙灯组成的檐廊相连，围成一个元宝，护住中心鼓楼。鼓楼每层都呈八面，伸出弯弯翘角。万和鼓楼是侗族人唱歌跳舞赛芦笙、集体议事的地方，是侗族标志性建筑。万和鼓楼与民族文化广场浑然一体，与相距不远的龙津风雨桥交相辉映，使整座芷江县城凸显出浓郁的侗族风情，形成一道靓丽的城市风景。

多彩苗乡

怀化苗族同胞主要生活在麻阳、靖州两个县。麻阳苗族人口较多，但汉化较重，除"麻阳盘瓠祭""盘瓠龙舟节"外，少见其他苗族民俗活动。而靖州，苗族文化旅游资源较为丰富，比如"中国原生态民歌的活化石"苗族歌鼟、藕团牛筋岭踩芦笙、大堡子镇的"赶歌场"、寨牙乡岩脚的"四八姑娘节"以及三锹乡"茶棚相亲"等民俗风情活动。但这一带的苗族和侗族人民长期和睦相处，互相通婚，除语言外，很多的民俗风俗逐渐呈同化趋势，踩芦笙、姑娘节、茶棚相亲、赶歌场等，都是苗侗民族共同的活动。

地笋苗寨

地笋苗寨位于靖州三锹乡，坐落在靖州第二高峰——九龙山麓。始建于明洪武年间，距县城 38 公里，团寨中苗族风情吊脚楼民居建筑特色鲜明，古迹文化保存完整，民俗文化传承较好，2014 年 6 月湖南卫视《爸爸去哪儿》第二季第三期在此拍摄。是湖南省首批少数民族十大特色村寨，湖南省三星级乡村旅游景点。

地笋苗寨系高山"花衣苗"团寨建筑的典型布局，背靠青山，前依池塘，环绕小冈，面绕溪水，128 栋苗家民居吊脚楼，沿山坡建造，层层上升，步步登高，表达了苗族人民上应苍天、下合大地的吉祥祈求。

地笋是国家级非物质文化遗产苗族歌鼟发源地之一。爱唱歌的苗族同胞在生产生活中，不断模拟大自然的"和声"编成高低重叠的悦耳歌声，经过长期的选择、加工和提炼，形成了苗族歌鼟这种极具民族特色的原生态音乐形式。歌鼟的唱词大概有 19 种之多，歌词大多为七言四句，二、四句末字一般讲究押韵，通常采取比喻、拈连、拟人、夸张等修辞手法。按其风格、旋律可以分为茶歌调、酒歌调、饭歌调、山歌调、款歌调和嫁歌调等，这些歌调与苗族风俗活动紧紧相连，贯穿了苗族社会生产生活的各个方面。演唱方式一般从一人讲歌，明确要唱的歌词内容开始，到另一人起歌，确定音调，最后大家一起合唱。也有一唱一答式的讲歌形式，相当于主客见面的交谈。演唱语言最初采用苗语，为便于记录传承逐步演变

◀ 靖州地笋苗寨

为用汉语方言传唱，这种汉语方言又被称作"酸话"。现在除了如饭歌调等个别曲调外，苗族歌鼟都采用统一的三锹乡凤冲"酸话"为标准语言进行演唱。苗族歌鼟是首批国家非物质文化遗产，还被冠以"东方无人指挥多声部演唱形式的代表作""苗族口传文化与大自然声音的完美组合""中国原生态民歌的活化石"以及"五千年古老民族博大精深文化的生动展示"等美称。

藕团芦笙场

踩芦笙，起源于靖州藕团乡滥泥冲、高营里、塘保寨一带的苗侗同胞敬奉天神的祭祀活动。最初的芦笙场，在距离塘保寨东面两里的山坳上，场坪方圆不到 900 平方米，立有一块民国乙卯年（1915）石碑，碑文记载着芦笙场的各项规章制度。当时每年人们踩芦笙三次，即正月十五祈求风调雨顺，七月十五报答龙神，十月十五共庆丰收。随着时代的变迁，缩减为每年农历七月十五日举行一次踩芦笙。

一年一度的芦笙节，经常引来附近各寨乃至毗邻的贵州省的苗侗同胞，人们身着民族节日盛装，不畏炎夏盛暑，翻山越岭赶赴现场吹笙跳舞助兴，加上走亲访友，商贾交易，山坳上热闹非凡。为方便游客观光，1997 年，将芦笙场转到中锹的老款场至牛筋岭一带举办，并约定：三年一小庆，五年一大庆。

芦笙节开场时，芦笙齐奏，大炮小炮齐鸣，各队在举旗人的带队下踏着芦笙曲的节奏进入舞场，先到者围成一圈，后到者在圈外套成一个圈，如此形成一个越来越宽的会场，最多时套到九层。队伍到齐，踩芦笙开始了，上百支芦笙，高中低音协调配合，响彻云霄，煞是动听。几百人的舞队，时而进，时而退，时而踏步，时而转身，交替变换，舞姿翩跹。姑娘们佩戴的银饰晃动闪烁，璀璨夺目，蔚为壮观。踩芦笙展现了苗侗人民勤劳、勇敢、团结奋斗的精神和热情奔放的性格，表现了苗侗人民对美好生活的追求和向往。

美丽瑶乡

怀化的瑶族散居在溆浦县、辰溪县、洪江市、中方县、通道县的十多个乡镇，共有7万余人。其中辰溪县和洪江市交界地带的七姓瑶，溆浦与隆回、新化交界的花瑶，人文景观、民俗风情保存和传承较好。2020年，溆浦县龙潭镇发现一支500多人的瑶族新支系——花脚瑶，有自己的民族语言和独特的民族服饰，分布在龙潭镇的永胜、禁冲、小横洞和盐井等地。

七姓瑶主要生活在辰溪罗子山一带，是怀化最古老的少数民族之一，因蒲、刘、丁、沈、石、陈、梁七姓而得名。早在明清时期，七姓瑶就因中央王朝的"教化"逐渐汉化成为熟户，过上比较稳定的农耕生活。七姓瑶有本民族的语言，无文字，以犬为图腾，认为自己是"盘王"的子孙，每年农历十月都要还"盘王愿"或过"盘王节"。瑶乡男女老少好唱山歌，在生产生活实践中创作了大量的歌谣，其中以情歌最丰富、最普遍，"茶山号子"最负盛名。青年男女喜唱七字押韵的情歌，情歌有相见、邀请、赞美、求爱、初交、送别、失恋等类别。瑶家女人善纺蚕丝、织绢衣，织花带子可谓瑶家女人一绝，将一根根丝线织成长短不一、大小不一、花色各异的各种带子，或用于系裙，或背小孩，或赠送他人，充分反映了瑶族人的聪明智慧与创造才能。

居住在溆浦与隆回、新化交界的葛竹坪、北斗溪、沿溪、小沙江、虎形山以及紫鹊界一带的花瑶，是一支被我国部族史料遗忘了的瑶族分支。至今，2万余瑶族同胞生活在雪峰山东北面的崇山峻岭之中，被誉为"云端上的花瑶"。他们封闭在大山里，不知瑶家鼻祖"盘王"，也不知何为"盘王节"，忠实地传承着先祖最为古朴纯真的

生活习俗，每年过着自己的三大
传统节日，即农历五月十五至十
七举行的"讨念拜"，七月初二
至初四、初八至初十举行的两次
"讨僚皈"，以自己的方式祈祷上
天护佑，获得新生和健康。花瑶
人爱美，这里的女孩 6 岁就开始
学习挑花，18 岁出嫁前，要将
"女儿箱"的挑花嫁妆完成。对
于没有文字的花瑶人来说，它以
其独特的方式书写了一部穿在身
上的史书。花瑶女性通常在筒
裙、腿绑、裤脚、腰带、衣袖、
马褂、头巾、背带、围裙等上挑
花，每一件挑花都是一件精湛的
艺术品，花纹图样广涉花草树
木、飞禽走兽、人物生活、古老
传说等等，立意巧妙，布局合
理，图案古朴繁杂，一般左右对
称，体现出浓厚的民族特色和乡
土气息。加上作品常常大胆地运
用红绿蓝三原色，服饰阳光、热
烈、艳丽、自然，艳而不俗，美
而不腻，所以花瑶也被称为"花
一样的民族"。

近年来，随着国家对民族文

▲ 秋到山背

化越来越重视，民间资本的介入并精心打造，花瑶古村落得到有效保护、开发，花瑶文化得到挖掘和展示，相继开发出山背花瑶梯田、枫香瑶寨、虎形山大花瑶、抗战古村落阳雀坡、茶马古道等一批享誉全国的旅游景点景区。

山背花瑶梯田

"山背景自天上来，花瑶人在仙境中，春似明镜夏似玉，秋看金浪冬看雪，远近高低有奇妙，一年四季各不同。"这首诗描绘的是山背花瑶梯田的灵秀与壮美。山背花瑶梯田位于溆浦县葛竹坪镇山背村，开垦于北宋年间，发展于南宋、元、明时期，已有1000多年的历史。主景区集中在山背周边地区，从海拔300多米一直铺展到1400多米的高山上，层层叠叠1300多级，集中连片纵横7.5公里，面积达6万多亩，线条优美，气势磅礴，集雄伟、壮观、秀美于一身，被誉为"云上的梯田"。2016年12月，被批准为国家3A级旅游景区。

▲ 环环白玉砌云端　摄影 / 魏荣光

▲ 瑶寨欢歌

这一美景，是山背花瑶同胞千百年来用勤劳的双手，如燕儿衔泥筑巢般，一点一点塑造出来的。"杂交水稻之父"袁隆平院士曾赞叹花瑶梯田是"雪峰山稻作文化的鼻祖""世界农耕文化的活化石"，并亲自题写了"中国·溆浦花瑶梯田"几个大字。

枫香瑶寨

枫香瑶寨位于溆浦统溪河镇，穿岩山国家森林公园内的高山上，离溆浦县城约30分钟车程，是一家集花瑶文化展示、民俗文化表演、餐饮、会议、住宿、健身、棋牌娱乐于一体的度假山庄。总面积120余亩，由三栋木质大楼与一条花瑶风情街形成四合院结构，建筑面积5000多平方米。

瑶寨坐东朝西，两边厢房密密匝匝放置油榨、风车、犁耙、蓑

▲ 无边泳池

衣、斗斛、背篓、桐油灯等农村生产生活用品，这些老物件皆为雪峰山区稻作文化的精粹，亦是几百上千年农业社会的缩影。

瑶寨右侧山坡上，建有独特的无边际高山游泳池，也是湖南省海拔最高的游泳池。它由枫叶池、按摩池、深水池三个不同形状的游泳池和周边的文化休闲长廊组成，池水来源于高山天然山泉水，水质清澈无污染，泳池内自带循环处理系统，可满足不同时节的水温需求，是一处可以和大自然贴近的绝佳休闲场所。

>>学习与思考：以怀化民俗景点为例，创作一则怀化民俗旅游短视频，并拟定推广方案。

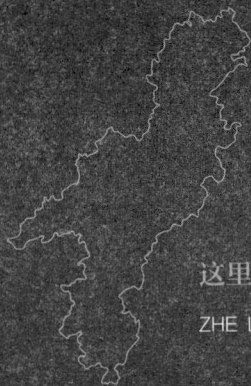

这里是 **怀化**

ZHE LI SHI HUAI HUA

　　第二篇章《走进怀化》，让您了解了怀化旅游资源的精华，看到了它的奇山秀水，它的文化底蕴，它的民俗风情。而面对这个湖南省面积最大的地级市，游客朋友如何才能性价比最高地完成"吃住行游购娱"，嗨游一遍又满载而归呢？下篇就是答案。

旅游攻略

精品主题旅游线路

📍 古城商道寻根之旅：荆坪古村—黔阳古城—洪江古商城—高椅古村

线路概览

怀化有众多的古城古镇古村，洪江古商城、黔阳古城、龙潭古镇、罗翁古镇、龙溪古镇、锦和古镇、托口古商镇、犁头嘴古镇、

▲ 荆坪古村关圣殿

▲ 黔阳古城入口牌坊

高椅古村、荆坪古村、黄溪古村、茋远古村、洒溪古村、堙上古村、明中古村、豪侠坪古村、皇都侗文化古村、芋头古侗寨、客人棚古侗寨、地笋苗寨以及阳雀坡古村寨、船溪古驿站、白岩王家古宅等100多座古城、古镇、古村落，组成了中国最完整、形态最丰富、组合最完美的古城古镇古村群落。

岁月流金，转瞬千年。时光仿佛在这里停住了她永不停歇的脚步。古城、古镇、古寨、古屋，如经年珠玉镶嵌在江边山谷，探访怀化"三古"群落，以"荆坪古村—黔阳古城—洪江古商城—高椅古村"为古城商道寻根之路，是怀化历史文化旅游路线中的精品。"洛阳亲友如相问，一片冰心在玉壶"，诗人王昌龄在黔阳古城芙蓉楼，沅水江畔对李白的应和酬答依然余韵无穷，凝聚着世人对怀化永恒的赞叹和注目。洪江古商城，堪称湘商之源；高椅古村，恍若世外桃源；荆坪古村，是乾隆帝师故里。嗨游古韵怀化，流连于风雨沧桑的历史街巷，沉淀你一生的才情。

网红打卡点

一代洪商：洪江古商城结合洪商文化、传统文化、洪江饮食文

▲ 洪江古商城局部

▲ 高椅古村局部

化、街头文化等，推出"一代洪商"沉浸式夜游活动，每周五、周六晚及节假日演出。"一代洪商"沉浸式夜游演出活动，根据《一代洪商》电视连续剧剧情内容，由原来的"烟雨洪江"街区演绎延伸至古商城景区内，NPC与景区内的夜景文创灯光、非物质文化遗产"沅水号子"等进行有机结合，形成了全新的整套《一代洪商》剧情主线沉浸式演绎模式。相比以前的夜游演出，扩大了表演场地，增强了体验感，让更多的游客沉浸其中，了解洪商，感受洪江商道文化及洪江古商城的民族商人的家国情怀。

楚南第一胜迹——芙蓉楼：据传，唐天宝七年，即公元748年，王昌龄被贬为龙标尉后，建芙蓉楼，为饮酒赋诗、宴宾送客之地，之后，因年久失修，旧址荒芜。清嘉庆二十年，即公元1815年重建。芙蓉楼为古典园林建筑，占地4250平方米，北廓临江，依林踞阜，筑叠巧思、错落有致，被誉为"楚南上游第一胜迹"，是历代文人墨客吟诗作画之处。

荆坪古村之潘氏宗祠：潘氏宗祠建于明末清初，占地面积1647平方米，建筑面积925平方米，由正殿、大厅、戏楼、内天井、外天井等组成，门楣上有"荆坪形胜"字样，两侧石门框有楹联："乾坤北合花开鸟语人丁旺，日月东升水绕山环气势雄。"虽历经风雨，依然造型典雅、古色古香。荆坪潘氏是北宋名将潘美的后代，潘美是杨家将中潘仁美的原型，但是原型潘美并非奸相，而是北宋时期的开国名将。荆坪古村中的潘家后代禁演杨家将戏，颇有"潘杨不两立"的意思，对潘家后人来说，禁演这一戏码是对先祖潘美的"名誉保护"。每年春节、清明和冬至，潘氏宗族都会召集族人举行祭祖、扫墓活动。不仅村里的人参加，很多分散在全国各地的潘氏族人也会赶来聚会、祭祖。

高椅古村之防盗缸：防盗缸所在住宅为明朝早期建筑，主人是

荆坪古村潘氏宗祠

当时当地首富，为了防盗窃，在厨房里埋有一口缸，直径60厘米，深55厘米，缸口与地面持平，平时盖上木板，碗橱置其上遮掩，用时可以监听50米外的脚步声，堪称中国最早的"监听器"。

美食推荐①

洪江血耙鸭、游氏春卷、高椅黑米饭、洪江鸡茸。

必购商品

托口生姜、洪江柚子糖。

住宿推荐

洪江古商城："烟雨洪江"民国街民宿颇具特色，其中曾府酒店在设计理念和装修艺术上以"徽州文化"为主题，以"儒商之道"为背景，融汇了宋、明、清时期的徽派建筑风格和洪江本土文化，传统的徽州文脉与洪江风韵交融相依。其内的一榫一卯、一椽一木、一砖一瓦，是由百余位安徽工匠历时近4年完成，建筑面积2500多平方米。整个建筑精美如诗，融古雅、简洁、富丽于一体，展示着独有的艺术风采，是商务休闲、旅游度假的不错选择。

黔阳古城：古城有22家特色民宿和一家大型房车主题露营公园，共有300个旅游主题床位，200个户外露营位。黔阳古城民宿大都藏身于街巷里弄。房间的装修简洁而有情调，推开门就能见到古城人的市井生活。其中尚贤客栈、黔阳荟客厅、古城房车露营公园都是不错的选择。

交通攻略

自驾可走沪昆高速，在洪江市安江收费站下，沿着省道S222，车行半小时左右即可到达洪江古商城。在洪江市黔城收费站下，车行10分钟左右即可抵达黔阳古城。从黔阳古城出发，走洪黔公路，

---

① 本书中所有美食详情见《怀化味道》章节

半小时可达洪江古商城。从洪江古商城，走省道S222，半小时左右可达高椅古村路口。荆坪古村紧邻怀化城区，自驾走沪昆高速，怀化南下，车行20分钟左右即达。

雪峰画廊休闲之旅：黄岩生态旅游区—穿岩山景区—借母溪

线路概览

怀化是雪峰山脉主体地带，是祖国大西南一抹最浓郁的绿，这里每立方厘米负氧离子浓度高达10万个以上，森林覆盖率达到70.83%，是休闲度假的好地方。以"黄岩生态旅游区—穿岩山景区—借母溪"为代表的雪峰画廊休闲之旅，以其良好的生态环境、独特的自然景观、丰富的旅游新业态成为怀化生态旅游的一张名片。

黄岩生态旅游区：位于怀化城东，在距市区仅20多公里的鹤城区黄岩度假区大坪村内，拥有大面积原始次生林和近千亩石林植物花园，由怀化大峡谷和白马风景区2个景区组成。这里山高气爽，平均海拔850米，常年气温比市区低5~7℃，素有"千年无一暑，百里无蚊帐"之称。这里远离城市喧嚣，负氧离子含量极高，是夏季避暑、休闲旅游、回归自然的最佳去处。

溆浦穿岩山森林公园：位于雪峰山东麓，

▲ 黄岩生态旅游区

▲ 穿岩山森林公园之南天门

▲ 借母溪国家自然保护区

集山地、峡谷等地形地貌特征于一体，沟长谷深，石山高耸，地质景观十分奇特。公园内有大型山峰 3 座，最高山峰海拔 1078 米，有悬崖峭壁、涧峋幽谷 20 多处。景区里水流潺潺，冒水处洞深而悠长，吞云吐雾。

山背花瑶梯田：位于怀化东部的溆浦县葛竹坪镇山背村。这里层层梯田通天外，梯田板块线条优美，蜿蜒迂回，气势磅礴，浩荡凌空，集雄伟、壮观、秀美于一身。这里山有多高，水有多高，梯田就有多高，纵横 7.5 千米，从海拔 300 多米至 1400 多米，梯田垂直高度达 1100 米。"春看银波似明镜，夏时翠玉绿茵茵，秋现金塔黄澄澄，冬雪遍地莹晶晶。"

借母溪国家自然保护区：位于沅陵县借母溪乡，毗邻张家界及小溪国级自然保护区，被誉为"湖南九寨沟"。这里高山深壑，莽莽林海，芳草菲菲，幽幽的静谧中伴着几许原始的神秘，深入到原始次生林地带，只见绿浪翻滚，遥遥似接天际，直醉人眼。

玩法推荐

在黄岩，可以步入溶洞神游，漫步石林花园；可穿越森林峡谷，飞越幽谷天堑。在借母溪，徒步穿越是最佳方式。在穿岩山，可畅游高山无边际泳池，到山脚的猪栏酒吧体验一番乡村风情。在山背梯田，登高望远，尽享梯田的绝美；走进山村，体会花瑶人民的淳朴。

网红打卡点

枫香瑶寨无边际泳池：溆浦穿岩山森林公园枫香瑶寨内的无边际泳池，露天建在山坡岩壁上，在这仿佛没有边际的泳池里畅游，环顾四周，翠绿丛丛，天都格外低，游至池边，环绕四周的高山、峭壁、流水、云雾扑面而来。时间慢慢流淌，大可以整个午后都泡在这里，惬意无边，实在是夏秋纳凉好去处。

美食推荐

沅陵晒兰肉。

必购商品

沅陵碣滩茶、沅陵酥糖、溆浦花瑶挑花织锦。

住宿推荐

沅陵芸庐：位于沅陵县城北龙兴讲寺片区，是沈从文在沅陵的故居。芸庐目前有客房 19 间 25 床位、餐饮 88 餐位。由大堂、适园、陶然居、豫园、水云间、憩园六个相对独立的小院组成。装修风格独特，设施齐全，设计温馨舒适。凭窗远眺，沅水秀丽风光尽收眼底，并配有禅茶体验、茶艺表演和碣滩茶展示等。

心田木墅：位于黄岩旅游度假旅游区白马村，是湘西首个高端原木度假别墅群，由长歌、炽夜、鸣翠、剪雨、林隐、环星、揽月、仟山、絮雪、无名、泊风共 11 栋原木别墅组成。于心田，观絮雪，

▲ 枫香瑶寨
无边际泳池

行远山，做无名隐者，为旅游度假的不错选择。

星空云舍：位于溆浦县葛竹坪镇山背村，是雪峰山大花瑶景区别具风光的核心吸引物和旅游新业态。第一期七栋别墅建在海拔1300余米山顶，坐南朝北，一字排开，犹如七星拱月，闪烁在层层叠叠、壮美凌云的梯田上。

交通攻略

从怀化出发，走长芷高速，溆浦收费站下，从溆浦城区走241国道，2小时左右，即可抵达穿岩山枫香瑶寨（19座以上车型需停靠景区茶马古道停车场，乘坐景区接驳车）。从穿岩山出发，返回溆浦县，走长芷高速，辰溪南下，转国道，40分钟车程即可到达沅陵。

📍 **多彩侗苗风情之旅：万佛山—芋头侗寨—皇都侗寨—地笋苗寨**

线路概览

怀化是多民族之乡，汉、侗、苗、瑶、土家等51个民族在此繁衍生息，和谐相处。怀化南部，侗苗风情最为浓郁，原生态的民族风情文化让人沉醉。通道百里侗文化长廊似银光闪闪的玉带，以皇都侗文化村为中心，串起双江、黄土、坪坦等二镇四乡37个行政村数百个侗寨，构成了一条保存完好、多姿多彩的百里侗文化长廊，是侗民族宝贵的文化遗产。

从怀化出发，走包茂高速，车程2小时左右，在万佛山收费站下，即达万佛山景区。万佛山为我国规模最大的丹霞峰林之一，由万佛山、将军山、神仙洞、七星山、独岩、玉带河6个景区组成。景区内山势险峻，翠峰迭起，沟谷幽深，花石奇异，"天生鹊桥""金龟觅食""神州海螺""仙人居""望夫岩""三十六湾森林迷宫"等自然奇观，令人叹为观止。景区玻璃栈道犹如玉带缠绕主峰，

▲ 万佛山

▲ 芋头侗寨

▲ 皇都侗寨

▲ 地笋苗寨

盘旋而上，百里丹霞，群峰叠翠，似朝圣的信徒，向你奔涌而来，"万佛朝宗"之势，惊险刺激中让人豪情奔腾，其规模宏大的丹霞奇观在国内众多丹霞景观中独树一帜。

芋头侗寨、皇都侗寨并称通道侗民俗旅游的"双子星座"。芋头侗寨内的公共建筑和民居建筑整体布局形成独特的"山脊型"与"山谷型"模式，被誉为"侗族古建筑的布达拉宫"。皇都侗寨规模宏大，依山面水，溪水环绕，风雨桥横卧碧波，头寨、盘寨、尾寨、新寨四村呈平面铺开，地势开阔，建筑和谐错落。建筑虽异，民风却是一样的淳朴。自古以来，侗家儿女在此繁衍生息，生活安康有序，素有夜不闭户、出不锁门、路不拾遗的美誉，是和谐社会的原始版本。人们用"日子半丰半俭，生活半儒半仙"来形容此地的生活，也是游客体验原生态侗文化的绝佳去处。景区有吃油茶、参观侗寨、看侗族歌舞表演、吃合拢宴等经营项目。每个周末，皇都侗寨都有《让世界"侗"听》大型室外侗民俗歌舞表演，侗族大歌无伴奏多声部原生态腔调犹如天外之音掠过你的耳畔，多耶舞热情似火，琵琶歌欢快动人，民族服饰美轮美奂，是集中展示我国侗民俗风情的大型歌舞演艺精品，令人印象深刻。

地笋苗寨位于靖州县三锹乡境内。该苗寨是国家级非物质文化遗产，"原生态多声部民族音乐活化石"苗族歌鼟的发源地之一。2014年6月《爸爸去哪儿》第二季第三期在此拍摄。景区推出了极具民族风情的玩山会友、茶棚相亲、抢亲等苗民俗体验活动。靖州也是我国有名的"杨梅之乡"，每年5月、6月杨梅成熟的季节，去靖州游苗寨、采杨梅是怀化旅游的热点。

网红打卡点

皇都侗寨普修桥：始建于清乾隆年间，后毁于洪水，清嘉庆八年（1803）重修，1984年复修。桥全长57.7米，宽4.2米，等分成21廊间，是一种集桥、亭、廊三位一体的桥梁建筑。普修桥建筑工艺精湛，桥亭、头门封檐板上彩绘各式各样花草，桥廊柱、枋涂刷了油漆，五彩缤纷，艳丽多姿。普修桥横卧于坪坦河上，是沟通两岸的通道、村民休憩的场所，又是寨子文化的聚集地。步入风雨桥，满是雅趣和机灵，藏头诗、牌匾、对联几乎随处可见。当地的文人们，将风雨桥当成了以文会友的场所。对于侗乡人民来说，普修桥是自由的乐土，他们在此歇息、在此唱起山歌、在此谈情说爱、在此祭祀拜祖，普修桥中亭设关圣殿，两端亭分设始祖祠和文昌宫，依旧香火旺盛。汉族文化元素碑文、对联、关帝庙、文昌阁，与当地人们的信仰共栖于风雨桥上，毫无违和感。

▲ 皇都侗寨普修桥

　　靖州排牙山林场：排牙山森林公园位于靖州县城西，距县城 18 公里，总面积 6800 公顷，有 97 座山峰，最高峰海拔达 987 米。公园内有上万亩原始次生林，7 万亩人工林。景区内水杉林于 20 世纪 70 年代种植，现有面积 1000 余亩，均已达到成熟期，树高达 30 ~ 40 米，树干笔直挺拔，小枝下垂，枝条层层舒展，全树呈塔形。秋冬层林尽染，春夏绿意盈人，拍照取景效果极佳。

　　美食推荐

　　合拢宴、酸鱼、酸肉、油茶。

　　必购商品

　　靖州茯苓、靖州雕花蜜饯、通道黑木耳。

▲ 排牙山林场
摄影/刘刚

住宿推荐

通道月也客栈：位于皇都侗寨景区内，临河而建，全木质结构，内部陈设全部采用侗文化元素设计，具有浓郁的侗族文化特色，宁静惬意。

靖州苗家大院：坐落在三锹乡凤冲村半田段团寨，临近地笋苗寨。苗家大院由大门、迎宾楼、凤鸣居、休闲亭组成。全部用上好油杉建成，建筑气势宏伟、亭台楼阁分布其间，每一枋一柱，均由工匠精雕细刻。鸟雀鱼虾、飞禽走兽，栩栩如生；雕梁画栋、飞檐翘角，尽显民族传统建筑工艺。

靖州青龙界休闲山庄：位于横江桥乡与排牙山森林公园交界处——青龙界。离县城12公里，依山傍水，风景独特，民族文化元素浓郁，是一家集绿色农产品开发、餐饮、客房、会议接待、KTV、垂钓、休闲于一体的五星级农庄。

交通攻略

从怀化出发，走包茂高速，车程 2 小时左右，在万佛山收费站下，即达万佛山景区。从皇都侗寨出发，到县城双江镇上包茂高速，60 分钟车程即可到达靖州。

红色记忆胜利之旅：向警予故居及纪念馆—芷江受降坊—飞虎队纪念馆—滕代远纪念馆—粟裕故居及纪念馆—通道转兵纪念馆

线路概览

怀化，是一方充满革命激情、写满英雄赞歌的红色热土。20 世纪二三十年代，贺龙、萧克率领的红二、六军团，在沅陵等地留下了战斗的足迹。1934 年 12 月，中央红军在通道召开的紧急会议，做出了红军转兵贵州的重要决定，在生死攸关的危难时刻挽救了红军、挽救了党、挽救了中国革命。我党早期著名的妇女运动领导人向警予，中国人民解放军的领导者之一、新中国人民铁路事业的奠基人滕代远，"常胜将军"、新中国开国第一大将粟裕，都是从故乡怀化走上了革命的道路。芷江因为中国抗战胜利、日寇在此洽降而蜚声中外，芷江受降坊是世界八大凯旋门之一，成为中华民族自鸦片战争以来洗涮百年屈辱、扬眉吐气的地方，成为张扬全球华人胜利豪情的欢乐之都。全市现有省级革命老区 9 个，走进这方红色热土，是一次激荡心灵的革命之旅，是一次充满豪情的胜利之旅。在中国红的宏伟乐章中，怀化红奏响了胜利、喜悦的乐章。

网红打卡点

芷江受降坊：坊体为三门四柱牌坊式建筑，高 11.52 米，宽 13.37 米，厚 1.4 米。其"血"字造型象征着中国人民经过 8 年多的浴血奋战，用3500万同胞鲜血换来了胜利，同时教育国人永远不忘血的教训，永远不忘"落后就要挨打"的道理。坊上嵌刻有蒋介石、李宗仁、何应钦、白崇禧、于右任、孙科、王东原、居正、王云五等军政要人的题词和《芷江受降坊记》206字铭文。坊上铭文的文采斐然，对仗、用典有着耐人寻味的赏析价值。

美食推荐

芷江鸭、麻阳鹅、芷江酸萝卜。

必购商品

锦江泉酒。

住宿推荐

芷江和平国际大酒店：位于芷江县城㵲水河畔北正街32号，是怀化首家集餐饮、客房、娱乐、会议、休闲、购物、健身、商务于一体的四星级涉外旅游饭店。酒店整体建筑2万平方米，楼高13层。漫步酒店，处处能让您体验融汇和平文化和侗族风情的"和平、时尚、简约"。

交通攻略

从怀化出发，走长芷高速，车程1.2小时左右，在溆浦收费站下，进入溆浦县城，即达向警予纪念馆。从向警予纪念馆出发，走长芷高速，芷江北收费站下，全程1.5小时可到达芷江抗日战争胜利纪念馆。从芷江出发，走长芷高速，在怀化服务区转包茂高速，麻阳互通下，全程80分钟抵达。从麻阳出发，走包茂高速，2个小时可抵达粟裕故里景区。从粟裕故里出发，走包茂高速，靖州下高速，走苏北线G209，3小时左右可抵达通道转兵纪念馆。

📍 沅江水秀丝路之旅：洪江市清江湖—黔阳古城—洪江古商城—辰溪大酉山—溆浦思蒙—沅陵酉水画廊

线路概览

丝路见证了中华文明的传承与创新，承载了中国人民与世界交流的智慧与情感，更成为广大文艺工作者的重要创作源泉。来怀化体验"沅江水秀"丝路文化，感受那些经受住岁月洗礼的沅江山水人文：有湖南"西洞庭"之称的洪江市清江湖，"江南古建筑博物馆"洪江市黔阳古城，被称为"杂交水稻发源地"的洪江市安江农校，"中国第一古商城"洪江区洪江古商城，"善卷归隐处"的辰溪县大酉山，"小桂林"溆浦县思蒙，以及"最美水上乡村民俗"沅陵酉水画廊。

网红打卡点

湖南"西洞庭"洪江市清江湖：这里不是海，却胜似"海"，微风拂面，湖起涟漪，既神秘又迷人，这便是有着湖南"西洞庭"之称的怀化秘地——清江湖。位于湘黔交界处的千年古镇托口，是湖南的第二大湖泊，当地人亲切地称它为"西海"。

清江湖景区由四个功能区组成，分别是王家坳旅游服务区、清江湖水上游乐园、群红农庄景区、三里海上侗寨景区。其中，被誉为怀化"马尔代夫"的群红农庄，就位于清江湖沿岸，其三面环水，面朝"大海"清江湖。这里生态环境优美，是集养生观光旅游、农作体验于一体的休闲农庄和水景民宿。漫步在怀化"海景"步道，让你体验属于怀化的"异域风情"。

若是无事，再乘上游船，到三里"海上"侗寨，品上一杯香甜甘醇的米酒，聆听那些遥远又神秘的传说，感受村庄悠久的历史文化。如今，清江湖景区十里河滩，更是众多游人徒步休闲旅游的好

▲ 思蒙山水
摄影 / 雷文录

去处，不少游人携家带口，在此地露营烧烤、参与皮划艇水上运动等，享受假期时光。

"小桂林"溆浦县思蒙：奇山峻峰、山水画卷，被誉为"小桂林"的溆浦思蒙，见证了伟大爱国诗人屈原行吟的脚步，孕育出了十里丹霞、山环水绕的奇特景观。

思蒙景区由思蒙国家湿地公园、溆浦国家森林公园、雷锋山国家石漠公园、米粮洞、圣人山自然保护区等构成，铸就了溆浦县的天然生态屏障。十里丹霞，十里画廊，座座山峦临江而立，千姿百态。登高远眺，峰峦叠嶂，势如奔马，气象万千。五佛山、破岩山、

桃园洞天，富有特色的景观，让你游玩之时感受大自然的鬼斧神工。

这里的山因水而秀丽，这里的水为山而灵动，碧水丹霞，正是因水得名，十里画廊，山水相映，故有诗盛赞曰"仙风染得思蒙碧，要把瑶池作二看"。正所谓，一方水土，一方灵秀！山依着水，水傍着山，山山水水，至善至深。

"最美水上乡村民俗"沅陵酉水风情画廊：酉水画廊又名酉水风情画廊，位于沅陵县明溪口镇酉水河的二酉山与凤滩之间。河道弯曲有致，两岸高山耸立，窄处不足 100 米、最宽约为 200 米，层峦叠嶂造就了这美丽河峡。

晨雾暮霭，晴时碧水拖蓝，雨时雾霭弥漫。天生的奇山、秀水、绝壁、峡谷、瀑布相得益彰，故而得名"百里画廊、新潇湘八景"。鸡鸣狗吠、炊烟袅袅，河面舟楫横行，打鱼撒网时，经常出现山歌互答的场景。美丽的白河风光，清纯晶莹，是沈从文笔下最后一段残存的风景。

这里的号子谷，带你穿回 20 世纪 60 年代的集体劳作。盘木、打夯、车水、榨油，在这里踏着前辈的脚印，吼起震山响的劳动号子。山为媒，一曲山歌定终身；水为亲，妹妹船头坐哥哥岸上走。木叶情歌、采茶调、花轿、土家拜堂、土家婚宴，土家最本色的婚礼与喜宴，更是为你特别定制的土司王朝婚姻契约书。

水岸山居，清一色的吊脚楼，依次散布在河岸的山坡上，檐角相连，层次分明，稻草垛点缀着这个与世隔绝的村寨。这里居住着土、苗等多个民族，淳朴如玉的村民，为你洗去岁月的铅华。这里美丽的"画廊"河岸线，山水契阔的河峡，辰安碑、经书岩、金猴守棺、辰字崖、凤滩大坝等景观，让你乐不思蜀。这是大湘西最美丽的河谷，用船讲故事的游客体验旅游形式，重现了江南最古老的玩水方式。

美食推荐

洪江血粑鸭、辰溪血鸭、洪江游氏春卷、辰溪叶子粑粑、沅陵猪脚粉、安江粗粉、辰溪酸萝卜。

必购商品

沅陵碣滩茶、洪江瓷器。

住宿推荐

洪江曾府酒店民宿、黔阳古城民宿、辰溪大酉书院、沅陵韵庐。

交通攻略

从怀化出发，走包茂高速，黔城镇收费站下，走G209、X063，1小时左右抵达清江湖。从怀化出发，走长芷高速、S223、S250，筲箕湾上杭瑞高速，沅陵收费站下，3小时抵达沅陵。

自驾十三城

有人说，这世界上，有些路是用来怀念的，比如川藏线；有些路是用来惊艳的，比如滇藏线。而还有一种路线，是用来寻找自己叫醒灵魂的，比如怀化自驾游路线。这里雪峰叠翠，远离城市的喧嚣，可以尽情"森"呼吸；这里千里沅江，锦绣如画，古城、古镇、古村、古屋如经年美玉镶嵌在江边谷地，祖国西南地区的历史文化遗存灿若

▲ 芦笙节
摄影 / 杨少权

星辰，蔚为大观，国内罕见。自驾雪峰，遇见怀化，回归内心，遇见不一样的自己。随着怀化交通区位优势的日渐显现，自驾旅游业发展迅猛，"全国出发，鹤城落地，自驾雪峰山"旅游品牌的影响力和美誉度显著提升，已成为湖南省重要的自驾旅游目的地。

🚙 自驾雪峰山精品旅游线路

1.线路主题

"穿越古城商道　体验多彩民俗"——怀化十一天雪峰山自驾之旅。

2.路线概况

（1）自驾总天数：11 天。

（2）自驾总里程：约 1600 公里。

3.路线概览

第一天：长沙—白河谷旅游度假区—二酉山—胡家溪土家民俗文化古寨（宿沅陵）；

第二天：沅陵借母溪—湘西剿匪胜利公园—酉庄（宿辰溪）；

第三天：大酉山—向警予同志故居和纪念馆—枫香瑶寨（宿溆浦）；

第四天：茶马古道—穿岩山国家森林公园—雁鹅界古村落—麻阳县（宿麻阳）；

第五天：滕代远同志纪念馆—九丰农博园（宿鹤城区）；

第六天：黄岩生态旅游区—芷江受降纪念坊（宿芷江）；

第七天：龙溪古镇—南方葡萄沟—皇都侗文化村（宿通道）；

第八天：芋头侗寨—万佛山将军岩—通道转兵纪念地—靖州（宿靖州）；

第九天：排牙山国家森林公园—飞山景区—地笋苗寨—会同（宿会同）；

第十天：粟裕同志故居和纪念馆—洪江古商城（宿洪江区）；

第十一天：安江农校纪念园—黔阳古城—返程。

4.路线概况：从长沙出发，经沅陵县往西，先后经过辰溪、溆浦、麻阳、鹤城区、芷江、新晃、中方、通道、靖州、会同、洪江区、洪江市等十三座县城，再返程，形成一个环线。

5.总体路况

为路况良好的高速、省道和国道。

6.建议时间

全年。

7.消费描述

怀化总体消费不高，沿途住宿多在 100~300 元之间，沿途饮食

▲ 雁鹅界古村
摄影/补荣洪

主要以湘菜为主，富有地方特色，经济实惠且符合大众口味。行程中游览二酉山（58元/人）、穿岩山国家森林公园（80元/人）、飞虎队纪念馆（50元/人）、洪江古商城（90元/人）、皇都侗文化村（60元/人）、九丰农博园（60元/人），具体门票及优惠以景区公布的为准。

8.手机信号

沿途所有县城都有较好的手机信号和无线网络，不存在长距离无信号现象。

9.行程描述

（1）行程亮点：此行程亮点众多，涵盖怀化市所有精华景点，包括11个国家4A级景区。主要亮点可归纳为三个：山水风光神奇秀丽，民族风情浓郁多姿，文脉悠长古韵如歌。由北至南，各种现代节庆和传统的民俗节庆极富特色，有新晃新春赶坳会、黔阳古城三月三女儿节、洪江古商城樱花节、沅陵碣滩茶文化旅游节、靖州杨梅节、溆浦大端午龙舟赛、侗族大戊梁歌会、麻阳冰糖橙节等，热闹非凡。

（2）景点介绍：此行一路石林、峡谷、溪水、梯田、水杉林、原始森林、丹霞峰林、古驿道、明清古城、古建筑群、宗祠、鼓楼、长廊、吊脚楼、风雨桥、拦门酒、合拢宴，美景如画。

（3）美食推荐：怀化的民族饮食最具特色，以辛香酸辣和腌制、熏制及腊食闻名。来到怀化，从香辣可口的洪江血粑鸭、芷江鸭，味鲜可口的怀化米粉，载歌载舞的侗家合拢盛宴等特色美食，到各具特色的主题餐厅，旅游美食应有尽有。

（4）住宿推荐：住山间古寨，在雪峰山"森"呼吸享夏日清凉；住怀化大峡谷悬崖木屋，在重山里观日出喷薄；住古城客栈，在慢时光里感受岁月静好；住侗乡民居，在合拢宴里乐翻天；住花瑶民宿，在篝火晚会里欢乐共舞。

🚗 自驾怀化十三城

1.沅陵自驾精品线路

沅陵，神秘而美丽，沈从文称之为"一个美得令人心痛的地方"。自古以来，这里一直是重要的区域政治、经济、文化和军事中心，历史人物、遗址众多，国内罕见。境内有楚秦黔中郡城遗址、大唐龙兴讲寺、战国西汉古墓群、张学良囚禁地凤凰山；这里是"学富五车，书通二酉""马革裹尸还""夸父追日"成语、神话的出典处；这里有世界第一空腹大坝凤滩水电站，有弧形闸门居世界第二位、引力压力钢管名列亚洲第一的五强溪电站；这里有神奇的盘瓠文化、神秘的巫傩文化以及中国传统龙舟文化。

推荐线路：辰龙关旅游度假区—湘西剿匪烈士纪念园—大唐龙

▲ 辰龙关十里茶廊

兴讲寺—凤凰山国家森林公园—二酉山。

线路特色：从远古到大唐盛世，从明清到近现代，闯天下雄关，寻少帅足迹，走进中国最古老的佛学院，阅读中华文化圣山——二酉山，回望湘西剿匪的烽火，自驾千古沅陵，每一个景点都浓缩着一段荡气回肠的历史故事。

代表景点：辰龙关旅游度假区、大唐龙兴讲寺。

2.辰溪自驾精品线路

辰溪，历史悠久，素有"五溪锁钥，滇黔通衢"之称。尧舜时代，大贤善卷曾在此隐居，楚国三闾大夫屈原曾留下"朝发枉渚兮，夕宿辰阳"的千古名句。境内有善卷祠、丹山寺、江东寺和湘西剿匪胜利公园、刘晓公园、"七姓瑶"、大酉书院等人文景观；这里的自然景观有龙门溪风光、仙人桥景观和燕子洞。每年的稻花鱼节已

▲ 丹山寺　　成为怀化乡村旅游的重要旅游节庆活动。

推荐路线：湘西剿匪胜利公园（游览剿匪博物馆、剿匪纪念堂及碑林）—中共辰溪临时县委旧址、杨任故居、潇湘会馆—柳树湾大码头(游览丹山寺、丹山摩崖石刻群、钟鼓洞、大酉山、斤丝潭、锦岩塔、锦岩寺、张家溜古民居）—江东码头（游览江东寺、宋城遗址、皂角坪机场遗址、孝坪兵工小镇）—酉庄书院—笔架山庄、笔架山、祺云山庄。

线路特色：这是一条具有军工特色的自驾旅游精品线路，融合了红色文化、现代军工文化以及儒家传统文化特色。

代表景点：大酉书院、天子墓（遗址）、丹山寺。

3.溆浦自驾精品线路

溆浦，人杰地灵，为古武陵郡的治所和伟大爱国主义诗人屈原流放之地，屈原在此写下了《涉江》《山鬼》等名篇。这里孕育了抗英名将郑国鸿，中国妇女运动先驱、中共唯一女创始人向警予等一批优秀儿女。境内有抗日战争最后一战——湘西会战（又称"雪峰山会战"）的主战场龙潭英雄山遗址、战地医院和抗日阵亡将士陵园，神奇的山背梯田、穿岩山、思蒙山水等自然奇观；这里物华天宝，素有"湘西乌克兰"和"南国瓜果之乡"的美誉，国内罕见的花瑶风情令人陶醉。

推荐线路：思蒙国家级湿地公园—穿岩山枫香瑶寨—雁鹅界古村落—龙潭弓形山烈士陵园—抗战古村阳雀坡—山背花瑶梯田。

线路特色：这里是湖南雪峰山生态文化旅游功能区的旅游目的地，是体验古楚文化、瞻仰英雄、旅游观光的胜地，寻访云端花瑶，打卡高山泳池是这条自驾精品线路的最大亮点。

代表景点：穿岩山枫香瑶寨、山背梯田。

4.麻阳自驾精品线路

麻阳，古为"苗疆要冲"，是全国5个单一苗族自治县之一。这里人杰地灵，有清代名臣满朝荐、共和国第一任铁道部部长滕代远的故居和传奇；这里物华天宝，被誉为"中国冰糖橙之乡""中华长寿之乡"（全县有百岁老人40多位，占全县总人口的十万分之一）和"中国现代民间绘画画乡"；这里有神秘的盘瓠文化、神奇的长寿文化，盘瓠庙群、盘瓠龙舟及锦江泉酒，在全国享有盛名。

推荐线路：滕代远纪念馆—滕代远故居—霞飞云果园—锦江泉酒厂—长河古镇吕家坪。

线路特色：走进中华长寿之乡，感受红色生态绿色之旅。

代表景点：滕代远纪念馆、锦江泉酒厂。

5.新晃自驾精品线路

新晃侗族自治县，是一块古老而神奇的土地，春秋到秦汉时期为古夜郎之地。这里，蕴藏着底蕴深厚的夜郎文化、丰富的侗文化、傩文化，拥有险峻的夜郎大峡谷、八江口温泉和悬棺等特色风景，是西南联大驻地之一，是一处令人向往的寻古、探险和休闲的旅游胜地。

推荐线路：龙溪古镇—夜郎寨—新晃现代蔬菜文化产业园—夜郎古乐城—燕来寺。

线路特色：线路集中展现了神秘独特的夜郎文化，西南联大南迁驻地，林徽因、梁思成等传奇故事更是这条线路的最大亮点，自驾夜郎故地新晃，体验儒学文化，享乐侗乡生活。

代表景点：龙溪古镇。

6.芷江自驾精品线路

芷江侗族自治县，历史悠久，始建县治距今 2200 余年。这里是中国抗战名城、国际和平名城，曾是二战时期的军事重地、远东空军基地、"湘西会战"指挥中心，有举世瞩目的抗战胜利受降纪念坊和受降堂、中国陆军总司令部、中美空军指挥塔及俱乐部、驰名中外的二战远东军事机场。依托厚重的抗战文化资源和独特的地域文化，形成以芷江和平园区、湖南人民抗战纪念馆、中国人民抗战纪念馆、飞虎队纪念馆"一园三馆"为核心的抗战文化游、芷江侗民俗风情游等独具特色旅游品牌。两年一度的芷江国际和平文化节已成为世界各地爱好和平人士的盛会。

推荐线路：中国人民抗日战争受降旧址（和平园区、湖南人民抗战纪念馆、中国人民抗战纪念馆、飞虎队纪念馆）—和平村—蝴蝶画馆—唯楚酒庄—夜游芷江—万和鼓楼、龙津风雨桥—芷江天后宫—三桥雁塔—沈从文旧居—沅州石雕传习基地。

代表景点：抗日战争胜利受降纪念坊、芷江夜景、唯楚酒庄、索子街旅游特色消费街区。

7.鹤城区自驾精品线路

鹤城，是怀化市市府所在地，五省通衢的战略要地。地处湘鄂渝黔桂五省边区中心，自古有"滇黔门户""全楚咽喉"之称。沪昆高铁，怀邵衡铁路、张吉怀高铁、湘黔铁路、焦柳铁路、渝怀铁路在城区呈"米"字形交会，沪昆、包茂、娄怀高速和320、209国道穿境而过，城区距芷江机场仅30公里，是我国东中部通向西南地区重要的交通要塞。鹤城区森林覆盖率64.23%，城市绿地率40%、绿化覆盖率43%，人均绿地面积15.2平方米，全年空气质量优良率保持在360天以上，境内有中坡国家级森林公园、黄岩省级旅游度假区，是国家重点生态功能区、省级文明城市和省级卫生城市。

推荐线路：怀化大峡谷—白马风景区—心田木墅—九丰农博园—潕水风光—阳戏大剧院。

▼ 怀化大峡谷

线路特色：线路集中网红民宿、峡谷徒步栈道、现代农业观光、游轮游艇游等城郊旅游新业态、新产品，构成了一条具有都市田园特色的自驾线路。

代表景点：怀化大峡谷、九丰农博园。

8.中方自驾精品线路

中方，是湖南最年轻的县。这里有独具特色的高坎垄新石器时代遗址，有乾隆皇帝启蒙老师潘仕权故里、全国农业生态旅游示范区荆坪古村，有原国家主席杨尚昆的祖籍地黄溪，有康龙省级自然保护区、五龙溪省级水利风景区等景区景点。这些古村古遗址和自然风光，与现代生态县城交相辉映，犹如一幅绚丽的山水人文画卷。

线路推荐：溆水六桥（怀化网红桥）—天成院子—万鹤堂书画院—荆坪古村—中方工业旅游示范点天天米粉和兴龙玻璃—中国南方葡萄沟—华汉茶叶庄园—山丹丹农庄。

线路特色：走进青春县城　探访工农人文胜地。

代表景点：荆坪古村、华汉茶叶庄园。

9.洪江市自驾精品线路

▼ 华汉茶庄
摄影 / 杨司琪

洪江市，自汉高祖五年（前202）置县以来，先后为镡城、

龙标、黔阳县治和原怀化地委、行署所在地。历史文化名城黔阳古城历经两千多年的岁月沧桑依然风姿绰约；古城内有被誉为"楚南上游第一胜迹"的芙蓉楼，被誉为"诗家天子"的唐代大诗人王昌龄在这里留下了"一片冰心在玉壶""明月何曾是两乡"的千古绝唱。境内距今7800多年的高庙文化遗址，出土了震惊世界的中国最早的凤鸟纹饰白陶器和沅水流域最早的稻作遗迹，入选"2005年中国十大考古发现"，是中国古稻作文明的重要发源地。著名的安江农校杂交水稻纪念园，"杂交水稻之父"袁隆平院士在这里工作了37年，选育出了世界上第一株杂交水稻，杂交水稻从这里走向世界。"一山有四季、十里不同天"的雪峰山国家森林公园，森林湖泊相互掩映、烟波浩渺的清江湖国家湿地公园等一大批风景名胜区让人流连忘返。

推荐线路：黔阳古城景区（龙标山、芙蓉楼、中正门、王有为故居、南正街、万寿宫）—清江湖景区—大畬坪社区黔阳行署驻地—高庙文化遗址—安江农校纪念园。

线路特色：高庙文化之凤凰图腾、黔阳古城之诗词文化、安江农校之杂交水稻，线路集中展示了从远古到现代的中华稻作文化，品味万年稻谷香。

代表景点：黔阳古城、安江农校纪念园、清江湖。

10.洪江区自驾精品线路

洪江，以商业繁荣而闻名于世，曾有"小南京""湘西明珠"之称。这里的洪江古商城，"七冲八巷九条街"，380栋明清古建筑完整地再现了湘西明清商业历史，犹如一幅市井全貌的"清明上河图"，被誉为"中国资本主义萌芽时期的活化石"。这里的嵩云山自古就是湘西佛教圣地，横岩竹海、沅水画廊、菖蒲人家、河山太极图等山水奇观与洪江古商城相映生辉，是怀化重要的旅游目的地。

推荐线路：沅水画廊—横岩竹海—洪江古商城—嵩云山云海。

线路特色：自驾洪江，慢游古城商道，"穿越"是最大的亮点，景区情景再现表演让人重回明清市井生活场景，夜游古城"又见小城故事"沉浸式表演让人重回民国"小南京"。

代表景点：洪江古商城、嵩云山。

11.会同县自驾精品线路

会同，是共和国第一大将粟裕的故乡，也是驰名全国的"广木之乡"，森林覆盖率72.14%，是全国重点林区县。会同旅游资源丰富，粟裕故居和纪念馆、高椅古村、鹰嘴界国家级自然保护区、连山炎帝故里和浓郁的侗苗民族风情吸引了众多中外游客。

推荐线路：粟裕公园—粟裕同志故居和纪念馆景区—高椅古村景区。

线路特点：探访红色热土，品读耕读文化。

代表景点：高椅古村、粟裕同志故居和纪念馆。

12.靖州自驾精品线路

靖州位于湘西南，湘黔桂三省接边区域，是全国唯一的苗族侗族自治县。战国后期，靖州形成以苗侗等少数民族为主体的聚居区。唐末宋初，杨再思在飞山建立峒款军政联盟，受朝廷分封，治理十峒，政通人和，成为民族自治典范。千百年来，靖州被苗侗人民公认为祖地，至今仍保存有苗侗民族的祖庙"飞山宫"。"流淌在童话世界的快乐老家"地笋苗寨、"封尘在南方古丝绸之路上的女儿王国"岩脚侗寨等景区是现存原生态的苗侗非物质文化遗产，也是"中国苗族歌鼟之乡""中国民间文化艺术之乡"。靖州自然资源丰富，绿色植被蓊郁葱茏，负氧离子沁人心脾。全县林业用地面积269.6万亩，森林覆盖率达74.93%，活立木蓄积量1213.6万立方米，人均拥有量位居湖南省第一。靖州"三宝"——茯苓、杨梅、

▲ 文峰塔
摄影 / 郑邦文

山核桃，有"四时神药""梅中之王""千果之王"之美誉。

推荐线路：飞山—渠阳古城—文峰塔—岩脚侗寨—太阳岛—杨梅生态博物馆—九龙山—地笋苗寨—排牙山森林公园—万荷塘—新厂战斗纪念园—青龙界休闲山庄。

线路特色：侗苗祖地，杨梅之乡。

代表景点：飞山、文峰塔、地笋苗寨、岩脚侗寨、靖州国家森林公园。

13.通道自驾精品线路

通道，位于怀化市最南端，湘桂黔三省交界处，素有"南楚极地、北越襟喉"之称。1934 年 12 月 12 日，在决定中国工农红军生死存亡的危急时刻，中共中央领导人在县溪召开了"通道会议"，采纳了毛泽东同志"避实就虚、西进贵州"的建议，实现了红军长征伟大转折的开端。通道生态秀美，遗存丰富，全县森林覆盖率达75.55%，素有"天然氧吧"之美誉。境内有国家自然遗产、国家 4A 级旅游景区的万佛山，有国家 4A 级旅游景区皇都侗文化村，有国家 3A 级旅游景区、新"潇湘八景"之一的龙底生态自助漂流，有国家 4A 级景区芋头古侗寨和通道转兵纪念馆，还有九龙潭国家级水利风景区、宏门冲原始次生林、恩科亚热带沟谷雨林。

线路特色：侗族风情，红色记忆。

推荐线路：皇都侗文化村—芋头古侗寨—通道转兵会议纪念馆。

代表景点：皇都侗文化村、通道转兵会议旧址。

🚶 徒步旅游精品线路

"丛林漫步"——怀化大峡谷休闲健步线路

怀化大峡谷所在的黄岩大山属雪峰山脉的一个支脉，是典型的喀斯特地貌，距离鹤城城区仅 20 余公里，最高海拔 1200 米。这座原始次生林大峡谷，拥有得天独厚的两万多亩森林资源和陡峭的悬崖景观。

线路起点：怀化大峡谷景区停车场；终点：怀化大峡谷景区游客服务中心。全程 2.66 公里，徒步时长约 1 小时 40 分钟。怀化大峡谷，悬崖峭壁，古木参天，重峦叠嶂，飞瀑流泉，一步一景，处处动人，是避暑休闲和吸氧健身的绝好去处。

休闲健步，漫步丛林深呼吸。

怀化大峡谷拥有"四门八塘""三脚踏两拱""一日三潮""乱箩倒米"和七十二溶洞等景观，景区总面积 2.7 万余亩，由峡谷探险觅幽和石林花山休闲两大功能区组成，与康龙省级自然保护区紧密相连，在景区东侧的山脚下有新石器时代的高坎垅遗址。

站在景区的中心观景台处举目望去，十里峡谷、高空滑索、玻璃悬廊、悬崖木屋、花山滑草、露营基地、葵花山、将军岩、茅屋村和钟鼓溶洞等主要娱乐项目和景点尽收眼底，信步走进每一个景点，处处美不胜收。

从景区游客服务中心出发，可乘坐免费的游览观光车抵达停车场，并从这里开启徒步之旅。步入游道，首先映入眼帘的便是石林花海，怪石嶙峋间，鲜花点缀，春夏格桑花铺满地，秋季金灿灿的黄菊迎风绽放，令人眼前一亮，是游人拍照留影的好去处。

沿着游步道穿梭于丛林峡谷间，与溪流、瀑布相遇，与古树、山花对话，耳畔或鸟语蝉鸣或流水潺潺，行走其中，吸入负氧离子，十分醉人。

这条游步道全程由建设完备的木栈道和水泥阶梯组成，非常适合一家老小一同休闲健步，在大自然中收获健康与欢乐。同时，从怀化大峡谷还可徒步四五公里，抵达鹤城区最高山峰——凉山。在那里，可以俯瞰整个鹤城区，别有一番风味。

生态旅游，人文自然有机融合。

游走怀化大峡谷，可观赏到奇石怪岭，山花烂漫，可飞越天堑挑战极限，步入天然溶洞赏奇景万千，尽享大自然的奇妙馈赠。

行走其中，可以见到许多挂着名牌的古树。怀化大峡谷不仅拥有青檀、巴东木莲、银木荷等多种国家级、省级保护树种，很多稀有树种还形成了群落，实属难得。峡谷里常年有野猪、野羊、白面狸、野兔、锦鸡、画眉等 80 多种珍禽异兽隐居，生态环境极好。

在这里，还流传着许多动人的民间传说。进入游步道约 200 米，就可以看到一棵美丽的岩栎树，俗称"九丈凤"。生长已近千年的它，因神韵万千、常青不衰，被人们敬奉为神树，当地人在树上系上彩条，许下愿望，与树下的土地堂聚合在一起，寄托着满满的美好希望。此树现为省级保护树种。

在景区，还可以乘坐全长 258 米的高空滑索体验峡谷"翱翔"，而搭建在 300 多米高悬崖峭壁上的悬崖木屋，也备受游客追捧。木屋面对高山峡谷而建，居住其中，日出、云海、山岚、鸟鸣、溪水潺潺，诗与远方的意趣让人心旷神怡。

因大峡谷处于高山台地，这里果实成熟比平原稍晚，每年山下黄桃、杨梅等都已下架，这里的才开始成熟。优良的生态环境使这里的各种农作物品质都很好，销售紧俏。

旅游小贴士：

全程为环状徒步线路（配合景区免费游览车），海拔落差小，徒步难度低，老少皆宜，但最好准备专业的徒步鞋、登山杖。

线路沿途皆设有游步道、护栏、卫生间、休息处等，体能较差者可备些干粮。

线路最后 400 米左右虽也是木栈道，但是比较陡峭，需要注意安全，老人小孩一定要有人看护。

鹤城区凉山徒步精品线路

凉山，怀化城区最高山峰，坐落城南的它高耸云间，一如屏风般守卫着这座城。它紧邻怀化高铁南站，下了高铁，即可开启"凉山溪谷休闲徒步之旅"。

线路起点：怀化南站；终点：凉山登岚寺；全程 8.4 公里，徒步时长约 4 小时。

凉山的美，美在山水古道，美在历史人文，美在玩味沿途风情。从怀化南站出发，步行至广场最东侧，可见一条村道，旅途就此开始。穿过民居一路向南步行不远即可初见凉山。缓坡上行，玉带状的洗尘湖映入眼帘。

沿湖漫步，一侧是波光粼粼的湖面，一侧是鸡鸣狗吠的村庄，好一番世外桃源般的山村画境。走出村落，一条羊肠小道在树林间若隐若现，这便是溪谷古道。

这条古道几乎始终与山中溪水伴行，行走在蜿蜒丛林间的古道上，潺潺溪水在脚下流动，纤细的土石路在山峦间时隐时现，绿意满目，溪水叮咚。这一路，小桥流水，山谷梯田，古树瀑布，一步一景。

春季，山谷梯田开满油菜花，与山野里的樱花梨花等争奇斗艳，色彩斑斓。行走在古道和梯田间，欣赏美景的同时还可偶遇春天的野味，蕨菜、野葱、水芹菜等大自然的馈赠就藏匿在你的脚边。

"不到凉山非好汉！"当地人如此口口相传，说的就是征服通向登岚寺的山路。从古树人家出来，一条莫约半米宽的山道顺着山体向上攀升。

山道盘旋而上，越往上走，坡度越大，有些地方甚至接近90度，此时山中的树木便像热情的主人，伸出枝干，助你借力前行。这段路程相对平缓的溪谷古道艰辛许多，但是大山总会给坚持的人以馈赠，爬上陡坡，钻出密林，千年古寺登岚寺跃入眼帘，红墙金顶，威严而壮观，在青山环绕中更显脱俗气质。

和古寺相伴的银杏树已有千年寿命，郁郁葱葱犹如给古刹撑开一把巨伞。每年银杏叶黄时，犹如漫天黄蝶飞舞，落到地上铺成金黄色的地毯，美得摄人心魄。站在登岚寺前，极目远眺，两侧青山环抱，苍翠欲滴，而正前方视野开阔，整个怀化城区尽收眼底。寺庙前坪，还设立了多个长凳，供游人观景望远。

旅游小贴士：

全程为线状徒步线路，体力不够者，可让其他人先行开车至登岚寺等候，乘车下山。线路前半段海拔落差小，徒步难度低。后半段坡度陡、道路窄，量力而行。专业的徒步鞋、登山杖等，要准备好。

线路沿途设有游步道、护栏、休息处等，卫生间在古树人家，因只有古树人家和登岚寺可补给，要带干粮随行。

线路中有的地方近水或陡峭，需要注意安全，老人小孩一定要有人看护。

"旅拍圣地"——清江湖徒步精品线路

清江湖位于洪江市托口镇境内，自古为木商古道。清乾隆、嘉庆年间，沅水流域木材交易鼎盛时期，贵州百分之七十的木材都需经托口外运。相传，此地为侗族首领杨再思出生地和侗族水神杨漱古战场。如今，清江湖成为"神秘而美好的小众旅游地"，春可赏花踏青，夏可避暑露营，秋可采瓜吃果。加之交通便利，距包茂高速公路江市出口8公里，离洪江市和黔阳古城景区18公里，它成了怀化人出游的"心头好"。

线路起点：三里村；终点：沅城古村。途经黔海落日、海上侗寨、十里画廊、四季湿地、诸葛古城。全程10公里，自驾＋徒步时长8小时20分钟左右，如想走完全部景点，需要2天时间，建议住宿一晚。

清江湖一眼能望20平方公里，是湘桂黔渝鄂五省交界处最大水面，烟波浩渺，峡湾众多，在湖南仅次于洞庭湖，当地人称它为"西海"。

整个景区由王家坳旅游服务区、清江湖水上游乐区、群红农庄景区、三里海上侗寨景区四个功能区组成。

行程从三里海上侗寨开始，起点是三里村。考古发现，三里村龙船坪、诸葛城、岩孔洞、天星坨一带是朗溪县古城遗址，公元860年六月初六，侗族首领杨再思就诞生在朗溪侗寨，16岁开始随父带兵打仗直至接任叙州长史。

千年故事将三里村蕴化成传奇圣地，如今这里的百姓怡然自得，颇有世外桃源之风。此地，行走方便，适宜一家老小游玩散心。平街的"面朝大海"观景台，是眺望清江湖景最佳观景处，旋转270度，可将清江湖全景一览无余。

坡街位于三里海上侗寨南面，坡势平缓，有20个侗家木楼小院。每个小院鲜花簇拥，格局各异，住在里面，每日面朝"大海"，颇有"东方依云小镇"之感。

北侗画廊以民宿院墙为画布，手绘清江湖两岸自然风光和侗族风情，如罗岩古寨、朗溪故城、杨公菩萨、十里古窑、十里画廊、木商古道等景观故事。

开车告别三里海上侗寨，来到沅河镇。数十棵古樟树、数百棵大叶柳、数千棵白杨树与橘园侗寨相映成趣，听鸟语、闻花香、穿丛林、越草地，立马转换到一种最为原生态的徒步模式。沅河镇十里村拥有富饶的陶泥矿，其泥土含铁丰富、透气，是制作黑陶的绝佳材料。这里有座十里古窑，始建于明朝洪武年间，主要生产坛、罐、钵、壶等日用陶器，曾经风靡黔楚。岁月穿越600多年的历史，再来沅河村，游客可在当年的制作间，跟非物质文化遗产传承人学习制作黑陶。如果在这边留宿一晚，次日还可带走自己的作品，作为一生的纪念。

在沅河村旁边，有座低调又神秘的古村——沅城古村，又称侗人岛，2016年被列入第四批中国传统村落名录，是湘、桂、黔、渝、鄂五省区交界处最大的内陆岛。

在沅城古村，我们能体验到沅水流域最原生态的文化与最纯美的水上喀斯特风光。其水域占30%，陆地森林覆盖率约70%，辖区人口约5000人，居民90%为侗族，地貌为丘陵山地，沅水在此大拐弯，形成一个"钵形"太阳岛。

沅城古村三面环水，有十里天然河滩和众多神秘岩洞，生态环境优良。古村民俗文化突出，保留有北部侗语方言区民俗和沅水排工号子等非物质文化遗产，古寨、古戏台、古栈道等比比皆是，还是红二、六军团长征重要纪念地，至今保留有红军烈士墓、红军标语墙。

旅游小贴士：

住宿可考虑在三里村或沅城古城。这里的农家乐服务设施完善，其中沅城古城的青年旅舍有60张床位。夏天可以自带帐篷，河滩是最佳露营、观星之地。

饮食方面，可自带户外烧烤器具。每条线路上都有餐饮店可推荐，如三里村的三里渔家、沅城古城十里村的烧烤露营、沅河村的四季岔农家乐、诸葛城景区红日餐馆餐饮、沅城村餐宿等。

"微长征"徒步精品线路——"云上人家"雪峰村

会同县高椅乡雪峰村地处雪峰山腹地，海拔最高处为1437米，从洪江区汽车站出发，沿X058县道驱车23.6公里后即可抵达雪峰村。这里蓝天高远、白云散漫，整个村落一片静谧。雪峰村的梯田层叠交错，连绵纵横在山间，壮美磅礴。站在高处向下望，梯田随山势而起伏，依沟壑而蜿蜒。翠绿如茵，水面如镜。

登上雪峰水库大坝，极目远眺，所见皆绿色，云雾与山对接，深吸一口气，醉倒在氧里。恍惚间，你都不知道这是仙界还是人间。

雪峰村环境优美，农产品十分丰富且品质优良，红坡贡米闻名遐迩。贡米，是对稻米的最高褒奖。红坡贡米相传为明朝贡米，主要产自平均海拔650米以上的高椅乡红坡、雪峰等6个村。这里生态环境良好，日照时间长，昼夜温差大，土质肥沃，生产的大米颗粒饱满，营养丰富，清香宜人。遥远的传说中，六百多年前大明王朝诞生后，一个叫蓝玉的人来到会同。蓝玉是大明王朝的开国元勋，他屡立战功，深受明太祖朱元璋器重，封为梁国公。有一年，蓝玉到会同宝龙江（今红坡一带）探望大爷爷蓝享朝。这位久经沙场的大将被眼前的高山、林泉、缭绕的云雾迷醉，沙场的暴戾和杀气在这里消解。他在这远离战场的土地上嗅到了水稻香，返回京城时，行李中多了一物——稻米，他要把这米进献给明太祖朱元璋。千里送稻米，朱元璋十分欣喜，他吩咐将米煮好在朝堂上与百官分享。这稻米煮熟后清香四溢，熬煮的粥似浓郁的乳汁，而饭粒如月牙一枚枚，便赐名"月牙香"。朱元璋钦定此米为朝廷贡米，因产于红坡，又称"红坡贡米"。

作为当年红军长征途经地，雪峰村结合本地红色文化资源优势，将长征途中的重要场景"微缩"植入被誉为怀化市"最美徒步线路"的步道中，打造了"微长征"沉浸体验式党课，开展百人团队野外露营、党建徒步行等旅游接待活动，把雪峰村打造成"洪江古商城—雪峰村—高椅古村"旅游线路重要节点。

徒步中华长寿之乡——麻阳长寿谷

从中国长寿第一村——豪侠坪千年苗寨，走过美丽神奇的水云涧长寿养生谷，最终驻足中共湘西第一支部这方红色革命的热土，麻阳休闲康养长寿谷徒步线路，带你走进中华长寿之乡，来一次身心愉悦的美妙旅行。

起点：豪侠坪村，终点：中共湘西第一支部。全程14.3公里，徒步用时5小时30分左右。

千年苗寨，"慢"生活的豪侠坪。

这里的生活是城里人羡慕不来的淡雅。早饭过后，几位年过古稀的大爷坐在村口的石阶上闲聊许久，这是他们的日常，清闲无忧虑。这里的生活很慢，慢到时光斑驳，仿佛回到古朴岁月，静谧而美好。

走进古村，建筑群颇具特色，多为砖瓦结构，烽火鳌头，大小巷道交叉于村内，道路以当地青石板铺就。仔细打量，会发现民居的大门一般都用长条石建成，门头雕刻着诸如"敦厚周慎""伯高家风""伯高宗风""敦厚遗风""纳言家风""积厚流光""武陵世宗""吟沙世第"等文字，在门的上方，一般左雕福字，右刻寿字。

这里，处处透露出一种特有的福寿文化，优越的地理环境，使得生活在这里的人普遍高寿，如今，全村 80 岁以上的老人有 30 多人。这里还名贤辈出，仅清嘉庆后，就有贡生、武举人、进士等 33人。

山水野趣，水云涧长寿养生谷。

大自然的魅力在于，你得零距离接触，才能打开心扉体验到它的奇妙。这里没有城市的喧嚣，心灵顿时宁静，只有山涧一湾春水叮咚作响，只有曲径通幽野趣盎然，只有飞瀑悬空、雾拂脸庞。这里有大小景点 51 个，瀑布 7 处，春天花香满径，夏天溪水清凉，秋天硕果满园，冬天冰挂倒立，四季美不胜收，充满了诗情画意。

红色记忆，中共湘西第一支部旧址。

中共湘西第一支部旧址位于水云涧的源头高山寨，这里有着一段可歌可泣的革命故事。

中共湘西第一支部于 1924 年 12 月由时任中共湘西区委组织部部长的陈佑魁指派麻阳共产党员孙家信牵头筹备，并经中共湘西区委员会批准成立。

1920 年始，以陈佑魁、滕代远、孙家信、龙宏杰为代表的一批麻阳进步青年，陆续加入中国共产党、共青团。随着更多麻阳籍外

▲ 古村豪侠坪

地学子及本地青年的加入，一股革命的激流纵横开来，从湘西奔涌至整个湖湘大地。

1924 年 8 月，受中共湖南区委的派遣，孙家信回到麻阳，以县立第一高等小学教员身份从事共产党组织创建活动。随后正式成立"中共麻阳特别支部"（简称"麻阳特支"），这是湖南第二个、麻阳第一个党支部，也是湘西第一个区域性基层党组织。

为了革命斗争的需要，麻阳特支将所在地由县城锦和转移至西晃山一带，并在两背、泥溪垅等地相继成立了农民协会，打土豪、分田地、减租减息、废除屯田，农民运动开展得轰轰烈烈。与此同时，特支还建立了农民夜校，传播革命思想，培养进步人士并深入工人和学生群体，积极组织罢工罢课，有力推动了革命运动的发展。

1926 年 10 月，在纪念杨长治烈士牺牲一周年大会上，麻阳特支毅然成立了"麻阳县农民自卫军"，开启了武装斗争的新纪元。

旅游小贴士：

全程为线状徒步线路，需要准备专业的徒步鞋、登山杖。

线路里程较长，线路中补给点少，需备充足的干粮和饮用水随行。

线路沿溪而行，需要注意天气变化，降雨量大时溪水可能漫过道路，造成徒步困难。

探秘溆浦罗子山：一路飞瀑一路歌

直上白云第几重，纷纷晓露湿孤松。

自知不是神仙侣，空坐罗公九十峰。

清初才子米元偶，游罗子山时写下了《登罗公山》，表达了身处深山"寻隐者不遇"的感叹。今天，带您走进溆浦"探秘罗子山"专业徒步线路，用脚步丈量、用眼睛观看、用身心感受罗子山里的飞瀑流泉、原始次生林，以及原汁原味、以歌传情的瑶家文化。

线路起（终）点：溆浦县小横垅乡罗子山村部；途经易家湾、罗峰寺、亮坳、胡家坪，全程 26.5 公里，徒步时间约 10 小时。

小横垅乡在雪峰山余脉北麓，北接统溪河乡，西邻辰溪、中方两县，交界于罗子山。清澈的溪流穿乡而过，静静流淌。溯溪而上，罗子山犹如一座屏障，高远幽静。

林木森萃，飞瀑成群。

罗子山踏溆浦、中方、辰溪三县，海拔 1378.7 米，属湖南"父亲山"雪峰山脉。相传隋唐时期，罗翁山高道罗公远之子在此峰修道，故得罗子山之名。

山同脉，水同源。现在的罗子山村由白水村、旁山村及双林村

3个村子组合而成，这3个村子都背靠罗子山，每一条小溪的源头都是从罗子山分流出来。

罗子山拥有4个峡谷，飞瀑成群，一年四季，随处可遇。其中，最神奇的是海拔较低的白水瀑布，无论是春雨连绵的四月天，抑或是层林尽染的秋季，还是洪水过后的夏天，飞泻而下的瀑布均为白色，谓之"白水瀑布"。

春天的罗子山满目苍翠，有各色野花、鸟鸣虫叫、溪流潺潺，行走其中，身心愉悦。傍山而行的小道弯弯曲曲，会偶遇肌肉紧绷、气喘吁吁的猎狗。看到有人来，猎狗一个猛子扎进密林消失不见。这是当地人农闲的时候，带着猎狗在此打猎野兔、野鸡等。

近几年，越来越多的徒步爱好者喜欢上了罗子山。广东、邵阳、长沙等地户外爱好者经常自发前来体验。

庙会，大山里的民俗嗨场。

罗峰寺是罗子山的最高点。当你站立山巅，眺望远方，只见层峦叠嶂、梯田蜿蜒、云雾缭绕，缠缠绵绵，顿感自己犹如身处仙境，不禁飘飘然起来。

罗子山周边村民以少数民族居多，是"七姓瑶"发源地，在长期的劳动和生活中，形成了丰富多彩、风格独特的非物质文化遗产，就像千年流淌的沅水，生生不息，沉淀着这方水土独特的人文记忆。

每年的农历二月十八、六月十八及九月十八，是罗子山最热闹的时候，罗峰寺的庙会如期举行。每年的庙会对胡家坪的男女老少来说，都是一场山歌的盛会。这里的每个人都会唱几句。"茶树开花满树白，我们这里来了客，没有什么好招待，唱声山歌来待客"，这是瑶家人的欢迎歌，只要来了客人，他们都会聚在一起，欢唱山歌来表达欢迎。

旅游小贴士：

全程以林间小路为主，专业的徒步鞋、登山杖都是必备品。

国际专业的徒步线路正在进一步规划中，目前沿途标识不明显，容易迷路，必须团队出发，同时须请一名当地人做向导。

线路前 10 公里均无补给站，需带齐所需的水、干粮。

穿越沅陵借母溪：林深清幽，风情此方独奇

借母溪有多美？从"湖南九寨沟"这个誉称就能窥见端倪。

走借母溪森林穿越徒步路线，感受我国罕见的沟谷原始次生林的独特魅力，以及在当地流传千年的"狃花（典妻）"文化。

起点：借母溪景区东门。终点：借母溪景区西门。全程 15.4 公里，徒步用时约 4 小时 40 分钟。

去过借母溪的人都说它很美，美得让人心痛！

借母溪的山水气质独特，清幽如少女，不施粉黛，尘埃不染。这里的年平均气温只有 14.6℃，冬暖夏凉，四季温和湿润，高大乔木林与乔灌混交林构成了浓浓绿韵的底色，极具自然野趣，是典型的峡谷地貌。有人说，借母溪走了很多次，每次都如初识，只有用脚步去慢慢丈量，才能邂逅隐匿其间的三垭、四溪、七洞、八垴、九悬崖、二十三湾、六十二沟谷、八十一山尖，寻访千姿百态、栩栩如生的孤峰、石芽、溶洞。

这里是徒步者理想的秘境，更是动植物的天堂。借母溪自然保护区内形成了独特的植物群落系统，物种丰富，起源古老，珍稀品种繁多，一年四季，谷中野花灿烂，景色迷人。

从深山来，往山外去。在借母溪当地，有流传千年的"狃花（典妻）"文化。在人类的婚姻历史中，有多种婚姻形态。在农耕时期，为了繁衍后代，某些偏远的区域存在着一种"典妻制"，将山外

▲ 借母溪晨雾

的女子带到寨子，完成生儿育女的任务后再将其送回，孩子则留下，从此永不相见，这种"典妻制"如今唯一的遗存就在借母溪。

狃花文化产生的根源主要是借母溪山高路远，交通闭塞，贫穷使得山外的女人不愿嫁到山里来。为了传宗接代，借母溪的男人只有从很远的山外"借母生子"。

借母溪人将"借母生子"的风俗称为"狃花"，为他们牵线搭桥的人就称为"狃子客"。并不是随便什么人都能充当"狃子客"，其中有许多严格的规定。

"狃子客"必须是死了男人的女人，或者死了女人的男人，而且没有后代；狃子客必须为女方保密，不能向男方透露其家庭情况与地址，小孩断奶后，由"狃子客"带女方回家，从此双方互不相认。

如果男女有情难断或小孩长大后寻根问母，"狃子客"必须守口如瓶，不能吐露真情；借母以一年为期，如果一年内未能生孩子，那就无条件延期，直到生了儿子后才能离开。在借母溪的东大门——千堂湾村，游客可以观赏沅陵首台大型实景剧《狃子花开》，此剧呈现当地流传千年的狃花（典妻）文化和狃花故事，歌颂母爱的伟大。实景剧《狃子花开》融文化与旅游于一体，既打造了特色旅游产品，又通过村民参演、分红等方式为当地群众增加收入。

旅游小贴士：

此条线路较长，除起点和终点外，中途只有借母溪村有补给点，需要带足水和干粮。

全程海拔落差小，徒步难度低，老少皆宜。但考虑线路距离较长，可酌情在借母溪村休整，另外专业的徒步鞋、登山杖都是必备品。

线路上游步道、护栏、卫生间、提醒标语、路牌基础设施相当完善。但线路沿途手机信号全程无服务（仅起始点和借母溪村有信号），景区有蛇出没警示，建议预设急救方案。

怀化味道

特色美食

行走怀化，要用什么样的方式才能全方位地触摸、感受、了解这片古称五溪的大地呢？是探秘巍巍雪峰山，是沉醉古村古城韵致，是领略多民族风情，是呼吸清新甜美空气……除了这些，还需流连当地的餐桌，品尝当地的传统名菜、各种特色小吃，在舌尖上品味怀化。

洪江血粑鸭

怀化有三大名鸭：洪江血粑鸭、辰溪血鸭、芷江鸭。先介绍洪江血粑鸭的做法。先油炸鸭肉，同时加入干红椒、仔姜、血粑一起炸熟，然后加清水，加入鸭血、甜酱、鲜红椒、香叶、八角等慢火煨煮。这道菜的秘密武器是洪江甜酱和血粑。甜酱是洪江人特制的，血粑则是用鸭血拌糯米蒸熟放凉后切片油炸而成。菜成装盘上桌，

▲ 洪江血粑鸭

红的辣椒、黄的鸭肉、绿的葱结、黑的血粑、白的蒜头，只一眼就足够让你"见色起意"、胃口大开了。待到入口，酥肥不腻、糯香四溢、酱香入骨，酥脆与糯软两种口感共存的美妙，会让你深深记住这道典型湘西风味的名菜。

辰溪血鸭

辰溪血鸭同样让人难忘，甚至有一种"痛并快乐"的过瘾，似乎在宣告身为辰溪特色传统名菜的实力担当。因为这道菜的最大特点就是——辣！关于辣，辰溪人有句口头禅：没吃辣子没有味，吃了辣子辣死人！生动总结了辰溪人不怕辣、辣不怕、怕不辣的饮食习惯。这种豪爽干脆也正是湘西人共有的性格特征。

辰溪血鸭的辣不是简单的生辣干辣，而是辣得香，甚至辣中有微甜。这跟食材有关，主食材选用生猛乱飞、野性十足、生长期在半年以上的散养稻谷鸭，配上茶油、蒜子、桂皮、香叶、新鲜生姜、辣味重的青椒、干红椒等，经过爆炒、烹煮、上血等烹饪步骤，成品色泽红润、又香又辣。夹一块鸭血浸裹的鸭肉，一口下去，那股子生猛的辣味充溢口中，刺激着味蕾，辣得人咝咝吸气。换了辰溪汉子被这辣一激灵，恨不得喊出一声沅水号子，唱上几句辰河高腔才作罢呢。盛一碗热气腾腾的白米饭，舀一勺炒血鸭的固定搭档——新鲜毛豆和血鸭浓汁拌饭吃，猛辣鲜香，让人吃得欲罢不能。

芷江鸭

怀化三大名鸭中，名气最大的当属芷江鸭。它是中国国家地理标志产品，并入选了 2020 年第一批全国名特优新农产品名录。这些年通过成批加工真空包装进入市场，在多地超市都可以买到芷江鸭。如今已是驰名中外的中国特产。相比洪江血粑鸭的秘制甜酱和血粑，

▲ 芷江鸭

辰溪血鸭的鸭血和毛豆，芷江鸭的主力佐料是芷（仔）姜、大葱、红椒、花椒，还有当地的野生芷草。成品色泽亮丽，酥软爽口，麻辣姜香四味俱全。由于地域特点和优势，芷江鸭富含多种人体必需的氨基酸，鸭身皮薄骨细软脂肪少，肌肉发达有弹性，烹饪后肉汤乳白色，营养滋补，香味浓郁，不腥不腻。

芷江鸭其实成名已久，是一只很有故事的"鸭子"。它的历史比创始于明朝的北京烤鸭还久。相传春秋战国时期爱国诗人屈原被流放至沅水流域，品尝了当地村民盛情准备的鸭肉后，写出了"沅有芷兮澧有兰"的千古名句。元朝时候，芷江就有了中秋节必吃芷江鸭的习俗，会把做好的鸭制品赠送亲朋好友。相传乾隆皇帝南巡，途经沅州府（芷江）闻其香而醒神，食后称之为天下佳肴。芷江鸭因此成为清朝贡品。

侗家酸鱼酸肉

在侗族人的日常饮食里，酸食冠于菜肴之首，几乎每家每户都置有好几个酸坛子或酸木桶。各种酸食里，腌肉腌鱼（又叫酸鱼酸肉）最为出名。每年冬天，侗家人把新鲜土猪肉或鲜河鱼用盆渍盐晾干，以坛子或木桶腌制。底层用糯饭或糊糯作槽，每铺一层肉加一层槽，用坛子腌制的盖上盖子，用桶腌制的要加木盖封严，用大石压紧。如此静置数月即可食用。腌肉腌鱼不必烹饪，色艳味咸，亦可煎炒或烤炙，以火炙最香。腌肉腌鱼有一种独特的坛香，冬天里，切片放在木炭上炙烤，咝咝冒油，焦香弥漫，格外诱人。取一块用糯米饭包着吃，真是一大享受。

麻阳鹅

当年沈从文游历到此曾写下"锦江河里浮白云"的诗句。不过诗里夸的并不是天上的云，而是一群像朵朵白云般美丽的麻阳鹅。它也叫锦江鹅，如今已经成为湘西的地标性特产，每年都有不少慕名而来品尝麻阳鹅的客人。

麻阳白鹅，羽毛白亮，蹼橘爪白，外形清丽可爱，自古就以肉质鲜美、口味独特享誉四方。鹅肉含有大量蛋白质、维生素和矿物质，肉质细嫩易消化，对人体有滋阴补肾、养胃补血、补气生津、除疹止嗽等诸多功效，使阴虚之人食后不燥，阳虚之人食后不寒。又因能解五脏之热，当地流传着"喝鹅汤，吃鹅肉，一年四季不咳嗽"的说法。麻阳鹅传统的吃法是热油爆炒，如今又出了炖、蒸、酥、焖等新兴烹饪方法，如"乡村醉鹅""酱香鹅"等，味道各有特色，只是传统吃法更显正宗，依然是大多数人的选择。

洪江鸡茸

这道特色名菜是同治年间洪江首富李吉昌家的主理大厨郝仁创制的。制作鸡茸须选新鲜的鸡胸肉，配马蹄、猪里脊肉，切细碎，调上蛋清，再用文火熬制。最后成品是糊粥状，软滑鲜香，落口消融，老幼皆宜。行家说品这道菜有三字诀：一是烂，二是热，三是少。烂则不失原味，热则不失香味，少则不失回味。用料、做法和吃法都如此讲究，又滋补身体的洪江鸡茸，那个时代只有大户人家才有经济实力常吃，于是就有了"小姐养生菜"的别称。

游氏春卷

黔阳古城一道名小吃，又称春饼、春盘、薄饼。每逢春节等节庆日、男女婚嫁、老人寿辰，春卷都是当地宴席的一道主菜。游氏春卷已经传承百年，最受当地人和游客喜爱的是腊肉香干竹笋春卷。

辰溪酸萝卜

辰溪最让人津津乐道的两样美食，一个是辰溪血鸭，另一个就是辰溪酸萝卜。辰溪酸萝卜因其色鲜味脆、香甜可口、生津开胃而

◀ 辰溪酸萝卜
摄影 / 向娟

远近闻名，人称"湘西一绝"，认为到辰溪不尝一下酸萝卜，那就不算到过辰溪。这款美食主要取材于沅水河中两大江洲生产的红萝卜，又以秋冬季节的酸萝卜味道最好，因为这个时节的萝卜新鲜，水分足，口感脆。把脆甜的红萝卜洗净切片，放在酸水中浸泡，食用时取出拌上香菜等佐料和香喷喷的油泼辣子，让人垂涎欲滴。

高椅黑米饭

用一种叫满坡香的树叶榨汁煮糯米，煮熟就变成了黑米饭。在会同高椅，四月初八这一天一定要做黑米饭，备办酒肉，将出嫁的姑娘请回来做客，俗称"四八姑娘节"，也是当地的一个重要的旅游节庆活动。

▼ 年年油茶香
摄影 / 俞其荣

油 茶

油茶是侗族、苗族的一道传统美食，也是饭前饮用的好饮料，具有消暑解渴、祛湿去寒、止渴解饥、驱瘴除疠、生津健胃的功效。每逢宾客临门必煮浓茶，冲泡油炸糯米丸子、黄豆、花生、玉米，伴以葱花、辣椒等招待宾客。

美食，是旅人的味蕾体验，是游子的家乡记忆。各地的美食犹如一道道密码，里面藏着不同的文化、个性，也藏着人们对美好生活的共同向往。怀化十三个县城的街头巷尾都藏着当地的各种美食，等着大家去发现，去品味。

＞＞延伸阅读：合拢宴

合拢宴是侗族人接待贵宾的最高规格的酒宴，也是侗族人给予客人的一种荣誉。村寨举办的合拢宴，一般在团寨的鼓楼里摆设，家族举办的须在比较宽敞的农家走廊里进行。酒席的摆设叫"拉长桌"，把十张八张方桌连在一起摆成一长溜儿，也有的用宽木板一块连一块摆设。合拢宴的酒、饭、菜都是村寨中各家各户把自家最好的米酒、苦酒、糯米饭或糍粑，最好的腌肉、鱼、酸菜或小炒，用竹篮或箩筐挑来，凑到一块共同摆设的，可以说是百家酒、百家饭、百家菜。合拢宴开始前，主人要在寨门外组织迎宾仪式：第一项，放礼炮（铁炮），吹笙歌。第二项在寨门或屋门前设拦门酒。第三项，献上一碗侗家油茶。此套程序完毕，方可正式入席。席间，按侗家敬酒的程序相互敬酒，周而复始，喝到尽兴为止。在侗族的合拢宴上，喝酒一般要喝"转转酒"，吃菜要吃"转转菜"，表示亲热。敬酒姑娘两人一对或三人一群，手捧酒杯，向来宾敬酒，并边敬边唱劝酒歌。热闹的景象使得"酒不醉人人自醉"。合拢宴过后，主宾一起围着篝火跳起侗家的多耶舞，场面十分欢快，将整个宴会推向高潮。嗨游怀化，吃合拢宴是体验怀化侗民俗文化、美食的最佳选择。

四季水果

"请到甜甜怀化来，这里瓜果遍地栽。百种瓜果百样甜，随你甜到千里外。梅桃熟了叫人乐，梨柚黄了叫人爱，葡萄紫了任你摘，柑橘红了任你采。"这首歌唱的是怀化作为"水果之乡"的迷人风景。

优越的地理环境使怀化的水果种类非常丰富。早在 1962 年果树资源普查就证实，全市野生资源有砂梨、杜梨、山毛桃、樱桃、中华猕猴桃等；人工栽培种类有梨、桃、葡萄、李、杨梅、枣、中华猕猴桃、柿、杏、枇杷、石榴、花红、青梅、樱桃、无花果、香瓜、西瓜、草莓等。

2020 年，怀化水果种植面积达 166.3 万亩，产量达 221.8 万吨，麻阳冰糖橙、靖州杨梅、溆浦脐橙被收入全国名特优新农产品名录。黔阳大红甜橙、黔阳冰糖橙、湘珍珠葡萄、通道黑老虎被评为国家地理标志保护产品。

杨 梅

5 月、6 月，杨梅成熟上市。怀化大大小小的市集上，摆满了一筐筐嫣红爆汁的杨梅，当你用筷子小心翼翼地挑选一颗送上舌尖，果肉瞬间化为酸酸甜甜的汁水溢满口腔，甚至连杨梅核也舍不得吐掉，真是满满的幸福感。怀化市杨梅资源十分丰富，人工栽培历史

▲ 怀化杨梅

悠久，早在 2000 多年前，靖州木洞就有栽培杨梅的习惯，木洞杨梅也因果大、色艳、味美而有"江南第一梅"之美称。据 1962 年果树资源普查证实：1806 年 2 月，靖州坳上乡中团寨农民周道宏，从嫁接野生柿获得启示，从上冲界选得一枝优质杨梅作接穗，以野生梅为砧木，采取劈接育成佳品"上冲梅"，奠定了木洞杨梅的基础，从此，木洞人世代种梅至今。其中种植较多、品质较好的有"光叶杨梅"和"大叶杨梅"。20 世纪 80 年代中后期，是杨梅发展的高潮时期，中方龙场乡，鹤城杨村乡、凉亭坳乡，洪江托口镇，沅陵官家镇，相继建起了杨梅基地。品种除木洞"光叶杨梅""大叶杨梅"外，还从浙江引进"东魁""荸荠种"等优良品种，并先后开发出杨梅蜜饯、杨梅原汁、杨梅酒、杨梅罐头等系列产品。

▲ 怀化桃

桃　子

7月、8月的到来，素有"寿桃""仙桃"美称的桃子成为怀化市民餐桌上的美味。桃子因其果面亮泽、皮薄肉嫩、浓甜清脆、营养丰富而被称为"天下第一果"。桃是怀化主要果树之一，栽培历史久、分布广。20世纪80年代前，规模栽培以溆浦、麻阳、辰溪较多。溆浦的观音阁、芷江河西因桃品质好而著名。栽培品种依成熟期划分，早熟品种有五月桃、红毛桃等，中熟品种有香水桃、白蜜桃、鹰嘴桃等，晚熟品种有七月桃、大江桃、黄桃等。其中以芷江的香水桃、鹰嘴桃、麻阳黄桃为最佳。

▲ 怀化梨

梨　子

8月、9月，金灿灿的每个重达1斤多的金秋梨上市了。削去薄薄的梨皮，一口咬下，清脆爽口、清甜润肺的满足感油然而生。20世纪80年代前，怀化市种植的品种有靖州鸭蛋青、大果青、麻阳青皮梨、怀化麻梨、沅陵青皮梨、辰溪雪梨、日本梨等。20世纪80年代先后引进了"黄花梨""湘南梨"等品种，"黄花梨"成为当时主栽品种。80年代末，原安江农校副教授黄渊基率其助手覃皓及黔阳县（今洪江市）大崇乡岩脚村果农段天汉，共同选育出来的新高芽变新品系——金秋梨，因其肉质白嫩、甜度高、耐贮藏获得中国"南方梨王"之美誉。"杂交水稻之父"袁隆平院士称赞其为"梨之极品",是怀化最具特色的水果之一。

葡　萄

立秋后的9月、10月,在怀化桐木的南方葡萄沟,串串玛瑙似的葡萄散发着迷人的紫色魅力,摘一串,取一粒,抿入口中,浓郁甘甜,唇齿间韵味悠长。葡萄是世界最古老的果树树种之一,一般呈椭球形、圆球形,味道甘酸,颜色依品种不同而呈现不同程度的绿或紫色。怀化主栽品种为刺葡萄,个别地方也种有少量的欧洲种葡萄,如"玫瑰香""巨峰"等。

刺葡萄是中国特有的野生葡萄品种,因生长的枝条上密布皮刺

▼ 怀化桐木
南方葡萄沟

而得名，有着非常悠久的历史，在春秋时期就已经有记载了，在明清时期非常出名。现在芷江、麻阳、中方、新晃以及黔东南等山区农村大量引种，以主要分布在中方县桐木镇，种植面积近6万亩的湘珍珠葡萄最具代表性。相传乾隆皇帝下江南时，品尝过后龙颜大悦，啧啧称羡并誉之为"湘之珍珠"，珍珠葡萄由此而得名。湘珍珠葡萄果形椭圆，果皮黑色，有果粉、灰白色，肉质细嫩软滑，多汁浓香，清甜爽口，还含有蛋白质、纤维素、氨基酸等多种营养，在2013年被列为中国国家地理标志保护产品。

▲ 怀化葡萄

黑老虎

你听过能吃的"老虎"吗？还是黑的，看到这名称，估计没有人能想象它是一种水果吧？每年10—11月份，通道县就有一种学名为黑老虎的水果上市，它还有冷饭团、菠萝葡萄、福寿果、猴子饭团、猴头儿果、过山龙藤等别称。它是一种木质常绿藤本植物，侗

▶ 怀化黑老虎

家苗家人还称之为"布福娜",意为美容长寿之果。它果形奇特呈球状,外观看起来像大个儿的荔枝,也像足球,果味清甜爽口,枚枚聚合,粒粒向心,甜甜蜜蜜,具有团圆的美好寓意!黑老虎果富含维生素、花青素、果胶和木脂素等,对人体颇有益处。黑老虎还是一味历史悠久的中药材,在侗药、苗药中也很早就有应用,可以行气活血,消肿止痛,可以治疗风湿骨痛,颈肩疼痛,还可以治疗胃病,调理妇科疾病。目前通道在大力发展药食同源黑老虎相关产业,当地的黑老虎也于 2018 年成为中国国家地理标志保护产品。

柑 橘

每年 11—12 月是柑橘丰收的季节,沈从文《长河》一书所写麻阳人和事,全部与橘子有关。书一开头就描述道:"'洞庭多橘柚。'橘柚生产地方实在洞庭西南、沅水流域各支流,尤以辰河(指麻阳河)中部最多最好。"还写道:"两千年前楚国逐臣屈原,乘了小小

◀ 怀化橘园

▶ 怀化冰糖橙

白木船，沿沅水上溯，一定就见过这种橘子树林，方写出那篇《橘颂》。"柑橘是怀化种植面积最大、产量最高的水果，2020 年全市柑橘园面积为 130.6 万亩，产量达 173.3 万吨，主要品种冰糖橙种植面积 66 万亩，年产 90 万吨以上，均居全国第一，是全国最大的冰糖橙生产基地。其中黔阳大红甜橙、黔阳冰糖、麻阳柑橘、安江香柚等品种以种植历史悠久、外形美观、肉质细软、汁多香甜、细嫩渣少等特点深受消费者喜爱，获得"中华名果""中国国家地理标志产品"等诸多殊荣。目前已形成"怀化冰糖橙"的统一品牌。

农特产品

新晃老蔡牛肉

用鲜嫩黄牛肉、精炼植物油、名贵药材作料，采用传统工艺和最新科学方法精心烤制而成，含有多种氨基酸、维生素，低脂肪、高蛋白，营养丰富。"老蔡牛肉"系列产品多次荣获"湖南省国际农博会金奖""怀化市名牌产品"。生产厂家是怀化市"重合同 守信用"单位，产品畅销全国十余个省市。

▲ 碣滩茶基地

沅陵碣滩茶

沅陵碣滩茶为湖南省十大名茶之一，历史悠久，唐代时被列为贡茶而红极一时。中国国家地理标志产品。碣滩茶，得名于唐，明清时代称它为"辰州碣滩茶"，产自湖南武陵山沅水江畔的沅陵碣滩山区。碣滩茶为绿茶，其形、色、香、味均独特无二，其外形条索紧细，挺秀显毫，色泽绿润，内质香高持久，有栗香气，滋味鲜醇甘爽，饮后回甘，冲泡后汤色黄绿清透，杯中茶叶时起时落如银鱼游翔。最为奇妙的是，近者因"醉"而不闻其香，远者因"渴"倒倍觉芬芳。一人品茶满屋香气，正是碣滩茶与众不同之处。1972 年，当时的日本首相田中角荣来华访问，曾向周恩来总理夸赞碣滩茶，并称之为"中日友好之茶"。

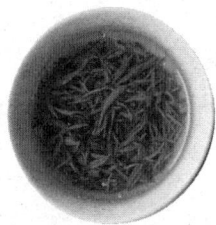

▶ 靖州雕花蜜饯
摄影 / 俞其荣

靖州雕花蜜饯

靖州雕花蜜饯历史悠久，又名万花茶，是将未成熟的柚子青果切成片，用柳叶刀雕出龙、凤、鱼、虾、花、鸟、虫、叶以及"喜鹊闹梅""孔雀开屏""燕子啄泥""二龙戏珠""嫦娥奔月""鱼儿戏水"等图案，放在水里加明矾和黄铜煮透，然后拌白糖或蜂蜜，晒干即成。不仅美味可口、润肺生津，还是难得一见的工艺品。

靖州茯苓糕

靖州栽培茯苓历史悠久，素有"中国茯苓之乡"之称。茯苓作为烹饪原料的历史可追溯到 1000 多年前，早在唐朝集市上就有用茯苓、糯米、白术粉制成的茯苓糕，还有茯苓粥、茯苓包子。现代研究表明，茯苓具有抗肿瘤、抗炎、抗衰老、抗病毒、降血压、养心安神、健胃消食、降脂减肥、美容等药用价值及营养保健作用。

溆浦红糖

溆浦加工红糖有着悠久的历史，原始加工方式靠牛拉动木榨，压出甘蔗汁，熬制成片糖，色泽褐黄，味道香甜，质地纯正，蔗味浓香扑鼻，深受人们的喜爱，在资水、沅水流域很有名气。溆浦民间流传有"女子不可百日无糖"之语，指的就是溆浦红糖。

会同魔芋

魔芋在会同已有 1000 多年种植历史。魔芋中富含的水溶性膳食纤维，能帮助人体加快排泄体内有害毒素，预防和减少肠道系统疾病的发生率。2018 年"会同魔芋"成为国家地理标志保护产品，魔芋产业被纳入湖南省"一县一特"产业。

靖州核桃油

山核桃油脂高达 65%～70%，居所有木本油科之首，有"树上油库"的美誉。靖州核桃油采用湘西野山核桃、野山茶籽，引进先进冷榨技术和设备，保证了原有营养成分不被破坏，同时不会产生有害物质，油质清亮美观，营养丰富，是保健油佳品。

晒 兰

晒兰是沅陵的一种传统特色食品，从明末清初流传至今，已有 300 余年的历史。晒兰必须选用优质新鲜的猪后腿肉，经整形剖制切片，加食盐、料酒、白糖、花椒等天然香辛料腌制一段时间，经无烟木炭烘制，成品色泽润红，闻之芳香扑鼻。晒兰一般是开切成细条或雕琢成萍叶、兰花状，佐以香葱、辣椒末烩锅（熟晒兰不烩亦可），食之，脆、香、甜、咸、辣兼备，顿觉满口生津，耐人回味，　其营养价值尤为上乘，食后余味无穷，是沅陵人佐餐、下酒、送亲访友的首选名贵佳肴。

锦江泉酒

锦江泉酒产于中国长寿之乡麻阳。麻阳具有南方特有的优质黄壤，及独特的磁化地理和温润的气候环境，为酿造天然富硒的高品质白酒提供了得天独厚的条件。锦江泉酒以地下 200 米天然弱碱富硒小分子团水及寿乡五粮酿造而成，口感醇厚柔和，一线入喉，齿颊留香。

▼ 锦江泉酒
蒸煮起锅

托口生姜

托口镇属亚热带季风性湿润气候，气候温和，降水充沛，日照充足，年平均气温 17.8℃，年降水量 835 毫米。结合着当地独特的地理位置，在这种温度、湿度条件下，经过长时间的泡制，才能酝酿出脆爽美味的托口生姜。

洪江柚子糖

柚子糖源于洪江古商城，选取本地上等香柚，使用山泉水浸泡清洗，熬煮时加入天然蜂蜜，手工制作而成，色泽金黄柚香四溢。柚子糖具有健胃、润肺、止咳、补血、清肠、利便等功效。

道地药材

根据第四次全国中药资源普查统计，怀化市中药材资源 2340 种，占湖南省药用植物资源种类的 64.95％；湖南省中药资源普查 245 种重点调查种类中，怀化市有 171 种，约占 70％。怀化中药材主要品种有茯苓、黄精、天麻、百合、山银花、木姜叶柯、黄檗、五倍子、太子参、艾叶、枳实、青钱柳等，还有极具地方优势在全国有影响的新晃右旋龙脑樟、芷江虫白蜡。全市现有靖州茯苓、新晃龙脑、芷江虫白蜡、溆浦瑶茶、雪峰山鱼腥草、通道黑老虎、黔阳天麻、黔阳黄精等 8 个中药材国家地理标志产品。湖南省五大稀缺种子种苗基地，有 4 个在怀化，分别是怀化市博世康中药材基地、湖南补天药材菌种繁育与茯苓栽培基地、新晃龙脑樟种苗繁育基地、洪江林泉中药材种苗繁育基地。

▶ 靖州茯苓

靖州茯苓

茯苓是一种药食两用真菌，为传统中药材，自古被誉为中药的"四君八珍"之一。茯苓性平、味苦，对人体具有渗湿利水、防癌抗衰、增强机体免疫力之独特功效。靖州栽培茯苓历史悠久，并开创了菌种培植茯苓的先河，被誉为现代茯苓种植技术的发源地。20世纪60年代末，靖州科技人员从野生茯苓菌核组织分离、纯化、选育出茯苓菌种（1974年经中国科学院微生物研究所鉴定定名为"5.78"菌种），并在茯苓产区推广，有效带动贵州、广西、四川、云南等地10余万人从事茯苓生产、加工、销售，使茯苓成为"松蔸上崛起的产业"。目前，全县11个乡镇盛产茯苓，有近5万人从事茯苓产业工作，茯苓粗加工专业户1500户，种植面积约2万亩，年产茯苓约2万吨，同时，在10余个省建立茯苓种植基地，生产的茯苓运回靖州交易加工，使靖州已成为全国最大的茯苓集散地，因此享有"中国茯苓之乡""靖州茯苓甲天下"的美誉，且驰名中外。

新晃龙脑

新晃龙脑是新晃侗族自治县特产，中国国家地理标志产品。龙脑的药用价值在传统中医药典籍及中国药典都有记载：醒神，开窍，辟秽，通透尤为突出。现代研究还发现龙脑能双向调节和保护人的中枢

◄ 龙脑樟
母树，已有
180 年树龄

神经系统，既能开窍醒神又能镇定安神，是天然保健用品。历史上，中国从婆罗洲及苏门答腊等地获得天然冰片，以"龙脑"示其名贵。20 世纪 90 年代初，新晃县科技人员在县内步头降乡的原始次生林发现樟科类植物——龙脑樟树。天然冰片（右旋龙脑）就是利用其鲜枝叶为原料，采用先进的提取工艺精制而成的纯天然制品。右旋龙脑樟树是目前我国境内唯一富含天然龙脑的植物。新晃龙脑为透明至白色的片状结晶，片大而薄、晶莹剔透，状如梅花。

黄 精

又名山姜、马拐糖、羊拐糖。为黄精属植物，根茎横走，圆柱状，结节膨大，节间肥厚，叶轮生，无柄。药食两用植物，具有补气养阴、健脾、润肺、益肾的作用。在古今诗词中，对黄精益寿之功颇多赞誉，如唐代诗人杜甫曾有"扫除白发黄精在，君看他年冰雪客"的名句。怀化黄精主要种植于洪江市、新晃侗族自治县。2020 年，洪江市的黔阳黄精获"国家农产品地理标志产品"称号。怀化博世康医药有限公司是致力于黄精生产加工工艺、产业化关键技术及食药同源产品研发的湖南省专精特新"小巨人"企业，目前开发的黄精茶、即食黄精、黄精枸杞原浆、黄精五宝茶等 15 个功能性食品深受市场欢迎。

>>延伸阅读：终身免费游怀化，温情"怀抱抱"赠援怀英雄

2022 年 3 月 17 日，新一轮新冠疫情突袭怀化。中共湖南省委、省政府十分牵挂怀化人民群众的生命安全和身体健康，授命省专家

组星夜迎"疫"而奔赴抗疫一线。衡阳、湘潭、常德、张家界、郴州、娄底、湘西州 7 个兄弟市州 297 名援怀医疗队员，白衣执甲、逆行出征，驰援怀化。疫情面前，他们是让人心安的"白衣天使"；防护服下，他们是一个个无名英雄！

为弘扬抗疫精神，感谢在怀化市疫情防控阻击战中做出突出贡献的援怀人员，怀化市文化旅游广电体育局联手"怀化有礼"，精心设计制作了怀化旅游特色文创品——憨态可掬的"怀抱抱"抱枕，并邀他们终身免费游怀化各大景区。"怀抱抱"抱枕来自"怀化有礼"怀化旅游特色文创品"怀宝"系列。"人与人之间的距离被疫情拉远，取'怀抱抱'这个名字，就是想赋予它在战胜疫情后，大家可以相互拥抱的美好寓意。"怀化学院产品设计专业教师、"怀化有礼"品牌设计总监粟立敏说。

▲ "怀抱抱"抱枕

"怀抱抱"的外形为穿着防护服的"大白"，以国家级非物质文化遗产项目、纯手工制作的侗锦作为点缀；抱枕枕芯内，装有怀化博士康集团捐赠，并由博世康中医药公司根据专家指导组配的传统芳香类中草药，包含苍术、白芷、艾叶、佩兰、藿香、薄荷、石菖蒲、龙脑叶等 8 味药材，具有化浊解毒、清气开窍的功效。

真切的感激之情融于淡淡的药香、编进精巧的侗锦，"怀抱抱"抱枕将承载着怀化人民的牵挂，以健康和舒适回馈援怀英雄。

此外，怀化文旅广体局还为本次援怀人员赠送怀化市2022年新冠疫情防控感恩卡——全域旅游绿卡，持卡人可终身享受怀化所有A级景区门票及景区交通工具免费的优惠。

文娱拾贝

主题乐园

怀化九丰农博园

九丰农博园位于鹤城区坨院街道，规划面积 1000 亩，为怀化市现代高效农业观光园。其核心区域包括六大板块：农业科技展示区、绿色果蔬栽培区、生态休闲体验区、蓝色海洋创意区、稻草人儿童

◀ 怀化九丰
农博园正门

▲ 怀化九丰
农博园外景

游乐区、综合管理服务区。建设智能观光温室、连栋生产温室、采摘温室、智能化育苗中心、海洋科技馆、冰雕乐园、农业技术培训中心等亮点工程。其中，占地 36000 平方米的现代独栋智能蔬菜温室，种植有 360 种蔬菜瓜果品种。

怀化野生动植物园

怀化野生动植物园以动物观赏和科普教育为主题，游乐、动物与人互动、饮食服务相配套的综合性景区，位于中方县牌楼镇（原 303 军工厂）。距离怀化市区约 40 分钟路程，占地 40 万平方米（约 600 亩）。园内拥有老虎馆、猴馆、大象馆、河马池、长颈鹿馆、大型草食动物馆、斑马房、国家地理影像馆、萌宠馆、恐龙秘境探险园、小猪跳台、科普教育基地等多个场馆。目前饲养和展览着国内外约 60

余种 400 余头（只）动物。景区充分利用和挖掘了"大三线"　建设遗留下来的原国营 303 厂建筑打造全国首家工业遗址动物园。

文旅街区

锦绣五溪文旅街区

街区位于鹤城区天星东路，开设有乐 8 小城、海洋世界、大开泰百货、童幻儿童乐园、五溪非遗博物馆、蜡像馆、魔力风暴、御江户温泉馆、星空博物馆、蹦床馆、卡丁车场等一系列游乐设施。依托商场环境，特别推出以"泰"字开头的"泰好玩"街区，受到广泛好评。

悦麓里·怀化夜市

怀化首条沉浸式文旅风情街——悦麓里·怀化夜市是以万达小巷街为基础，统一规划、统一打造、统一运营的民俗文化风情商业街，建筑总面积 3.5 万平方米。夜市以怀化历史文化为主线，将怀化本土多民族文化精髓融入街道景观，融合了飞虎队故事、芷江孽龙、火车文化等本土文化符号，汇集了大量休闲娱乐服务商业资源，是一个集夜间经济、餐饮娱乐、文化鉴赏于一体的"现代民族风情博览馆"。

芷江索子街

依傍潕水，始建于宋代的索子街因街面铺设青石岩板，街道狭窄，像一条长长的索子而得名。整条街由沿河岸数百米长的吊脚楼相连而成，原为明清时期竹木运输、集散、加工的场所，现在是芷江风情客栈和特色清吧聚集地。

精品民宿

五大经典网红民宿

1.溆浦山背星空云舍

星空云舍，湖南雪峰山生态文化旅游公司精心打造的精品高档民宿。位于溆浦县葛竹坪镇山背村，是雪峰山大花瑶景区别具风光

的核心吸引物和旅游新业态。第一期七栋别墅，一次性可接待游客300余人住宿度假和旅游观光。七栋别墅建在海拔1300余米山顶，坐南朝北，一字排开，别具风情，犹如七星拱月，闪烁在层层叠叠的梯田上。这里蓝天白云，旭照夕映，云天霞蔚，茫茫青山，云雾缠绕，宛若仙境。旅居星空云舍，白天可脚踏七彩祥云，观梯田四季风光，夜晚可手攀弯钩明月，数着星星入眠。

▲ 白雪中的星空云舍
摄影 / 李小军

2.沅陵芸庐

沅陵芸庐因著名文学家沈从文资助其大哥修建的"芸庐"而得名。此处接待过很多途径沅陵去西南联大的文化名人，如梁思成与林徽因夫妇。芸庐位于省级历史文化名城沅陵县城西马坊界6号，南临沅水，西邻龙兴讲寺，交通方便，区位优越，占地面积5634平方米。芸庐民宿是一座土家族文化符号与时尚元素完美融合的精品民宿，在保持原有土家民居风貌的基础上，突出自然景观与民族文化元素，按五星级标准装修，内部设施配置功能齐全、家居用品精致高档。由芸庐、适园、陶然居、豫园、水云间、憩园六个相对独立的小院组成，共拥有客房19间。餐厅能同时提供88个餐位，提供土家"山歌宴"、土家菜肴等。

3.鹤城区悬崖木屋

悬崖木屋坐落在怀化大峡谷悬崖边，集聚峡谷的灵气与仙气，有一种"君临天下"的辽阔感。远望木屋，像一只只栖息在悬崖边的凤凰，静静地飘逸出浩瀚天宇中的吉祥灵气。近看，则犹如仙宫落入人间。站在悬崖观景台上，可以举手揽白云，放眼看山岚，不时云雾缭绕，让人仿佛置身仙境。白天木屋与一望无际的林海相融，晚上则如星光一般，是峡谷黑夜里最亮的星。

4.溆浦枫香瑶寨

枫香瑶寨位于溆浦县统溪河镇，坐落于诗溪江大峡谷左岸，响水洞左侧，枫香坪峭壁顶端，呈金斗金盆状，是一家集农耕文化博物馆、文体广场、餐饮、会议、住宿、健身、棋牌娱乐于一体的休闲避暑度假山庄。总面积120余亩，由三栋木质大楼和一条文化长廊形成四合院结构，拥有客房41间，2个多功能厅，还设有花瑶商铺、特产商店。

5.洪江市黔阳荟客厅

黔阳荟客厅是由湖南黔行文化旅游有限公司开发、运营的精品民宿，坐落于黔阳古城北正街（原老电影院），其主理人谢岱曦原为上海某上市公司高管，现为"返乡创客"。黔阳荟客厅建筑面积800多平方米，是由一座700多年历史的窨子屋，花费两年时间设计、改造而成的精品民宿。荟客厅保留原来老电影院的舞台、礼堂等格局，新增私人泳池、私人影院、下沉式庭院、礼堂、客房、VIP餐饮包厢、清吧等新业态，同时为游客提供当地民俗体验、文创体验等特色休闲娱乐活动。

十大精品民宿

1.辰溪大酉书院·酉庄

"田园书院，静慢闲居"，贯彻中式美学的酉庄，位于辰溪县潭湾镇，地处沅水河畔，辰水之滨，距辰溪县城2.5公里。倚靠大湘西生态文化旅游圈，处在张吉怀精品生态文化旅游经济带。

书院始建于清乾隆二十六年（1761），因建于大酉山麓而得名，讲堂悬有湖南布政使许松佶所书"敦崇实学"匾额。竹林、橘园、桃园、湖塘、木屋围环绕书院四周，拥有塘、林、田、村、学，环境优美，生活气息十足、书卷气息浓厚，集文化创意、休闲度假、心灵休憩于一体，是人文休闲、修身养性的好地方。

2.靖州青龙界度假民宿

青龙界度假民宿位于靖州排牙山森林公园东门，依山而建，傍水而居，将古典的优雅和浪漫与苗侗民族地域风情完美融合，是集农业观光、鲜果采摘、农事体验、养生度假的绝佳之地。

民宿内有标间、山景大床间、家庭复式楼等房型，室内简约时尚，强调舒性。房间配有五星级总统套房床垫、智能马桶、智能浴室柜、智能远程开门、恒温花洒，每一个房间都具备独卫和观景阳台。民宿有餐厅、茶楼、花园、有机菜园、果园，可供客人自由体验。住在这里，不仅能吃到健康无害的农家菜，还能享受到大自然的清新，让您放下尘世奔波的疲惫，将整颗心都安宁下来。

3.鹤城区心田木墅

心田木墅度假小镇，坐落于黄岩旅游度假区白马村，是湘西首个高端原木度假别墅群。4000平方米超大绿茵草地揽月环星，无边框双层立体泳池畅享群山鸣翠，生态餐厅隐于青山绿水间，剪雨轻奢酒栈邀您对酒长歌，泊风心情书吧伴您秉烛夜游，综合运动场让您在度假时仍能挥汗如雨，150亩现代有机农业种植基地，一草一木，一动一静，饱含匠心。

心田木墅一期由长歌、炽夜、鸣翠、剪雨、林隐、环星、揽月、仟山、絮雪、无名、泊风共11栋原木别墅组成，每一栋木墅都有自己的名字与故事。项目地平均海拔850米，自然条件优越，环境优雅，全年无暑，夏凉、秋爽、冬赏雪，年平均气温17.9℃，常年比城区低5～7℃。土壤肥沃，水质优良，空气清新，原生态民俗风情浓厚，是农业田园项目开发的理想之地。

4.洪江区徽州会馆

徽州会馆为洪江古商城修复性工程，位于洪江古商城出入口处，为典型的徽派建筑，以木结构为主，二进一脊两堂，前后两个天井。墙体为马头墙，梁架采用海外的山楂实木，雕梁绣柱，精美绝伦。

徽州会馆共分为两部分，前庭为文化展示部分，后部分为住宿区域。客房内采用最先进的智能设备，如刷脸入住客房，室内设有江景阳台，语言控制窗帘、灯、电视等，浴室配有智能马桶。另配有观景台、茶室、会议室、餐饮服务、特色产品展销等配套设施，享有一站式服务。

5.溆浦千里古寨

坐落于穿岩山后峰、蒲安冲岭上。两边群山起伏，中间一马平川，状如高山长廊。居住在此，可看日出日落、云海霞光、花开花落。古寨有木屋2栋，其中别致的"福寿阁"，是给老人做寿、祈求福禄寿喜之地，而相邻的帐篷营地、云端房车营地格外受年轻时尚人群的欢迎。特殊的地理位置和丰富的自然资源，使千里古寨成为养生、休闲、观光、文学创作的好去处。

6.通道侗境乡居荷舍

侗境乡居荷舍位于通道县溪镇上水涌村，靠近通道转兵、兵书阁苗乡等旅游景点。民宿以融入自然为核心设计理念，整体风格简约、拙朴，富有禅意。民宿共有六大主题客房、开放式的厨房和餐厅，以及休闲书吧、露台、茶亭、草坪等组成。每间客房皆有独立卫浴、空调等配套设施，部分客房还享有180°景观阳台，为游客提供舒适悠闲的乡村生活体验。

7.洪江市尚贤客舍

洪江市尚贤客舍坐落于黔阳古城，酒店建筑是湘西传统民居建筑窨子屋改造而成，前庭后院，宽敞明亮，结合酒店设计发展新趋势，追求质朴雅香，打造特色高端品质度假客栈。大堂以湿润厚实的木色系为主调色，地面铺设质朴的青砖，墙面运用传统的手工艺处理出草筋肌理效果。大堂紧邻庭院，客人一进门就能感受到度假的悠然自得。尚贤客舍获得了大量国内外游客的称赞，还深受当今文化名人的喜爱，小说家卢新华亲笔题词，2019年获得央视《百家讲坛》曾大兴教授在节目中的倾心点赞。

8.麻阳罗裙山天梯美宿

罗裙山坐落在麻阳锦和镇北面8公里，因其山形似罗裙，故名罗裙山，海拔1108米，森林植被覆盖率98%，是麻阳著名的天然氧吧。当地的苗家汉子黄成宝创业成功后，回乡发展乡村旅游，带领村民在罗裙山下开花田、修天梯、建民宿，目前已开发了 21 栋民宿，还有中式四合院总共加起来是 82 套房，另外还开发了爱情天梯、悬崖餐厅、空中无边际泳池、赛马场和树屋等旅游项目。景区离凤凰古城 20 公里，离铜仁九龙洞风景区 18 公里，森林覆盖率达98%，是文旅养生的好去处。

9.会同彩云谷

彩云谷位于会同宝田侗族苗族乡连道苗寨村，这里竹林茂密、风景优美、民风淳朴、侗苗风情浓郁，更有众多传承完整的原生态古法技艺。这里空气清新，地下水水质绝佳，经湖南省国土资源厅检测，其水质优于法国依云天然矿泉水。当地现有草龙舞、打鼓锄山、苗家竹酒、苗家古法花果酒等"非遗"资源，通过表演、培训等方式，使传统"非遗"活态传承。另外还有五彩稻园、有机茶园及拥有食用玫瑰、欧月、树桩玫瑰等花卉新品种的花海，是一个融健康养生、科普教育、非物质文化遗产体验传承于一体的发展基地。

10.新晃青藤园

青藤园民宿包含新晃龙溪晚归、韵怡居、若水居、孝友堂、伍云斋龙溪路 107 号、龙溪路 117 号、龙溪路 153 号、姚家院子 56号，位于晃州镇龙溪古镇。青藤园系列民宿，充分利用了当地的文化和建筑特色，成为湘黔边界极具地方特色的古镇民宿集群，在古镇的保护和开发上起到了很好的示范作用，是古镇民宿建设新的风向标。

生态农庄

中方华汉茶庄

位于中方县桐木镇境内。农庄区位优势明显，距怀化市区 30 公里，距中方县城 15 公里，距芷江机场 40 公里。华汉茶园是怀化周边唯一以茶叶生产加工为主要内容的乡村旅游景区，集茶叶生产加工、茶艺交流、生态观光旅游、户外拓展、科普教育、农耕文化体验等多功能于一体。2015 年被原农业部和共青团中央联合评定为全国青少年农业科普示范基地，2016 年被评为湖南省五星级休闲农庄，2017 年被评为国家 3A 级旅游景区。

中方土地主生态农庄

农庄创办于 1995 年，如今已是湖南省五星级乡村旅游区（点）、全国青少年农业科普示范基地、湖南省五星级休闲庄园。农庄地处雪峰山余脉马家溪村，自然环境优美，古木参天，山水相间，植被丰富；交通便利，距离怀化高铁站 20 公里、沪昆高速出入口仅 7 公里，与芷江受降纪念馆、洪江古商城均在半小时经济圈内，是一个集休闲度假、农业观光、会议接待、户外拓展、科普教育、餐饮住宿等于一体的多功能生态休闲农庄。庄园内有万株桂花、八个品种 80 余亩的果园及 147 亩苗木园，每年瓜果飘香。农庄餐饮用的大米、鱼类、禽类、蔬菜等主要原料均由农庄自行种养，并有自制腊肉腊鱼、自酿纯谷酒等。

鹤城佳麓山庄

位于湖南省美丽乡村示范村、怀化市社会主义新农村建设示范村的鹤城区石门乡双村村。佳麓山庄为湖南省五星级休闲生态农庄、湖南省五星级乡村旅游示范点，集生态农业、观光旅游、休闲度假、会务住宿于一体。山庄山水相间，风景优美，亭台楼榭，移步即景，是城市居民亲近自然、回归田园、感悟乡愁的都市田园，也是外来游客体验五溪大地乡土风情的一扇窗。其中特别吸引人的有怀化首个户外南国风情游泳池、有机葡萄瓜果园、有机生态蔬菜园、生态养殖园等项目。

芷江唯楚酒庄

总占地 200 余亩的唯楚酒庄，是集葡萄种植及酿酒、葡萄酒主题文化旅游、休闲度假于一体的综合性酒庄。该酒庄连续三年成功申领刺葡萄"有机认证"证书，成为芷江刺葡萄唯一获有机认证企业。是湖南省农业产业龙头企业，省级三产融合示范点，省级重点扶贫单位。唯楚酒庄积极培训、指导合作农户提高葡萄种植水平，提升原材料质量、价格，增加农民收入，仅 2020 年就直接帮扶村民 3260 人，给他们分红近 80 万元。酒庄观光园是国家 3A 级旅游景区，拥有飞虎酒吧、网红飞机餐厅以及目前中南片区最大的地下酒窖等建筑。

非遗文创

　　非物质文化遗产是人类智慧的结晶，是各族人民世代相传，并视为其文化遗产组成部分的各种传统文化表现形式，包括与传统文化表现形式相关的实物和场所，是一个地区和民族历史文化成就的重要标志。

　　怀化的非物质文化遗产品类众多，目前已有国家、省、市、县级非遗代表性名录项目共 300 余项，其中以多声部侗族大歌合唱与苗族歌鼟为代表的侗苗音乐有如天籁之音震惊了中外乐坛；侗族、苗族、瑶族、土家族的刺绣、织锦、银器、竹器、藤器、印染等民族工艺品与侗族的吊脚楼、鼓楼、风雨桥等建筑艺术独树一帜、巧夺天工；辰河高腔、目连戏、傩戏、花灯戏、阳戏、木偶戏等地域戏剧文化异彩纷呈、各具特色。怀化是巫傩文化的主体地带，是傩文化遗存最丰富、类型最多的地域。傩文化中的滚刺床、上刀山、下火海（踩火池）、吃火木炭等傩技，也已成为中国的民间绝技。新晃的傩戏"咚咚推"、沅陵的辰州傩等被国内外专家学者称为"中国戏剧的活化石"。

　　随着越来越多的非遗产品通过文旅融合走进人们的日常生活，传统手工艺与现代创意的结合正在文化旅游市场中绽放民族性的经典华彩。

侗锦织造

▲ 侗锦
摄影 / 吴景军

　　侗锦作为侗族的传统手工织锦，在两千年前就已经产生。侗锦分素锦、彩锦两种，主要用于被褥、衣料、头帕、绑腿等，除此之外还是祭祀和庆典的装饰品。侗锦编制工艺独特，图案富有民族特色和丰厚的文化内涵，色彩亮丽和谐、高雅凝重。因其鲜明的民族特色，侗锦成为我国著名的织锦之一，具有独特的文化艺术价值、社会历史价值和科学技术价值。

　　在通道皇都文化村建造的湖南省侗锦博物馆，是第一批国家级非遗生产性保护示范基地。随着侗乡旅游的发展，侗锦近年来已作为旅游工艺品进入国内外市场。

▶ 织侗锦
摄影/杨家深

＞＞延伸阅读：侗锦传承人与研学文创

　　通道的粟田梅是侗锦织造的代表性传承人，12 岁便随母亲研习侗锦的她已经从事侗锦研习 50 多年。她培养出一批又一批徒弟，让传统技艺在现实生活中"开花结果"。多年来，粟田梅带着大山深处的侗锦，主动走进北京、成都、韩国首尔……参加了大小 20 余个展览会，不断扩大侗锦的国际知名度，让越来越多的人开始关注了解侗锦。在她的参与和推动下，侗锦织造技艺现已转化为帮助村民致富的文化产业，丰富了当地旅游产品市场。

　　粟田梅还积极与大中专院校联动，多位专业老师参与，成批次培养青年传习人。她与师生共同开发了系列侗锦衍生产品，实现了非遗与现代设计跨界融合，使侗锦织艺通过高校研学得到传承光大，侗锦文创产品在文旅市场异彩纷呈。其中，怀化学院研习中心师生研发的侗锦文创产品，作为非遗经典亮相"2019 一乡一品国际商品博览会"。湖南侗脉文化创意发展有限公司的"侗脉 2.0 文化创意产品开发"系列侗锦作品，成为 2019 首届中国（怀化）"非遗文创、文旅融合"乡村振兴设计大赛文创组入围作品。

花瑶挑花

在怀化溆浦和邵阳隆回接壤处，位于雪峰山山脉海拔 1300 米的崇山峻岭中，居住着瑶族的一个分支——花瑶。花瑶没有自己的民族文字，却有着传承自身历史文化的独特载体，即花瑶人世代相传的民间工艺——挑花，俗称"花瑶挑花"。

花瑶挑花历史悠久，汉代以前就已兴起。挑花题材大致可分为四类：动物类，以蛇、龙、鸟、虎、狮最为常见；植物类，以常见花草树木为主，图案有上百种；历史人物故事类，主要表现瑶族先祖的英雄事迹与光荣历史；日常生活类，主要表现花瑶传统习俗，如"年年有余""将军骑马"等。每一件挑花作品都是独具特色的

▼ 花瑶挑花——虎虎生威

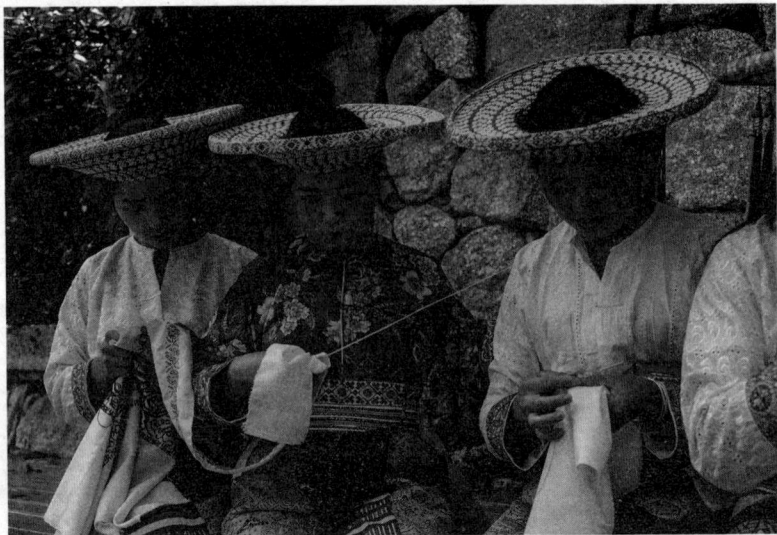

▶ 瑶族同胞
在挑花

原创品，具有极高的收藏价值。为此，挑花精品已被中国美术馆、民族博物馆列为珍品收藏。

＞＞延伸阅读：花瑶挑花研学文创与现代时尚

在花瑶地区，挑花是所有花瑶姑娘的必修之课，也是世代相传的独门绝活。当地的人们常以挑花水平来衡量一个女子的才智，她们的挑花没有设计模板，所有的图像花式都在姑娘们的脑海里即兴创作。花瑶挑花的图案、颜色和内容极其丰富，制作出来的服饰精美绝伦。相比其他表演形式的非遗项目，花瑶挑花因其产品特性，更容易与市场接轨，可衍生出受市民和游客青睐的文创产品。

例如，原创手套、提包、衣裙以及布偶，搭配挑花特色图案，透着浓郁的花瑶民族特色，令人耳目一新。

2019 首届中国（怀化）"非遗文创、文旅融合"乡村振兴设计大赛中，湖南大学挑花系列文创设计作品《流动的图案》成为非遗文创组入围作品。2020 年 6 月，湖南大学设计艺术学院再次发布花瑶非遗公益文创产品。这次设计团队引导花瑶绣娘对传统的挑花图案进行提取与创新，设计了 190 件厨房纺织用品，获企业订购 2000多套。优秀的民族传统文化，与时代融合，与市场接轨，焕发出了新的生命力。

沅州石雕

沅州石雕以制砚而著称，因取材于芷江明山石又称明山石雕，早在 800 多年前就已载入史册。南宋赵希鹄撰写的《洞天清录·古砚辨》一书中称：明山"紫袍玉带"石所制之砚，作为贡品敬献朝廷。自明清以来，沅州石雕技艺日益成熟，进入繁荣期，人才辈出，精品纷呈，形成了品种多样、内涵丰富、技艺精湛、特色浓郁的石雕文化。《芷江县志》记载："慈禧太后兴建闻名天下的颐和园时，被称作'紫袍玉带'的明山石，曾作为贡石进入了玉砌雕栏的行列。"

1994 年，国际和平使者、美籍华人陈香梅女士，应邀来芷江参加抗日战争胜利 45 周年大会。会上，芷江县政府将象征友谊、和平的明山石雕《九龙砚》赠送给了陈香梅女士。明山石雕首次作为外交礼品飞越大洋。2003 年，第一届芷江·国际和平文化节胜利召开。芷江县政府将 600 多套芷江明山石雕，作为和平文化珍品，分别赠送给了与会的中外嘉宾。从此，芷江明山石雕飞向世界各地。芷江明山石雕作品《世界和平》还作为国礼，分别赠予英国、法国、南非等国政府。

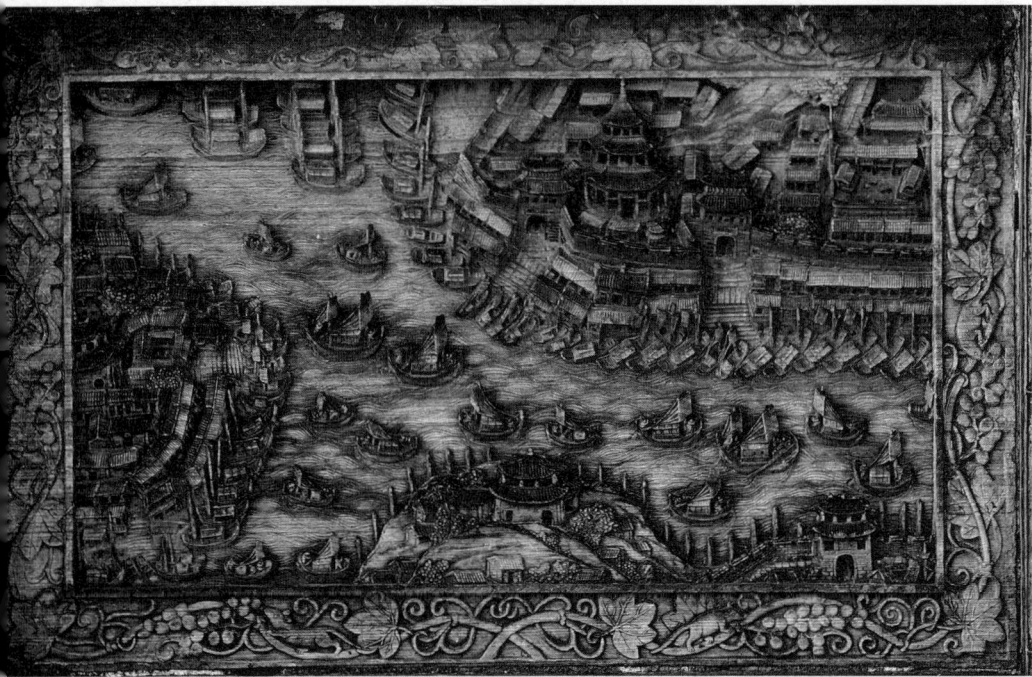

▲ 沅州石雕

>>延伸阅读：沅洲石雕的传习人与文创研发

胡杨是国家级非物质文化遗产保护项目沅州石雕省级代表性传承人。他自幼酷爱美术与石雕艺术，先后拜师明山石雕老艺人张延廷（已故）、胡万云和蒲学堂。2018年开始，胡杨应邀出任怀化学院研习中心雕刻培训研修班教员，带出80多名学员。

作为非遗代表性传承人，胡杨潜心研究沅州石雕雕刻古法，坚持手工技艺制作。其作品文化底蕴深厚，极具田野气息，在国内外比赛中多次获得大奖，深受广大收藏爱好者喜爱。2009年，胡杨首次为明山石雕行业取得国家级银奖；2010年，获得联合国教科文组织杰出手工艺品徽章，成为湖南省首位获得此荣誉者。2012年4月，其作品《和谐》获国家金奖，实现了怀化市工艺美术界国家级金奖零的突破。近些年更是获奖不断。

雕花蜜饯

靖州雕花蜜饯起源于五代时期，至今已有 1000 多年历史，是靖州独具特色的民族食品。当地人以未成熟的柚子青果为原料，切成片，用柳叶刀雕出奇花异草、飞禽走兽、人物器皿、吉祥字画等图案后放在水中煮洗，再拌白糖或蜂蜜晒干，作为日常生活的茶点和待客交往的馈赠礼品。雕花蜜饯在选材、雕刻、加工等方面形成了一套完整的工序，充分展示了苗侗人民的创造力和手工艺水平，其形美如玉琢，堪称"指尖上的艺术""舌尖上的珍品"。

>>延伸阅读：雕花蜜饯的传承与文创市场开发

在靖州，居住着汉、苗、侗等 16 个民族。雕花蜜饯制作技艺主要分布在靖州渠阳镇及周边一带。雕花蜜饯是各族妇女的拿手好戏，储吉花、罗先梅是湖南省级非物质文化遗产靖州雕花蜜饯项目的代表性传承人。其雕花纹样主要有

▲ 雕花蜜饯

摄影／俞其荣

瑞花祥鸟、虫鱼走兽和龙纹凤姿等三类。其中储吉花的雕花蜜饯作品，具有意境盎然、妙趣横生，构图饱满、匠心独运，精雕细刻、形象生动三大艺术特点。

▲ 雕花蜜饯
摄影/俞其荣

近年来，靖州的雕花蜜饯这一小礼品已经有了大市场，成为一项富民产业。据不完全统计，全县雕花蜜饯生产企业已达10余家，年产雕花蜜饯100多万公斤，经营雕花蜜饯的特产店和超市近100家，从业农户达3000多户，实现人均创收4000余元。产品不仅在湘黔桂周边地区颇有名气，还畅销香港、台湾等地并出口至东南亚，备受消费者的青睐。

竹编技艺

怀化本土的民间竹编技艺源远流长，以会同县肖氏手工竹编技艺、中方县竹编斗笠为代表。

会同手工竹编

以肖氏为代表的竹编世家，自太祖肖正淮（1787—1840）便开始以手工竹编技艺谋生，迄今已传七代两百余年。肖氏竹编作品是全手工绿色技艺，利用竹子的自然色差，用篾刀编制，将山水、人物、飞禽走兽、各种字体的书法等图案拼制出来，技艺精细绝妙，工艺品可长期保存收藏。现已开发了花瓶、花篮、盘碟、果品盒、礼品盒、桌椅、茶几等百余种品类。会同竹编产品远销欧美、东南亚和港澳地区，曾送法国、菲律宾参展。

>＞延伸阅读：非遗传承人的梦想

非遗传承人肖体贵十二三岁跟着父亲学手艺，他的竹编梦是打磨创新精湛的手工技艺并传予后人发扬光大。为了这个梦想，老人六十年如一日地潜心竹编的开发、创新和传承。他视竹为知己，把竹材用到了极致。他的每一件竹编成品要经过 10 多道工序，包括选竹、锯竹、破竹、刮青、破篾、拉丝、刮篾、编制、刷磨等。他精编细织，力求尽善尽美，代表作《常胜将军》为庆祝粟裕大将 100 周年诞辰特别制作，所用篾丝宽度约为 0.9 毫米，创作历时 28 个月。作品的独特之处在于将"常胜将军"及《老兵乐》诗文重叠编织，以"常胜将军"为背景打底，在人物身影上加入《老兵乐》，整幅竹编画面层次分明，呈现立体效果，技艺精湛，令人称奇。

肖体贵的《正气歌》《精忠报国》《大团结》等精美作品，在怀化文旅高校行展览活动上，引起了大批学子的兴趣。竹编工艺的传承研发，也将为大学毕业生创业提供走进旅游文创市场的好项目。

中方竹编斗笠

中方县的斗笠竹编是本土古老传统手工技艺。竹编斗笠起源于汉代，系全竹篾编织而成。斗笠编织原料按竹子品种分类，水竹为立体编织篾，楠竹为隆篼篾，桃竹为帽。按工序分粗制斗笠、细致斗笠和精致斗笠。按功能分实用型斗笠和工艺型斗笠。一件成品斗笠需70多道工序。现今的中方斗笠已经完全脱离了它遮阳挡雨的实用功能，成为一种造型美观、用料考究、工艺独特的手工艺品，它流行于湖南各地，远销日本、澳大利亚等国，发展成出口创汇的大产业，成为中方乡村振兴的一张名片。

> >延伸阅读：竹编斗笠的文创与非遗传承人

潘存家是怀化市非物质文化遗产斗笠的传承人，已年近八旬。老人手工编织斗笠技艺熟稔于胸。编织一顶竹斗笠是慢工细活，需要19种工具，81道繁细工序，需要用到水竹、楠竹、桃竹等竹材。竹子肉厚，多节，头尾不齐，因此取料的关键就在"破"的功夫上。仅将不同的竹料用刀破成厚薄合适的"篾"这个环节，就十分繁琐。而接下来的"匀篾"环节，更是技巧和耐心的考验。凭一把篾刀，从竹子到竹丝，不少于10道工序。从"青篾"到"黄篾"，一片竹

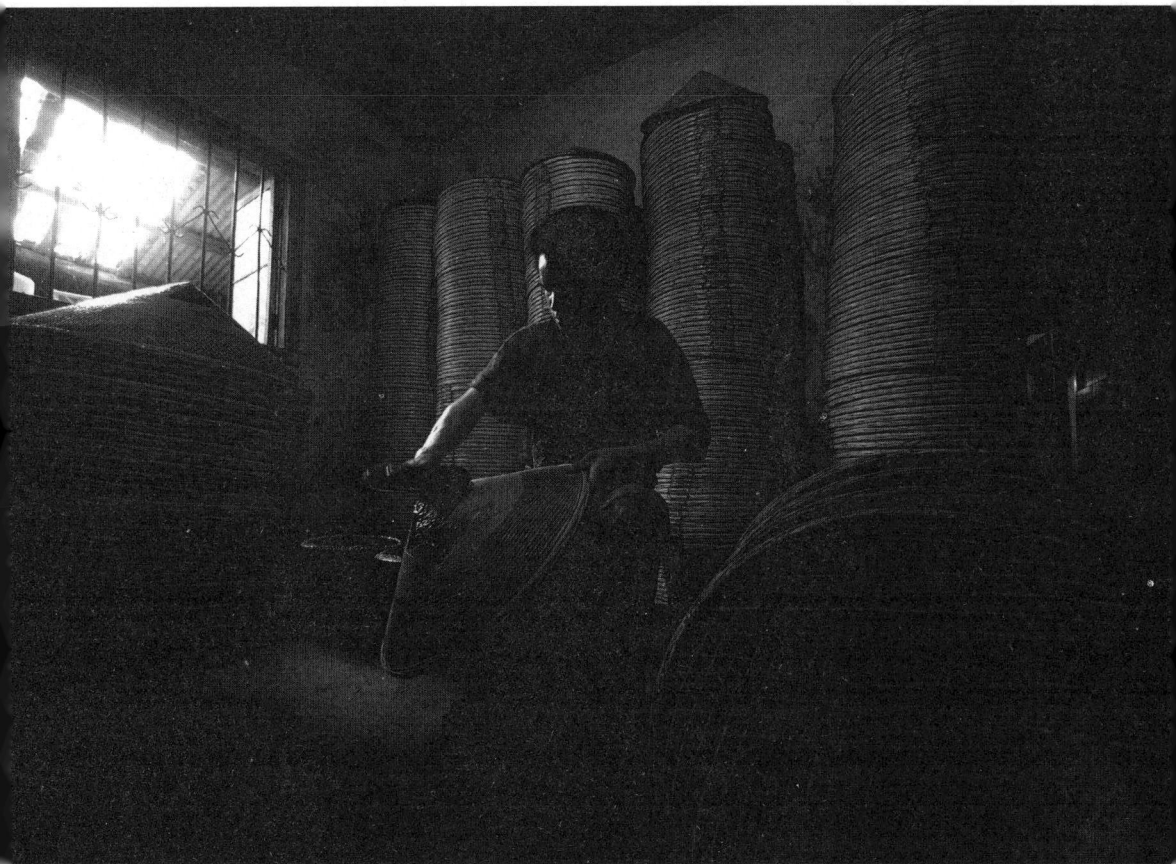

▲ 中方斗笠制作
摄影/杨苏平

可"析"出8层篾片，最多能析12层，像纸片一般轻薄。一根水竹片，五根楠竹片紧沿斗笠边，反复抽、压，如编麻花辫，如此将斗笠边扎紧锁实。从取料到编织，手工编好一个斗笠的雏形需要6个多小时。全部编织完后，便可以将里外两层骨架、油纸、马尾等嵌合起来，油纸一般粘贴在里层骨架上，然后再铺以马尾，附上棉纸，再用外层骨架将它们压实。把锁完边的斗笠上面涂胶水，又蒙上一张剪成圆锥形的白纸，使竹笠表面光滑平整。胶干透又需要2小时。然后再用一根平头木棍，蘸上墨汁，给斗笠尖顶涂成均匀的五等分，一个墨黑的尖顶斗笠编制完成，上好桐油，再经过七天的太阳暴晒，一顶色泽鲜亮的斗笠便做好了。

近年来，怀化学院研习中心师生已将竹编工艺作为本土少数民族经典传承文创项目列入选修课堂。学院研习中心推出的非遗系列产品多次参加国家、省级非遗文创展会，对竹编工艺传承，带动地方经济社会发展等方面起到了积极推动作用。

大球泥瓷

大球泥是一种极为罕见的稀缺矿石，产于雪峰山区怀化、黔阳、溆浦三县交界的青界岭。其型为椭圆球状，通体耀眼雪白，呈蜂窝状排列，聚集于框状的矿体中，直径约 10～20cm，球体中心有核，核为电气石及三氧化二铁等杂质。根据它的物化组成和窑泥物理性能，最适宜制造高级日用细瓷和高档艺术陶瓷。20 世纪 60 年代到 90 年代大球泥瓷一直是高端出口瓷、国家宴会用瓷、国家礼品瓷的"特供原料"，尤其是 70 年代因用其制作毛泽东主席生活用瓷（即"毛瓷"）而著称。

据我国权威部门的资料记载，像这种制瓷的上等泥料，世界上能与之相比的另一处矿源在英国，曾造就该国一段陶瓷的鼎盛时期，但矿源早在二战时期就已绝迹。我国的大球泥自 20 世纪 40 年代末发现到 80 年代初枯竭，现存留于世仅 100 余吨。因其品质优异、杂质极少、矿源稀缺、不可再生，并以含有多种对人体有益微量元素的优质特性，成为陶瓷界公认的上乘原料，被业内誉为"泥黄金"。用它烧制出的瓷器，瓷胎洁白、通透、温润，画面细腻、雅致、传神，可谓瓷中极品、人间璞玉，收藏价值极高。

>>延伸阅读："大球泥瓷"品牌

"大球泥瓷"品牌创始人滕召华，洪江人，湖南大球泥瓷艺有限公司董事长，国家正高级工艺美术师，为湖南省人大财经类入库专家、省"十四五"文旅规划专家、省文旅产业入库专家、省双创入库专家，任湖南大学硕士研究生导师、湖南工业大学客座教授、湖南省民营文化产业商会会长等。他拥有个人实用新型、外观设计等专利40余项，起草制定了我国第一部高端艺术瓷《大球泥瓷》地方标准，并正在申报国家标准；多次为联合国、外交部、"一带一路"峰会等设计、承制礼品瓷。

2021年，滕召华和他的团队带着多年研发成果回到家乡洪江古商城，与当地政府共同打造精品研学营地，建造了洪江大球泥瓷艺术馆。该艺术馆将大球泥与洪江瓷厂、大球泥与商道文化，大球泥与科普研学等融合，集陶艺体验、科普研学、文化交流于一体。这座独一无二的艺术馆，是洪江区文化旅游发展的城市名片和文化艺术展示交流的重要窗口，也成了当地文化旅游标志性网红打卡点。

侗族木构建筑营造技艺（通道侗族木构建筑营造技艺）

通道侗族木构建筑营造技艺是通道侗族自治县最出色的民族民间传统文化表现形式。通道侗族纯木构建筑以风雨桥、鼓楼、寨门为代表，涵盖了吊脚木楼、凉亭、戏台等诸多形制。这些建筑依山傍水汇聚成群落，不仅造型美观，而且匠心独运，工艺精湛，堪称一绝。所有建筑凿榫打眼、穿梁接拱、立柱连枋，不用一颗铁钉，全以榫卯连接，结构牢固，接合缜密，体现了侗族工匠高超非凡的建筑工艺水平，并在技艺中表现出丰厚的心理素养和精神寄托。

2012年年底，通道县侗族村寨入选中国世界文化遗产预备名单。侗族村寨由各种具有浓郁民族特色的建筑组合而成，主要有民居和公用建筑两大类型，均以历史源远流长、建筑工艺精湛、民族特征显著而著称于世。有源于古代百越民族巢居的干栏式民居，源于"树下歌舞"遗风的鼓楼，源于青龙艮姑传说的风雨桥，源于防御功能和地域界定的寨门等。通道被列为各级文物保护单位的木构建筑共有41处，其中国家级6处，省级9处，市级3处，县级23处。

侗族木构建筑营造技艺和古代斗拱技术一脉相承，掌墨师在数千年的实践中，不断总结，不断创新，不断发展，使穿斗和抬梁结构更为完善充实；榫卯嵌合，更为严密牢固；设计布局，更为精致合理。在施工中不绘制图纸，仅凭借刮去青皮的半边楠竹制成的丈杆（侗语称为"香杆"），采用只有匠师才能看懂的符号（鲁班字）为代码，记在丈杆上，写在有柱眼尺寸的竹签上，就能建造出巢居干栏式风格的吊脚楼民居和鼓楼、风雨桥、寨门等。

目前，通道县侗族木构建筑营造技艺的传承人分布在各村各寨，有几百人。其中，有省级代表性传承人1人，市级代表性传承人1人，县级代表性传承人16人。2021年5月，通道侗族木构建筑营造技艺经国务院批准列入国家级非物质文化遗产代表性项目名录扩展项目名录。

怀化市非遗文化体验基地

非物质文化遗产体验基地位于怀化城区锦绣五溪商业中心内，展厅面积近400平方米，分非遗实物和创意产品、"怀化有戏"、优秀非遗摄影作品、互动体验四大板块。该基地按时间维度突出"怀化特色"和"非遗时空"，展示怀化省级以上部分非遗项目。

展厅推出"怀化有戏"品牌，汇聚怀化"拿手歌"。基地展厅有大型戏台，由本土木质结构传承人手工制作。戏台配置 LED 屏幕、音响，再现靖州苗族歌鼟、辰溪茶山号子、通道侗族大歌、麻阳船工号子等天籁之音。有 6 部国家级传统戏剧宣传片在展厅轮番播放。

非遗文化体验基地注重互动体验，开设"非遗学堂"，邀请非遗传承人现场展示非遗绝活，让参观者与非遗传承人面对面，听故事、学知识、做手工，扩大非遗传播的"朋友圈"，弘扬工匠精神。开设"我为非遗代言"栏目，讲述身边的非遗故事，展示怀化本土非遗类研究成果。基地有国家首批传统工艺振兴项目侗锦织造技艺、花瑶挑花创意布展，首推辰溪瑶山大鼓作"迎宾门"，体现了怀化本土大鼓恢宏热烈的民族基调。

旅游研学

古城商道文化研学课程

活动准备

游黔阳、洪江古城，追寻湘楚边陲兴衰。课前准备：（1）教师指导研学小组查询洪江商业文化相关知识，设计行前课程，并组织班内分享。（2）组织学生去图书馆查阅黔阳古城为什么是多元文化隐汇之所在——其风水格局和建筑空间结构，无不暗合着"潜、藏、隐"的特征，诞生并延展于这方水土的隐逸文化，便是其多元文化的核心。（3）学生提前阅读相关书籍，并就课题提出问题，激发学习兴趣。黔阳古城的精神是"隐逸"，诗人王昌龄隐逸在此留下了"一片冰心在玉壶"的千古佳句；黔阳古城的气质是宁静，底蕴是悠远，千百年来荣辱不惊、与世无争、闲云野鹤的淡定，就是其生存并延展的理由。

主题课程目标

黔阳古城，顺水路兴而盛，随水路衰而隐。明清时期"浩浩皇木、滚滚洪油、屡屡烟土、列列花船……"的景象，曾使得这座军

▲ 黔阳古城江景

事重镇成为中国南方丝路上的商贸名城。然而，当进入陆地交通日兴、水运商贸渐落的近现代以后，这个历史上曾经辉煌了许多朝代的"第一古镇"，便隐没在了大湘西神秘悠远中。洪江古商城街巷，遍布富商巨绅的宅第。宅第多为两进两层或两进三层，四周为青砖砌的封火高墙，中堂极为高敞。有干天井和湿天井，廊阶用十分平整的大青石板铺成，有的一块长至丈余。更罕见的是每进门就有一个用青石板镶制成的太平缸（别处皆为陶制），大的长约两米，宽高约一米，每一面都雕刻着精美的吉祥图案。还有些是圆形或六角形的观赏鱼缸，上镌诗词与鱼龙花鸟，书画和雕刻的艺术性均高，令人叹为观止。

通过研学课程，了解黔阳、洪江的交通等特点，品味湘西地区作为商业重镇的发展历史和兴衰原因。走进黔阳芙蓉楼，了解诗人王昌龄及"一片冰心在玉壶"的千古佳句。了解湘西地区明清时期的建筑特点。

活动意义

位于沅水上游的省级历史文化名城——黔阳古城是全国保存最为完好的明清古城之一，古城三面环水，是湘楚苗地边陲重镇，素有"滇黔门户"和"湘西第一古镇"之称。比云南丽江大研古镇早1400年，较湖南省内的凤凰古城早900年。各种文化在这里交融。可以通过合理的任务设定，引导学生追寻古镇的记忆，开启一段记忆深刻的研学之旅。研学课程将课堂交给学生，学生是课堂的真正核心，研学导师予以引导，通过"小导游""小记者""小报告员""小安全员""小管理员"等多重角色的设定，增强学生的责任意识，并通过具有仪式感的活动，增强学生的集体认同感和荣誉感。

安江农校文化研学课程

活动准备

通过老安江农校游览，了解杂交水稻发源地的故事。课前准备：(1) 了解安江农校的位置。(2) 了解"杂交水稻之父"袁隆平院士和杂交水稻。(3) 掌握世界和中国主要粮食作物。

主题课程目标

(1) 参观安江农校杂交水稻纪念园。(2) 听袁隆平院士研究杂交水稻的故事。(3) 了解水稻这种粮食作物的种植。

研学作业

(1) 观看电影《袁隆平》并写一篇感想。(2) 每个小组出一份关于农业科技的手抄报。

▲ 安江农校校训墙

通道转兵及丹霞地貌研学课程

活动准备

（1）教师指导研学小组查询万佛山丹霞地貌相关知识（地理、科学、民俗等），设计行前课程，并组织班内分享。（2）学生提前阅读相关书籍，了解红军长征的历史背景，并就课题提出问题，激发学习兴趣。（3）查阅政府文件，积极响应中央号召。

主题课程目标

（1）探索万佛山丹霞地貌"境幽、景秀"，山外有山，林外有林，青松傲雪，竹刺蓝天的景观。这里"万座丹峰拥翠环"，融峰、林、洞、水于一体，集雄、险、峻、秀于一身，一步一景，被誉为"绿色万里长城"。

（2）体验红色文化，感受革命成果。围绕"缅怀革命先烈，传承长征精神"主题，参观通道转兵纪念馆战略转移、通道转兵、走向胜利、红色印记四大展览。

（3）本课程融合了历史、道法、艺术、地理等多学科内容，通过参观考察、动手体验、人物访谈、小组探讨等多种形式开展。带着问题走进这个历史现场，探究式学习，力求达成研学目标。

活动意义

通过主题研学体验，促进学生培育和践行社会主义核心价值观，激发学生对党、对国家、对人民的热爱之情；推动全面实施素质教育创新人才培养模式，引导学生主动适应社会，促进书本知识和生活经验的深度融合；培养学生文明旅游意识，养成文明旅游行为习惯。

通过"小导游""小记者""小报告员""小安全员""小管理员"等多重角色的设定，增强学生的责任意识，并通过具有仪式感的活动，增强学生的集体认同感和荣誉感。

九丰农博园研学课程

活动准备

通过游览九丰现代农博园，认识科技改变生活，了解农业新业态。（1）了解常见农作物的基本生活习性。（2）了解怀化农业生产的有利区位条件。（3）了解农事的发展历程及其对于农业的指导作用。（4）了解怀化特色农产品。

主题课程目标

（1）参观农业科技展示区，感受当前科技与农业的关系。（2）

当你伸手采摘
美丽已不存在

▲ 九丰农博园
果蔬栽培区

到果蔬栽培区参与果蔬栽培工作，体验劳动过程。 （3）参观生态休闲体验区，认识现代农业发展新方向。 （4）参观综合管理服务区，了解现代农业从生产到销售的一体化管理服务流程。

研学作业

（1）回家种植当季果蔬，半个月后拿栽培结果到校展示。 （2）"给园区管理者的一封信"，向园区管理者提出自己对于园区管理和发展方向的建议。 （3）各小组分别绘制一幅农业景观展报，并且对展报进行讲解。

怀化导游词精选

洪江古商城导游词（节选）

今天是一次穿越之行，接下来让我们步入古商城体验明清市井生活，共同去感受洪江古商城的商业传奇。

盛业木行主要集中内陆各地木材销往沿海地区，是洪江的三大支柱产业之一，同时它还是湖北黄州人所建的行业会馆，专门负责协调湖北商人在洪江经营的木材生意。

盛业木行旁边就是顺发油号。油坊主要生产洪江特产洪油。洪油是洪江出产的一种精制桐油，工艺独特，色泽金黄明亮，防潮、防腐、防蛀，是古代房屋、船舶、农具的优良保固涂料，远销东南亚，是洪江经济的支柱产业。同时，这里也是辰沅会馆经营的一个油号。辰沅会馆为辰州府、沅州府的沅陵、泸溪、辰溪、溆浦、芷江、黔阳、麻阳等7个县共同建设的一个会馆。洪油业、木材业凭借洪江特殊的地理位置，长盛不衰达数百年之久，也带动了洪江整个商业经济的繁荣。鼎盛之时，洪江沅水、巫水之上千帆竞发，布满了航行各地的油船和木排。洪江人则得意地用"见船不见河，见排不见江"来形容当时的盛况。

咱们古商城以"商"为尊，明清时期全城 3.8 万人中就有 1.8 万
人直接从事商业行当，整个商城中可谓"无人不经商，无处不是
商"。现在我们看到的这栋古建筑就是"杨三凤商行"。大家请抬头
看看它的墙壁。墙壁上镶有一块青石，上面刻有"杨三凤堂墙垣"，
这种青石块称之为"墙垣标记"。它是商人对自己产业的一种明确标
记，相当于地界。这种墙垣标记在咱们古商城每栋古建筑上都有，
它不仅证明着洪江古商城存在的真实性，也是商人财富的一种象征。

▲ 古城窨子屋

杨三凤商行始建于明洪武元年（1368），主人原为一名武官，江
西人氏，弃戎返乡路经洪江，被洪江的繁华所吸引，于是在洪江定
居了下来。他独特的经历在他的商行中也得到了印证。首先，我们

来看看杨三凤家的正门。在我们古商城每家每户的门都像这样包有铁皮钉有铁钉，它主要是起到防火防盗的作用。用铁钉钉出来的图案随着主人身份、地位、兴趣的不同而不同，巧妙地表达着主人家不同的心态。

大家请看这幅图，下面是一个花瓶，瓶中插有三根戟，图案不失其武官本色。那么这幅图表达了杨老板什么心思呢？这幅图的寓意是"平升三级"，平步青云连升三级。这位主人虽然已经来到洪江经商，但他依然不忘自己的官员身份与荣耀，虽已退居"江湖"，仍希望自己的子孙后代在朝为官，光宗耀祖。

对面，我们所看到的是苏州会馆。苏州会馆建于明崇祯十七年（1644），由苏州商人筹资修建，为商业会馆。会馆是明清时期旅居客地的同乡人建立的一种特殊的社会组织。最初的会馆，主要是同乡聚会娱乐、排解乡愁的场所。明中叶以后，我国商品经济发展较快，出现了资本主义萌芽，商业竞争日趋激烈，会馆的功能也不断扩大，逐渐发展为商洽会谈、沟通信息，团结同乡、维护商帮利益的商业机构。而会馆在洪江商业发展中具有十分特殊的地位和作用。历史上，洪江没有设立行政机构，商人们在洪江成立会馆不仅统领商界，而且行使了政府行政机构的职能，按照商业运作的模式来管理洪江，为商人们创造了一个十分宽松稳定的经商环境。这也吸引了全国各地的商贾云集于此，在最鼎盛时期，洪江就有18个省、24个州府、80多个县市在这里成立了同乡会馆与行业会馆。

目前洪江古商城还完好地保存着全国各地商人在洪江建立的会馆，如四川会馆、新安会馆、宝庆会馆、山陕会馆、长沙会馆等，共有48座之多。洪江的会馆来自全国各地，也将全国各地不同的文化带到了洪江。各大会馆的迎神赛会、庙会、民俗文化表演、地方戏剧演唱、祭祀活动精彩纷呈，使得小小的洪江古商城成为一座

"中华文明喜悦相逢的大观园"。会馆文化是洪江古商城一大胜景。

杨义斋木行始建于清同治十三年（1874），杨义斋是陕西人。大家请看，其门楣为"关西世第"，在古商城凡是有"关西世第""清白传家""清白家风"门楣的都是杨姓家族宅第。

杨义斋木行最具特色的是这个倾斜的门，门为何斜开，这主要出于风水上的考虑。古人所谓风水即"藏风纳水"——避邪风，纳财水，商人们认为正门对中堂修，财气就外泄了，大门斜开、侧开可以起到聚集财气的功效。它巧妙蕴含着商人们求富、求财的心愿。

我们还可以看到"义方恪守；记载精详"的对联，这是一副嵌字联，巧妙地将木行斧记写了进去——"义记"，同时也表明我杨老板做生意以诚信为本，恪守商业行规，木材检尺准确无误。杨义斋木行是洪江木行中的百年老字号，它能笑傲商海百余年与其诚信经商、信誉为本的经商原则是密不可分的。在杨义斋木行的旁边是长发客栈，长发客栈是杨老板专供和他做生意的人免费居住的地方，在门楣上我们可以看到"长发其祥"的字样，有着长久发财、吉祥如意的意思。

现在我们来到的是徐复隆商行。徐复隆商行始建于清同治十二年（1873），其老板徐佐百、徐达臣两兄弟，自幼饱读诗书，学识渊博，后由文入商，闯荡商海，在洪江开辟了一片自己的事业，特殊的经历和渊博的学识也让他们两兄弟成为洪江有名的儒商，在洪江商人中独树一帜。

古商城里像这样的建筑我们统称为"窨子屋"，"窨"是地窨的意思，有冬暖夏凉的特点。洪江的窨子屋融合了徽派建筑与江南民居的特色，体现出了洪江古商城人特有的大气和实用精神，它集交易、居住、仓储于一体。大门沿街而开，便于做生意；一楼主要做交易之用，宽敞通达；二楼主要作仓储之用，考虑承重，横梁采用

长码头
摄影 / 范洪

了坚实的材料，且非常密集。整个建筑具有十分浓厚的商业气息，是典型的商居合一的古建筑。中国传统的建筑类型均脱胎于住宅，很少有商业性质的，而窨子屋虽然同样源于中国传统的住宅建筑，但为了适应商业的发展，将一些房间改成了仓库、柜台、办公室等，这些改变显示了社会转型期特有的建筑风格：新功能、新用途出现了，而没有新的建筑形式来适应。洪江这种建筑形式是极为罕见的，具有资本主义萌芽时期的建筑特征。

徐家兄弟有两句经商名言，第一句是"死店活人开，经营靠人才"，讲的是做生意人才第一，以智取胜。第二句话是做生意要"外圆内方"，这句话对应的实物是这根梁柱，大家请看，圆圆的柱子中嵌进了一块四四方方的石头，与众不同。它告诉我们：一个人要想取得事业上的成功和辉煌，就要遵循"方圆"之道，也即头脑要灵活，做人要方正。所谓"方"为做人之本，处世之道；"圆"为经商之道，发财之术。有"方"无"圆"做不好生意；有"圆"无"方"做不久生意。做生意就是要有"圆"有"方"，才能财源滚滚，利泽长流。另外这块四四方方的石头没有完全镶入这根柱子而留有三分，是要告诉我们：做人、做事不可做得太满，俗话说得好"凡事留一线，他日好相见"。同时，从形状上来看，这"外圆内方"的柱子就像我国古代的铜钱，也有"君子爱财，取之有道"的含义，

潘家宅院是洪江著名绅士潘蓉庭先生的宅府。潘蓉庭是洪江万国红十字会的理事长，"恻隐堂"的负责人，一生为洪江的慈善事业做出了很大的贡献。潘家宅院是一栋木质穿斗结构的二进三层楼房，环境幽静，装饰朴实简约。

潘家宅院不仅是潘蓉庭先生的住所，其一楼还是一家供来往商人居住的百年老客栈。这客栈房间只有两间，一间是高档客房，主要供豪商巨富居住。另一间是低档客房，里面只有一个行铺，专供

来洪江淘金、打工的人免费居住。正是这种宽厚、仁义的商业氛围，造就了一个又一个"一个包袱一把伞，来到洪江当老板"的财富传奇，也充分体现了洪江商人乐善好施、包容开放的心胸。古商城寸土寸金，一般很少有庭院的构造，而是代之以天井。高高的封火墙内，屋顶从四周向中间倾斜，在接近汇合处，留出一方小小的可供阳光浅浅斜照的空间，这就是天井。这种幽暗的结构，正暗合大户人家财不露白的心意。洪江的天井分为干天井、湿天井和半干半湿天井。这里的天井为湿天井，通风、采光效果较佳。

我们中国人的建筑处处都讲究个吉利，抬头举目都可见到吉祥和幸福，在这栋窨子屋的照壁上我们可以看到一个造型十分奇特的"福"字，仔细观察，整个"福"字由喜鹊、仙鹤、鹿、龟和星辰等图案组化而成，隐喻"福""禄""寿""喜""财"，有"五福齐全，福星高照"之意。

这个"福"字可大有来头呢。是康熙年间由洪江一巨商投康熙所好，献给康熙皇帝六十大寿的。康熙龙颜大悦，赏给他大量田土，并将此"福"字赐予洪江。于是，此"福"字遂在洪江流传开来。后洪江商人在长期的经商过程，又总结出了"吃亏是福"等"福"之真谛，堪为商道之最高境界。

这个非常宽广的地方是连接各条巷道的一个繁华、热闹的交通要道，它一共连接了五条巷道，因而也称为"五星广场"。我国著名音乐家贺绿汀先生来到湘西采风，曾到此地，称之为"五龙汇首"之地。这么小小的地方称之为广场，可见洪江当时是寸土寸金啊！对面就是百年老店胜春酱园，大家来洪江可千万不要错过一道特色菜——洪江血粑鸭。洪江血粑鸭之所以好吃是因为它用了一种特色佐料——甜酱，而这家胜春酱园就是制作甜酱的百年好店。当年它不仅经营甜酱还兼营酒水，老板为了招揽生意还写了一副很有特色的对联："酸甜咸辣本店有，喜怒哀乐在对门"。下联所指的喜怒哀乐的对门就是指我身后的天钧戏院（天津戏院），新中国成立以后称为群乐戏院。天津人热情豪爽，天津曲艺在全国也是叫得响的。这里面常年表演天津各种各样的曲艺节目，是老洪江人闲暇之余最喜欢逛的地方。很多老板都是这里的"粉丝"、票友。洪江人爱听戏曲，早在明末清初，各地会馆为了给老乡排解思乡之愁，都会在自己的会馆中建一座戏曲舞台，逢年过节或红白喜事，都会在自己会馆的戏台上请班子表演家乡戏。当时洪江共有48个半戏台，48个会馆就有48个戏台，另外半个戏台位于洪江司门口，是戏班子"拜码头"的地方。也就是说，任何戏班子想进洪江城演戏，都要在这半个戏台演一场，审核通过之后才能进入洪江各大戏院。会馆的戏台不仅仅是商人们自己娱乐消费的，他们还会邀请自己的生意伙伴、地方官员、军阀到自己的会馆来听戏，一来可以联络感情，二来可以借此荣耀乡里，显示财力。各大会馆的戏台林立，也大大促进了不同地域文化的交流与整合，大家可以设想一下，昔日的古城到了晚上的时候一片灯火通明，戏台上是锣鼓喧天，戏台下是掌声雷动，好一派繁荣昌盛的景象。这也形成了洪江三响之一"唱戏的响声"（洪江古商城有"三响"：一是锣鼓喧天唱戏响。因为当年洪江有48个戏院，一到晚上，洪江就热闹非凡，唱戏声锣鼓声铿锵不断。二是家家户户光洋响。因为洪江有个习俗，每月月中为收支结算的时候，每逢这时候的晚上，大街小巷都能听到每家每户数光洋的声响。三是扎排编制竹缆响。用竹缆捆绑木材才能扎成木排，所以当年洪江沿河两岸到处都能听到编竹缆的声响）。

汛把总署始建于清雍正六年（1728），是我国清代绿营军基层武装组织。清朝军队主要分为两大体系：一为"八旗军"，以满、蒙两族为主，主要保卫皇帝、京师，并分驻全国军机要塞；二为"绿营军"，以汉族为主，主要镇戍地方，因以绿旗为志，故称"绿营军"。全国划为十一个军事区，区的最高长官为总督，区下设省，省下设镇，镇下设协，协下设营，营下设汛，本府即属绿营军中的"汛"。绿营编制原则为"凡天下要害地方，皆设官兵镇戍"，在洪江这一弹丸之地，设立汛把总署，足见此地的重要性了。

汛把总署是一栋二进二层木质穿斗式建筑，三开间回廊式布局。房屋的窗棂是请能工巧匠雕刻的龙凤变形体，也称得上是"皇威浩荡，庇我洪江"的见证了。而天井建在房屋的正中央，通风和采光俱佳，方便日常办公，亦可让屋内之人随时感受外界的阴晴风雨，大有"天人合一"的意趣。

我们抬头可以看到在这房梁四周挂有六个小红灯笼，每个小红灯笼上都刻有一句话。"对天勿欺"，即所谓"为人莫做亏心事，举头三尺有神灵"，为官一任当秉承天意，秉公办事；"罔谈彼短"，即不可随意谈论同僚的长短，以免祸从口出；"待人以恕，勿矜己奇"，即做官之人要严于律己，宽以待人，切不可居官自傲；"不拘不卑，居仁由义"，即做官要心存仁义、不偏不倚，不卑不亢。总而言之，为官做人要心怀仁义之道，力行中庸之术。大道无形，圆融于技，此六句为官之要诀，不仅是为官的道理，也巧妙地蕴涵着做官的技巧。它告诫官员对天子要忠心耿耿，对同仁要罔谈彼短，对下属要待人以恕，如此方能在这官场上如鱼得水，仕途坦荡。

听完这流传数百年的"为官六要"，不知各位有何感想呢？

现在我们来到厘金局。厘金，亦称"厘捐"，是晚清政府镇压太平天国起义，筹措给养而对通过国内水陆交通要道的货物征收的一种捐税，其税率最初按货物价格值百抽一，1%即为1厘，故称厘金。我们可以从当时厘金局的对联得到印证："天子何思伤民财，因小丑猖狂，扰兹守土；地丁不足济军饷，愿大家慷慨，输此厘金。"这是当时湘军将领胡林翼写的，他完整地概括了厘金的来历。洪江商业繁盛，税源充足，在此设立厘金局主要征收的是特税，即所谓的鸦片税、花税，其中洪江一年的烟税高达 40 万两白银，占了全省烟税的 1/4，可见当年洪江的富裕。

洪江厘金局始建于清咸丰五年（1855），时称"湖南厘金局洪江分局"。民国初期，沿用清制，改称"洪江厘金征收局"。厘金局右侧为当时的征税柜台，局内设文牍室、会计处、庶务处、书记处、稽查处、监印处、开票处等机构。在收税柜台里面还有一道圣旨，1929 年湖南废除厘金，厘金机制不复存在，此屋由山西商人张南山买下，作商居之用。厘金局作为清末特有的税务机构对于研究晚清社会经济发展史、税收史具有十分重要的意义，而像洪江这样保存如此完好的厘金局在全国都十分罕见。

此处是忠义镖局。俗话说树大招风，在中国有钱的人总是怕被别人惦记着。为了保护自己人身和财产的安全，洪江许多富商都重金聘请武功高强的人士为他们看家护院，于是"镖局"就应运而生。同时，洪江商业中洪油、木材、土药三大产业都是输出外销型产业，市场流通出大于入，每年必有数次从长沙运现金（银圆）经宝庆、洞口而抵达洪江。如鸦片出境一样，必须成群结队，武装护送。

现在我们看到的就是当时名震湘西的忠义镖局，它始建于清乾隆五十二年（1787），与我们前面看到的窨子屋不同，这是一座典型的北方四合院，前庭后院，布局严谨，轴线明确，左右对称，主次分明。前院是镖师练功习武之地，墙壁上书有"忠""孝""礼""义"四字和"罗汉拳十八式"；站在这里可以看到门的两边写有"镖传四海，信达三江"，是这家镖局的口号。后院为镖师起居和洽谈生意之所，内供奉关武大帝。忠义镖局主要为豪商巨贾押运银票、货物，看家护院，坐夜守店，也开馆收徒，传授武艺。忠义镖局的掌门人刘大鹏，湖南长沙人，幼时即入嵩山少林寺习武，不仅精通十八般武艺，而且头脑精明，他把镖局开在这洪江最繁华的金融一条街，足见他的经商意识和人脉之广了。现在忠义镖局现场表演古代押镖、行镖全过程，是人们了解中国古代镖行历史文化的活性博物馆。下面就让我们亲身去感受一下当时押镖的情景吧。镖局至今已有200多年的历史，早已物是人非，但我们遍访民间，终于找到了刘大鹏的第十一代嫡孙刘昆龙师傅，请他担任镖局的大掌柜。现在就让我们以最热烈的掌声有请大掌柜……

刚刚我们听到的是刘师傅的自报家门，紧接着我们看到的就是眼明心细的二掌柜验镖的场景，看镖箱所盛放货物是否与镖单内容相符。现在看到的是出镖前的祭拜，祈求关武大帝保佑这趟出行能够顺顺利利、平平安安。可以看到镖师们现在已经出镖了，在出镖的过程中我们可以看到有镖车、镖箱、镖旗，听到镖号。走在前面，手拿镖旗，口喊镖号的人称为趟子手，也就是开路人。趟子手所喊镖号是"人行一道，镖走江湖，合吾。"当镖队行至不安全地段时，趟子手就会喊出镖号，意思是不确定前方是敌是友，喊"合吾"时也是非常的讲究，"合"字会尽量拉长，"吾"字则落音加重，如果是友对方会简短地回一句"合吾"，相当于对暗号；如果不回，整个镖队就要进入警戒状态。这时就需要"点春"了，"点春"是镖局内的行业术语，意思也就是谈判。这些镖师们不仅武艺高强，而且还是"点春"高手。"点春"成功则化干戈为玉帛，避免一场血腥之争；反之则要兵刃相见。所以镖局当年还流行这样一句俗语："一声合吾镖车走，半年江湖平安回。"这旁边厢房内是镖师们的十八般武器，大家可以随意看看，俗语说"工欲善其事，必先利其器"，镖师们常用的武器有长枪和单刀，长枪为百兵之王，最适于车战、马战；单刀为防身利器，适于近战、夜战；走水路镖时，兵器更要短小。

民国十九年（1930），军阀何键担任湖南省主席后，强行吞并了镖局旁边的盛丰钱庄并改名为复兴银行。当时他派手下谢龙率一个监护大队进驻洪江，专门从事鸦片税的征收和武装押送，每担烟土、每辆镖车都要收取护送费30块光洋。镖师们的武功再厉害也敌不过火枪，无事可做的镖局便自行解散了。

陈荣信商行完整而集中地展现了古商城的商道文化，堪称洪江商业古建筑的经典。陈荣信商行建于清道光二年（1822），占地面积360多平方米，共有20间房子，原为一张姓道士所修，一个小小的道士凭借香火钱就能置办起这么大的产业，也充分说明了洪江的富有和繁华。后来，这个张道士在洪江赚足了香火钱，将这栋窨子屋转卖给木材商人杨和继，追求他逍遥的神仙生活去了。清末民初，房屋又转卖给了当时的洪江首富陈荣信。陈荣信把扩建的那套客房赠送给了他的管家郑煊，人称郑坐半，而这个郑坐半可是来头不小，他为我们在古商城留下了一宝。待会我们就可以看到。三位主人也为这栋窨子屋带来了不同的印记。

首先，陈荣信商行的建筑格局与样式完全遵循中国道教阴阳风水学说依势而建。为避免正门正对巷口，前门与正门成一斜线，有趋吉避煞的含义，所有门楣都镌有太极八卦图和"福泽绵长"的字样，有镇邪祈福的作用。

如果说陈荣信商行的建筑格局体现了张道士的信仰，那么杨老板、陈老板的印记又在哪里呢？走进陈荣信商行，我们可以看到，这是一栋庭院式的窨子屋，由正屋、东西配房和厢房组成，建筑布局错落有致，浑然一体。前面我向各位提到的陈荣信商行的宝贝就在这斑驳的墙上，它是清代扬州八怪郑板桥所题的楹联"吃亏是福"。这是郑板桥赠送给郑煊祖上的。郑煊祖上为一木材商人，有一次他运一大批木材到江浙一带去销售，谁知中途搁浅，木材不能运下去。郑煊祖上十分焦急，如果生意不能做成，就要血本无归了。但后来汛期来临，货物得以顺利运到目的地。货物到了，不想江浙一带由于上游阻塞，市场木材奇缺，价格暴涨，郑煊祖上反而狠狠地赚了一笔。后来，他到扬州，把他这次做生意一惊一喜的过程告诉了郑板桥，郑板桥听了欣然写下了这幅勉词，而这种附有注解的完整版的"吃亏是福"在全国只在我们古商城保存，十分珍贵。下面我们一起看看郑板桥是怎么看待生意场上的盈与亏的吧。

"满者损之机，亏者盈之渐。"说的是：当生意鼎盛之时要懂得居安思危，善于发现生意中存在的问题与危机；当生意处于亏损状态时，却要"风物长宜放眼量"（即要有宽阔的胸襟），善于发现商机。

"损于己则利于彼，外得人情之平，内得我心之安。"说的是：如果带着上面两句的态度来看待生意中的亏损，就豁达了。生意一时亏了，没关系，因为我做生意公道待人，诚信为本，虽然亏损了，内心却是安宁的，同时别人见我做生意厚道诚实，以后自然会有更多的顾客前来，古人所说的"宁愿做一去百来的生意，不做一去不来的生意"就是这个道理吧。

"即平且安。福即在是矣。"即得到了内心的宁，又获得了顾客的认可，福气就蕴含在其中了。

余家冲是洪江古代的一条烟花柳巷，青楼、烟馆、茶馆（实为赌馆）等娱乐行当都集中于此。福兴昌烟馆建于清嘉庆二年（1797），是一栋一进两层的窨子屋，双重大门，地势较高。这家烟馆是洪江的一家高档烟馆，设备考究、服务周到，专供豪商巨富消费。烟馆布置得富丽堂皇，烟榻是雕花的大床，还有红木的，有桌子椅子，供烟客坐着聊天，并备有点心、茶水。洪江人用这样一句

▲ 财神巷　摄影 / 向春省

歌谣形容福兴昌烟馆，"一进二三堂，床铺四五张，烟灯六七盏，八九十杆枪"。这里烟具十分考究，烟灯、烟扦和一切小零件都是用上等白铜制成，少数还有银制的；烟枪更是精制而名贵，甚至有象牙制成的。但在洪江值得炫耀的只有三杆半烟枪，都是上等翡翠、玛瑙、钻石、金银、象牙等珍贵材料制成的。

为了招徕生意，这家烟馆老板在这墙上和太平缸上设计了一条行业广告语。我们抬头可以看到烟馆的院墙上书有一个"福"字，天井下的太平缸上刻有牡丹（富贵与吉祥）、荷花（出淤泥而不染）和"寿"字，这有"福"、有"寿"再加上门外高高的码头，便形成鸦片的别称"福寿膏"。

洪江是鸦片的集散地，烟馆林立，一度发展到200多家，吸食鸦片的人成千上万。1952年，人民政府开展禁烟禁毒运动，遗祸百年的鸦片才在洪江绝迹。

我们现在来到的是高档堂班绍兴班，来绍兴班消费的可都是豪商巨富、风流雅士，都是有身份、有地位的人，来此花天酒地最怕碰到的就是熟人。大家请看旁边的这条小巷，弯曲看不到底，最里端连接进入绍兴班的两个小暗门。好比，上级碰到下级，父亲碰到儿子，谁家厉害的媳妇找上门来，也好多条道方便他们的出入！这是为公子、老爷们量身打造的VIP通道。这绍兴班的老鸨可会做生意了，看看大门上的对联就知道了。上联是"问生意如何，打得开收得拢"，下联是"看世情怎样，醒得少醉得多"，横批"春意盎然"，足可见当时生意红火的程度了。绍兴班建于清咸丰末年（1860），是当时的高档青楼"堂班"之一，里面的女子都才貌俱佳，她们都是卖艺不卖身的高级艺妓，最为有名的是绍兴班琴、棋、书、画四大花魁。

绍兴班整个建筑具有十分明显的行业特征，两进三层，层楼走道封闭，分隔有致，隐蔽性极强。每一层都有若干别致的小房间，第三层上有一个天桥，将窨子屋南北连通。楼内窗框和走廊都是雕花细木，可以想象当年的富丽堂皇。与古商城其他窨子屋不同，一般富商家居的窨子屋除了高大气派的正门外，最多在正门旁开一小侧门，为佣人或工人进出之用，其余都是无窗的高墙，但绍兴班每间房都有小门和下楼的出口，这就是洪江人称之为"暗道"的出口。

绍兴班的侧院为荷风院，是专供被商人看中了赎了身的艺妓们居住的地方，因为这些人虽然被赎了身，但是由于在妓院里做过事，按照洪江的习俗是不能带回家里去的，所以商人们就将她继续交给老鸨另院居住，单独管理。我们在这里还可以看到一副当时的行业对联，上联是"迎送远近通达道"，下联是"进退迟速逝逍遥"，横批"送往迎来"。大家有没有看出这副对联有什么特别的地方？以前有一个秀才来此消费，把钱用光后没钱付账了，老鸨便让他做一年长工还债。如果要秀才在青楼当客人，做三年他也愿意，可是要他做长工，他肯定不干，于是便和老鸨商量："要不我给你写副对联，你要是喜欢，你就放我回去，如果你不喜欢我再给你做一年长工。"老鸨想后认为可行，便同意了。后来，这位秀才便写下了这副对联，老鸨看后非常满意，不仅放他回去，而且还赠了秀才几两碎银，并且把这副对联挂在了荷风院的门口。各位看出它的特别之处了吗？其实秀才是借此对联，道出自己要"走"之意，您看这副对联每字都是走之底。当然，还能从做人的道理来讲，这句话蕴含了很深的道家阴阳学说，它告诉我们：做人要能屈能伸，能进能退。即仁者见仁、智者见智了。

在洪江众多的宫馆义园中，有意思的是妓女们也有自己的行业会馆，称之为"三皇宫"。凡有什么重要事情的时候青楼女子们就会来到三皇宫中进行商议。抗战时期，洪江地处抗战后方，逃难者、经商者和军阀纷纷至此，洪江人口猛增至 20 余万。有些军阀不仅不去前线英勇抗战，还整天待在青楼醉生梦死，连青楼女子们都看不过去啦，于是在三皇宫中商议决定罢工 3 天以表爱国之心，在门口还挂出了"几番劝告均无用；两颗原弹就投降"的对联。

历史终归于历史，艳丽奢华的青楼随着时代的滚滚洪流必然走向没落和覆灭。此地，也是人去楼空，空余烟花旧事，任凭世人传说。其实高级的妓院才能叫"青楼"。青楼原本指的是富贵人家豪华精致的青砖青瓦的楼房，后来，由于贵族之家的姬妾、家妓大多住于这些楼房之内，到了唐代的时候，"青楼"就逐渐成了烟花之地的专称。大诗人杜牧的名句"十年一觉扬州梦，赢得青楼薄幸名"里面的青楼指的就是妓院。

洪江古商城有"七冲、八巷、九条街"。"七冲"即打船冲、塘冲、龙船冲、季家冲、余家冲、牛头冲、木粟冲。"八巷"即里仁巷、财神巷、育婴巷、宋家巷、寿福巷、太素巷、油篓巷、一甲巷。"九条街"即皮鞋街、荷叶街、新街、老街、高坡街、米厂街、洪盛街、姜鱼街、鸡笼街（塘坨街）。规模十分宏大，值得一看的东西还很多。我们今天只走了它的三分之一，只领略到它的一个角落和侧面，但我相信，大家窥一斑可见全貌，对我国明、清、民国时期的市井生活和社会状况以及资本主义萌芽的历史有了初步的了解。洪江同时还是一个山清水秀的美丽山城，有湘西第一名山——嵩云山，北宋古寺——大兴禅寺，如果您想进一步感受洪江古商城的神奇，洪江山水的秀美，洪江宗教文化的神秘，我愿意再次给你们做好导游服务。希望这次游览能给你留下一份美好的回忆。谢谢大家！

通道转兵纪念馆导游词（节选）

欢迎来到通道转兵纪念馆。现在您所在的位置是序厅。展览的主题是：通道转兵，实现长征伟大转折的开端。这是中央党史和文献研究院对通道会议历史地位的定性。

整个展览由三个部分组成，第一部分为红军长征到通道，第二部分为中央红军在通道，第三部分为瞻仰厅。

这是中央红军长征在通道的大事记。中央红军于1934年12月9日进入通道，12月17日全部离开，历时9天，正是这9天时间改变了红军和中国革命的命运。12月12日，中共中央负责人在通道境内召开了紧急会议，史称通道会议，通道会议在生死攸关的紧急关头，拨正了革命航向，挽救了红军挽救了党，为遵义会议的成功召开创造了条件，成为红军长征史上一座不朽的丰碑。

第五次反"围剿"失败，中央红军被迫实施战略转移，1934年10月10日，中央红军主力8.6万多人，从江西瑞金、福建长汀出发，开始了战略转移。中央红军计划撤离中央苏区后，转移到湘西与红二、六军团会合，创建新的革命根据地，这是当时红军长征建制序列表。中央红军由军委一、二纵队，一、三、五、八、九军团组成，一共是8.6万人。我们可以看到，当时在建制序列表中是没有毛主席的名字的，毛主席在1931年的赣南会议和1932年的宁都会议中先后被剥夺了党权和军权，当时仅剩下中华苏维埃共和国临时中央政府主席的空头衔。

踏上新征程的中央红军，首先面临的就是国民党军的四道封锁线。第一道就在江西的信丰至安远一带，第二道在湖南的汝城至广东的城口，第三道在湖南的宜章到耒阳一带。前面的一、二、三道封锁线红军一共损失了 2.2 万人。红军连续越过三道封锁线之后,蒋介石已经判明了红军的战略意图,于是任命湘军阀何键为"追剿军"总司令,在湘桂走廊的全州、兴安、灌阳的三角地带布置了一个大口袋,企图在湘江东岸消灭中央红军。湘江战役是红军长征以来最惨烈最悲壮的一场战役,这就是湘江战役多媒体场景。为了掩护中央军委纵队及后继部队顺利渡过湘江,红一军团、红三军团在湘江两岸的新圩、脚山铺、光华铺地区与敌人展开殊死血战,当时红五军团三十四师、红三军团六师十八团全军覆没。最终在 12 月 1 日红军以损失 3 万余人的惨重代价突破了湘江封锁线,加上突破前三道封锁线时的减员损失,中央红军从出发时的 8.6 万余人锐减到 3 万余人。碧绿的湘江变成了赤水河,到处都是红军战士的尸体,所以在当地流传了这样一句话:三年不饮湘江水,十年不食湘江鱼。湘江战役损失惨重,让党和红军的领导者受到极大震动,广大官兵对错误军事指挥的质疑也逐渐地弥漫开来,这也就为通道会议的召开奠定了基础。

湘江战役前后牺牲的红军指战员中,红五军团三十四师师长陈树湘是湖南长沙人,他在湘江战役中腹部中弹被俘,敌人发现抓住的是位红军师长,准备抬着他去邀功请赏。在被敌人押送道县的途中,陈树湘用尽最后的一点力量,忍着剧痛从腹部伤口处毅然扯出肠子,壮烈牺牲。丧心病狂的敌人在陈树湘牺牲后,将他的首级残忍割下来悬挂在了陈树湘老家的城门上,而城门正对着的就是他的家,家中有他的老母亲和离别多年的妻子。从 1927 年秋收起义到 1934 年一别就是七年,最终盼到的却是亲人那血淋淋的头颅。陈树湘壮烈牺牲时,年仅 29 岁,实现了他为共和国流尽最后一滴血的誓言。2014 年 10 月,习近平总书记在古田召开的全军政治工作会议上也讲到了陈树湘断肠明志的故事,号召全军要学习陈树湘这种不怕牺牲、坚定信念的大无畏精神。

现在大家所在的是中央红军在通道展区。现在向我们展示的是梨子界战斗的多媒体场景。当年中央红军翻越广西壕，来到梨子界的时候，遭到桂军飞机的狂轰滥炸，近百名红军战士英勇牺牲，长眠在通道侗乡，受伤的红军也就此留在了通道。当年一颗老樟树也在这次战斗中被炸毁了树冠，树干已经中空，树身也遍布弹痕，而八十多年后的今天，它依然枝繁叶茂地顽强生长在梨子界的山梁上，如同长征路上的红军将士，宁死不屈，百折不挠。1972 年，马龙公社组织村民在梨子界上植树造林的时候，发现了很多红军烈士的骸骨，于是大家把骸骨装殓起来，修建了一座合葬墓。这个故事体现出的红军精神一直激励着侗乡人民在社会主义现代化建设的长征路上坚定前行。

中央红军进入通道县城后，原定的计划是从通道北进湘西与二、六军团会和，但是，蒋介石早已在红军北上湘西的路上布置了湘军和中央军 15 个师，近 20 万兵力，设置了 4 道严密的碉堡封锁线，修筑了 200 多座碉堡，在通道的南面还有桂军夏威、廖磊尾追红军，防止红军南下进入广西，这样就对红军形成了合围之势，就像一个大口袋等着中央红军住里面钻。如果中央红军仍按原定计划从通道北进湘西与红二、六军团会合，势必面临消灭的危险。但在贵州黎平方向却仅有黔军一个团和民团 3000 多人，兵力只有中央红军的十分之一，所以中央红军只有转兵西进贵州才有一线生机。

在展柜里我们可以看到一担皮箩，这是原物，它出自一位红军战士的手，也见证了老人 80 多年的执着与守望。当时在湘江战役中受伤的红军战士邱显达来到我们下乡乡流源村杨昌彬的家里养伤，伤好了之后他就对昌彬父子说：老乡，感谢你们的救命之恩，但我是一名红军战士，一名共产党员，我的伤好了，过几天要去追赶部队了，我没有什么报答你们的，我以前是个篾匠，就织担皮箩留给你们做纪念吧。邱显达走的时候对着昌彬父子连磕了三个响头，并约定说等革命胜利了一定回来。但他这一走就再也没了消息，也许牺牲在长征的路上，但昌彬的心里始终坚信他的红军阿哥一定还活着，他常常一个人来到当年与阿哥分别的村口，等着他的红军阿哥再回来。然而邱显达再也没有回来过，杨昌彬就一直珍藏这担皮箩，他说留住皮箩就留住了红军精神，留住了侗乡人民对红军的热爱，对共产党的拥护。

长征初期，为了筹划战略转移事宜成立了由博古、李德和周恩来组成的最高"三人团"，掌握中央和红军的最高权力。其内部分工是：政治上由博古负责，军事上由李德负责，周恩来负责督促军事准备计划的执行。从分工可以看出，博古和李德是真正的决策核心。博古时任临时中共中央总书记，代表中央领导军委。李德是共产国际派来的军事顾问。但博古不懂军事，只好完全依靠李德，把军事指挥权交到了这个外国人的手中，李德成了红军中的"太上皇"。

湘江战役后，上至中央领导人，下至普通战士都处在彷徨和迷茫之中，不知道该往哪里走，要到哪里去。

进入湘南起，毛主席以共产党人的高度责任感自觉站出来，加紧做中央红军领导人的工作，争取、说服他们认识"左"倾错误的危害和改变错误领导的必要性，团结大多数中央领导人共同力挽危局。

长征初期，毛泽东由于长期患病不愈，体力太弱，坐着担架行军，与同样是坐担架行军的王稼祥和张闻天分析第五次反"围剿"失败的原因和军事指挥上的错误，他们两个人很快就接受了毛主席的意见，并且坚决地支持毛泽东。这样，就在中央政治局内开始形成了反对"左"倾领导者李德、博古的中坚和核心，一直到遵义会议。

面对湘江战役的巨大损失，博古、李德萎靡不振，情绪波动非常大，指挥红军的任务就落到了周恩来的肩上。中央红军进入通道后，毛泽东、王稼祥、张闻天三人一起去给周恩来提建议，要求召开会议，研究前进方向问题，周恩来同意了他们的建议。1934 年 12 月 12 日中共中央负责人在通道召开了紧急会议，会议由周恩来主持，参会人员有博古（党的总负责人，"三人团"成员之一）、周恩来（中革军委副主席，红军总政委，"三人团"成员之一）、张闻天（人民委员会主席，中央书记处书记）、毛泽东（中华苏维埃共和国临时中央政府主席，政治局委员）、朱德（红军总司令、中革军委主席、政治局委员）、王稼祥（中革军委副主席、红军总政治部主任，政治局委员）、李德（共产国际派驻中革军委的军事顾问，"三人团"成员之一）。会上，围绕红军前进方向争论非常激烈。博古和李德坚持要按照北上湘西与红二、六军团会合的原定计划，毛泽东则根据敌情变化，实事求是、据理力争，坚决主张放弃原定方针，改向敌人力量薄弱的贵州进军。会议经过激烈争论，毛泽东西进贵州的主张得到了与会大多数人的赞同和支持。会后，于当晚 19 点 30 分以中革军委的名义向各军团发布了转兵贵州的"万万火急"电令，命令全军转兵西入贵州。中央红军由通道转兵西入贵州，于万分危急的关头挽救了红军、挽救了党。

通道会议形成了三个决议：一是转兵西入贵州。二是决定召开黎平会议。三是在通道的播阳开始了红军长征途中第一次红军队伍大整编。一、二纵队合并为军委纵队；红八军团并入红五军团（湘江战役中，红八军团一万多人只剩下 1200 多人）。整编从通道开始，到黎平会议结束。

通道是一块红色的沃土，从 1930 年的 12 月到 1934 年的 12 月，这四年间先后有三路红军途经通道，几十名红军战士因伤因病留在了通道，在红军长征胜利七十周年的时候，当年因伤病留在通道的老红军战士邹盛栋和韦堂成，兴致勃勃地到县城参加红军长征胜利七十周年庆典。

习近平总书记在纪念红军长征胜利八十周年大会上说，我们每一代人有每一代人的长征路，每一代人都要走好每一代人的长征路，我们要不忘初心、牢记使命，走好新时代的长征路。

芷江中国人民抗日战争胜利受降纪念馆导游词（节选）

参观之前，让我们首先了解芷江受降的历史背景。1945年8月15日，日本政府宣布无条件投降，8月17日，国民政府主席蒋介石接受美国驻中国战区参谋长魏德迈将军的建议，确定芷江为中国战区受降地。8月18日，中国政府在芷江成立"日本投降签字典礼筹备处"，由新六军军长廖耀湘兼任主任。随后，中国战区受降主官何应钦、萧毅肃等陆续抵达芷江。8月21日上午11时15分，侵华日军投降代表今井武夫一行八人飞抵芷江祖服请降。21日至23日在这里举行了中国战区受降典礼，办理百万侵华日军投降具体条款，终结了十四年抗战和第二次世界大战，这一重大历史事件载入了中华民族五千年来抵御外来侵略光荣史册。为纪念这一重大历史事件，1947年8月30日，"受降纪念坊"在中国战区受降地芷江七里桥落成。坊上镌刻有蒋介石、孙科、李宗仁、白崇禧、王东原等国民政府军政要员题词、题额十二幅。受降纪念坊为国内纪念抗战胜利唯一标志性建筑物，是终结十四年抗战和第二次世界大战的历史见证，以"中国凯旋门"著称于世。1966年10月20日，红卫兵以破"四旧"为名拆毁。时至1983年，为迎接抗战胜利40周年，11月，经湖南省人民政府批准修复，1985年9月竣工对外开放。2010年2月在原址予以改建，同年8月建成。

▲ 鸟瞰和平园

　　改建的受降纪念坊仍然面朝东方，寓意日本国是从东向我国投降，这座牌坊为四柱三拱门式建筑，为中西结合典型纪念性建筑，通高 11.52 米，宽 13.37 米，厚 1.4 米，四周建有民国风格的护栏，坊上题联、题额均为当年国民政府要员手迹，像这种国民政府要员真迹集中呈现的情况在大陆实属罕见。

　　正面刻有蒋介石、孙科、李宗仁等要员题词，其中东拱额"布昭神武"及"受降纪念坊"落款题名有待进一步考证，暂留空白。

　　背面刻有王东原、白崇禧等要员题词，东拱额"光昭史绩"和西拱额"丕振天声"落款题名也有待进一步考证，暂留空白。

　　背面铭文 223 字，阐述日本投降的历史背景，但还有部分内容有待考证，暂留部分空白。

　　请大家细看，受降纪念坊为"血"字造型，主要有两层含义：一是中华民族取得全面胜利，是用 3500 万同胞的生命和鲜血换来的，希望后人珍惜和平生活，不要忘记前辈们为民族的解放、人民的安康抛头颅、洒热血。二是"血"字形受降纪念坊就是一座警世碑，告诫我们：今天的日本政界极少数右翼分子公然参拜供奉有 14

名在中国犯下滔天罪行的甲级战犯的靖国神社，公然篡改教科书中的侵华史，公然占领我们的钓鱼岛，这些行径不得不引起爱好和平的人们的高度警惕，警钟时刻长鸣在我们身边。

何应钦办公室。现在我们眼前的黑色木房，建于 1938 年，是我国现存唯一的美式军营房。抗战时期，这一带曾是芷江老百姓口中繁盛的"美国街"，1945 年，这些房子见证了中华民族最辉煌的历史事件之一——中国战区受降典礼。"文革"时期，三栋木房因作为学校和医院使用才得以保存。这些房子采用的是美式建筑风格，墙壁设计为夹层结构，外层墙壁木条设计为横条鱼鳞状，内层墙壁木条则为竖条，中间空心（外横里竖中空）。这样的设计不仅隔音效果好，而且有防潮功效。

这间是何应钦的办公室。何应钦是贵州兴义人，字敬之。1890 年出生，1987 年去世，享年 97 岁。当时何应钦是在这间办公室里幕后主持了中国战区芷江受降典礼。为什么是幕后呢？因为日本首席降使今井武夫为少将，何应钦为一级上将。按照国际惯例，两军需军衔对等，所以他没有正面出席受降典礼，而是派出中国战区陆军总司令部参谋长萧毅肃中将主持典礼。

正面墙上是"敬之"自勉。

"吃得苦中苦方为人上人"是他青年时的积极思想体现，他从一个布衣的儿子做到一人之下万人之上，经历了无数风风雨雨。

"人生一世如是足矣"是花甲之年的知足心态。他认为他能主持中国战区的受降典礼，此生已无憾。

在这面墙上悬挂的是蒋介石在 1943 年任国民政府主席的戎装照，以及国民党党旗——青天白日旗，中华民国国旗——青天白日满地红。另一侧墙上是何应钦在芷江祝胜大会上的演说词。

这里的桌椅都是当年的原物。抗战时期，由于条件艰苦，受降典礼中的桌椅大多是在典礼举行前从怀化安江纺纱厂借用的办公桌椅。受降结束后，日本投降签字典礼筹备处的工作人员非常有心，将这批桌椅进行刻字和编号，随后归还给安江纺纱厂。1985 年建馆后，安江纺纱厂将所有当年原物全部捐赠给我馆。

受降堂。前面的受降堂就是中国战区受降典礼的会场。在这里，我们中华民族一雪前耻，在这里，我们中华民族走向了辉煌。这里是我们中国人重新挺起胸膛的地方，也是中国人扬眉吐气的地方。会场里的布局简单而庄重。前方墙壁上是孙中山的画像以及从他的政治遗嘱中提炼出的"革命尚未成功，同志仍需努力"，横批"天下为公"。画像下是青年守则十二条、总理遗嘱和军人读训。位于正上方的是我方的受降代表席，坐在中间的是受降主官萧毅肃中将，他的职务是中国战区陆军总司令部参谋长。萧将军左侧就座的是副参谋长冷欣中将，以及军令部科长、翻译官王五上校。萧将军右侧就座的是以盟军身份出席的柏德若准将，他是美军作战司令部参谋。他的出席使芷江受降发生了质的改变：芷江受降不仅代表着中国的十四年抗战结束了，也代表第二次世界大战结束了。

坐在受降代表席侧方的是其他降区的受降代表。位于下方的是日本的投降代表席。人员分别是中国派遣军总参谋副长今井武夫少将，参谋桥岛芳雄中佐和前川国雄少佐，以及翻译官木村辰男。受降典礼中一共办理了三件事。

首先，日方向我方献交陆海空三军共计 1283200 侵华日军的在华兵力部署图。这是日方无条件投降的重要标识。

然后，中方将投降命令书"中字一号备忘录"交给日方，今井武夫在认真阅看后，在"受取证"上签字并盖章。

最后，在芷江受降典礼过程中确定了首都南京的收复时间为1945 年 8 月 26 日至 30 日。

▶ 中国战区陆军
总司令部旧址

墙壁上所悬挂的照片是萧毅肃的家人从台湾捐赠的。

请大家看日本投降代表席这套桌椅，这是全世界刻有日本法西斯投降铭文的唯一一套桌椅，桌椅上都刻着"参加受降典礼纪念民国三十四年八月二十一日"。这是在芷江受降的当天刻上去的。

现在给各位简单介绍首席降使今井武夫。他是一个中国通，日本全面侵华战争爆发后，他成为卢沟桥事变中的"和平"缔造者，他召开报界记者发布会，将七七事变的消息以日方口径公布于世，企图掩饰日军挑起侵略战争的事实真相。作为日本参谋本部中国课课长的他专门从事诱降和炮制伪政权的工作。这个真侵略假和平的人，这个曾经绞尽脑汁实施政治诱降的人，被历史的巨手安排到此，代表日本向中国投降，是极大的讽刺。而他所代表的日本军国主义，走到了失败的终点。

在会场的后方是中美记者席。这些记者用他们手中的照相机、摄影机留下了无数珍贵的历史镜头。

会场后方墙上悬挂的是中美英苏四国国旗。美国当时还没有拥有夏威夷和阿拉斯加这 2 个州，所以我们这里的悬挂的美国国旗只有 48 颗星星。如今的美国国旗有 50 颗星星。下面是代表胜利的红色大"V"字。

中国战区陆军总司令部。中国战区陆军总司令部在 1944 年底成立，在 1945 年两度迁于芷江。分别是在 1945 年的 4 月湘西会战和 8 月芷江受降时。中国战区陆军总司令部成立后与日军展开最大规模的作战就是湘西会战（此次作战，日方称为芷江作战，中方称为芷江保卫战、湘西会战）。这次战役是国民党在正面战场与侵华日军进行的 22 次大会战中的最后一战。会战中，中国的正义之师占尽天时、地利、人和的优势，而且士气高涨、武器精良。这场战役以我方的彻底胜利、日军的大溃败告终。这次会战后，日军再也无力向我方发动大规模进攻战役。湘西会战敲响了日本军国主义失败的丧钟。

穿岩山国家森林公园景区导游词（节选）

穿岩山是统溪河休闲小镇的核心景区，也是湖南雪峰山生态文化旅游公司的大本营，自然景观和人文景观浑然一体，这里一山一石都很迷人，一溪一水都有故事，远古当代都有传奇，足够大家观赏、游玩和探访，希望各位高兴而来，满载而归。

穿岩峰。穿岩峰为统溪河森林公园核心景区。这里山高、峰秀、石奇、洞幽、林深、树怪、水清、潭深，一山一水有故事，一草一木皆传说。山上怪石林立，山中森林遮天蔽日，林中动物摄魂追魄。这是奇树怪石的天地，珍稀动物的王国，民俗文化的摇篮，天下游客的乐园。

诗溪江大峡谷。景区起自统溪河交汇口，达九溪江大桥边，全长 14 公里，流成了如梦似幻的峡谷长廊，拥溪河水景、栈道路景、铁索影景、乡村物景于一身，集天文景观、地文景观、人文景观于一体，看不尽，玩不腻。徘徊过屈原上下求索的彷徨足迹，镌刻过闯王挥师扬鞭的马蹄烙印，见证过烈女张敬芳舍身行孝的惊天壮举，聆听过红军会师井冈的铿锵脚步，目睹过抗日将士驱倭除寇的铁军英姿。河流两岸，处处是美景，点点撩人心。聚集了穿岩山最迷人的景观，最经典的韵味！

雁鹅界古村。"沉鱼落雁象征美貌，鸿雁高飞显示空灵"，雁鹅界因昔日有大雁栖息而得名。重峦叠嶂，鸟语花香；村寨井然，田园风光；古楼栋栋，飞檐流阁，素有"人间仙境"之称。村中现存木屋、天井、牌匾、碓坎、练兵场、油房岩槽、古油榨等，可进村一睹真迹。"雁栖山庄"休闲设施一应俱全，村产的物材生态环保，美食佳肴让游客流连忘返。

儿童森林乐园。这里有密林、溪流、飞瀑、声控喷泉、廊桥，儿童在此享受天然氧吧，在溪水中自由嬉戏，与声控喷泉比高下，与大自然亲密接触，是最美妙的童年回忆。与天空、绿地对话，感受大自然勃勃的生机。这美妙的一切，都是自然送给人们的礼物，需要我们亲手解开，去拥抱，去感受。

情侣谷。天造地设的左环右抱之谷地。这是男女寻爱的浪漫洼地、情定终身的婚姻圣地、观花赏月的游览胜地、避暑休闲的健身福地以及电影戏剧的拍摄基地。这里景致独特，景点丰富，有龙涤溪、束马桥、牵手桥、七仙洞、同心桥、同心泉、同心墙、情人坪、月老广场、连理神树、一线天、送子观音、三生石、爱巢、鸳鸯潭等，愿游情人谷者事业有成，爱情有获，家庭有福！

枫香瑶寨。枫树中的瑶寨，被称为云上之都。来到这里，首先让你喝上一碗拦门酒回味3年。这里有气势恢宏的环形古瑶寨、清凉舒适的仙境泳池（水温37~40℃，以原生态矿泉水沐浴）。还有农耕文化、花瑶挑花展示点，实乃休闲健身胜地、避暑度假仙境。夜夜举行的篝火晚会，和阿哥阿妹一起载歌载舞，让旅客乐不思归。

千里古寨。千里古寨坐落于穿岩山后峰、蒲安冲岭上。两边群山起伏，中间一马平川，状如高山长廊。居住在此，可上龙凤玻璃观景台看日出日落、云海霞光。古寨木屋，草坪青草悠悠，住居体验良好。别致的"福寿阁"，是给老人做寿、祈求福禄寿喜之地。还有特色云端帐篷，带上你的那个她（他）一起来吧。新建的房车营地，车就是一个精致迷你的小家，登上房车，舒心的小窝映入眼帘，躺在房车中仰望灿烂的星空，欣赏山野美景，呼吸新鲜空气，进入甜蜜梦乡。特殊的地理位置加上丰富的自然资源使千里古寨成为雪峰民俗文化长廊和养生、休闲、观光、文学创作的好去处。

时珍园康养基地。它是中国森林医学与健康促进会副理事长单位雪峰山生态文化旅游公司在景区打造的第一个康养基地。临江建筑，拥有一山两院三台四室五亭十二套间，园区占地 1000 余亩，建筑面积 2000 多平方米，可一次性接待游客 200 余人，是集药膳饮食康养、住园吸氧康养、中医理疗康养、休闲娱乐康养和户外运动康养于一体的康养中心。住木质房间，吃药膳饮食，吊索桥为你悠出情高谊长。

猪栏酒吧。猪栏酒吧是由养猪的猪栏屋改造成的乡村音乐吧，它处在诗溪江大峡谷纵深地带，拥有二院一街十八吧间，是集喝茶、饮酒、音乐、保健于一体的休闲中心，也是一处有商务、接待、聚会、娱乐多种功能的联谊场所。这里环境幽雅，景色迷人，冬暖夏凉。诗溪江波涌流韵，杜鹃岭披红戴彩，铁索桥桂树飘香，将酒吧打扮得花枝招展，媚艳动人。

玻璃桥。玻璃栈道像一条巨龙盘绕在悬崖峭壁之上，它好像在俯瞰整个诗溪江如诗如画景色，守护屈子笔下窈窕山鬼，聆听茶马

古道上"十送红军"凄美歌声。山鬼玻璃桥，横跨于两个山头之间，漫步在这云端悬廊，仰望蓝天白云，犹如御花园中闲庭散步；俯视桥下，悬崖峭壁，沟壑深邃，顿觉步步惊心，特别是体验 5D 魔幻艺术工艺时，玻璃感应装置会呈现碎裂效果，配上破裂音效让人腿都软了。山鬼玻璃桥犹如一条银光巨龙，盘踞在诗溪江峡口的悬崖峭壁上，从山鬼头上攀引而上，横穿两岸。桥下，二都河清澈见底，湍流向北又向西。当年屈原流放溆浦途经此地时，因见洞坲一岩石似人似鬼，眼睛含情，凝视溆水渐行渐远，便作《山鬼》，描写山鬼在山中与心上人幽会以及再次等待心上人而心上人未来的情绪，描绘了一个瑰丽而又离奇的神鬼世界。在这里，你可以体验惊险和刺激，也可以感受屈原的浪漫主义情怀。

奇松岭。奇松岭是穿岩山景区海拔最高的景点，位于 800 多米高的穿岩峰之上，从这里登高望远，不仅可见连绵山脉，感受一览众山小的豪情，而且在不同季节可以观赏到不同的美景。春季，漫

▲ 猪栏酒吧

山的杜鹃花，红的、粉的、紫的，五颜六色、姹紫嫣红，就是一片浪漫的花的世界。夏季，松针吐绿，迎客松、姊妹松千姿百态、搔首弄姿，喜迎八方来客。秋季，丰收的季节，满山硕果累累，尽是精品。冬季，漫山遍野银装素裹，一片冰的世界，最是撩人。在这奇松岭的最高处，还有两点最神奇的地方，一个是山顶有一株映山红常年开放，经久不败，可谓是万山林中一抹红，犹如山中的红色精灵，美而不妖；另一个据说是这山中的一棵神树，说它是一棵，但又不止一棵，它们是同根生，枝系却不少，可以说是子孙满堂，福气满满，也因此得名多子多福树。如果有求子心愿，来此拜一拜定能如愿。

月老广场。现在我们来到的是情侣谷的核心景点月老广场，月老大家都很熟悉，就是为我们牵红线、点姻缘的月下老人，也称之为"媒神"。那月老怎么会被请到我们的情侣谷呢？这里还有一个凄美的爱情故事。传说古时候，我们现在行走的情侣谷游步道边的小溪是没有水的，那时天上的王母娘娘最喜爱的义女下凡到这采取甘露，可是她动了情欲，爱上了一位姓张的凡人，竟然推迟了归天的日期，玉皇大帝知道此事后大发雷霆，命令她立即上天，如在两日内还不上来，他就要把这位仙女就地变成一座土山。但仙女怎能割舍人间的爱恋呢，于是她违抗了命令，她发誓，即使化作人间泥土，也要厮守在情人的身边，两天之后，她真的变成了一座普通的黄土山。她那人间的爱人张生悲痛欲绝，日日在她变成的土山下跪着呜咽哭泣，直至哭死在这山脚下。传说正是他的眼泪流成了我们经过的那条溪河，后来当地人把仙女变成的山叫有情山，把这条泪水流成的河叫作泪珠河，雅化为情侣河。就这样溪河围着山转，山被包围在溪河里，生生世世永存共生。这件事后来被月老知道了，月老感念于他们这份执着的爱情，特向玉帝求情，玉帝过了气头后，也特例让他们在月圆之夜化成人形团聚，而月老成了见证他们幸福的见证人。自此这座山，这条河，这月老广场都有了灵气，他们一起走过的这座桥就叫同心桥；而旁边的这个泉眼是月老感念他们纯洁的爱情而洒下爱情水才涌出了这眼同心泉。所以，新婚夫妻来此拜拜，夫妻恩爱千百年；单身的来这拜拜，不久就能等到有缘人出现；情侣来此拜拜，爱情一定天长地久。

南天门。这里是穿岩山景区最具特色的景点之一——南天门。这里山高、石奇、峰险、景美，每五步一小景，每十步一凉亭，登山观景、健身休闲两不误。进南天门登 666 阶天梯，踏青石，青云直上。山水画廊，观美图，赏美景，了解民族婚嫁文化。最特别的要数半山的三生石了。三生石的"三生"分别代表"前生""今生"和"来生"，很多人的爱情是从一种似曾相识的感觉开始的，而相爱之后人们又一定会期待"缘定三生"、共筑爱巢，所以三生石也是姻缘的象征，锁定前生、今生及来生的幸福姻缘！三生石的两旁是全木质吊脚楼爱巢，其中一间更是直接建在一棵枝繁叶茂的大树上，别有一番风味。在这里可观星赏月、品茶聊天、甜蜜约会。天梯最上方的观景台，对面是秀丽的元宝梯田——整座山形似元宝而得名。身后是高耸入云的穿岩峰，奇峰险岭，甚为壮观。

佛手崖。现在我们进入了"佛禅圣地"，有坐禅石，有佛手崖。相传这坐禅石本是唐三藏念经打坐之地（西游记中的唐僧），佛手崖便是观音的一只佛手。说到这里，是不是西游记的场景就出现在眼前了呢？穿岩峰就是如来的五指山，孙悟空被押五指山下，唐僧受观音指引救徒弟出山，所以此佛手不仅是普度众生之手，也是观音之手。据说，当地有一对夫妻久婚未育，那天去干农活途经这里，虔诚地拜了一拜，没想到回去不到两个月竟怀孕了，不久后就生了个大胖小子，从此过上了幸福美满的生活。所谓心诚则灵，站在佛手崖对面的观景台上，将自己的手与这只佛手相合，心里默默地许下一个心愿，相信也一定会实现的。一些游客来到这里还会坐在坐禅石上，双目微闭、双手合十、凝神盘坐，放下杂念、参禅悟道。

山背花瑶景区。花瑶梯田位于溆浦山背村。主景区绵延8公里、面积达6万多亩，从海拔300米的山谷一直铺展到1400米的山顶，层层叠叠1000多级，其雄伟、壮阔、秀美堪称绝世。这里的梯田起源于先秦，初步形成于宋朝，距今已有两千多年的历史。它是千百年来，瑶汉祖先勤劳、勇敢和智慧的结晶。高铁项目建设完善后让你"坐了高铁乘索道，脚不沾地看梯田"。景区距沪昆高铁溆浦南站20公里，距沪昆高速40公里，距溆浦县城和娄怀高速溆浦入口50公里，交通十分便利，区位优势十分明显。

"杂交水稻之父"袁隆平院士赞叹花瑶梯田是"雪峰山稻作文化的鼻祖""世界农耕文化的活化石"，并亲自题写"中国溆浦花瑶梯田"。"山背景自天上来，花瑶人在仙境中，春似明镜夏似玉，秋看金浪冬看雪，远近高低有奇妙，一年四季各不同"的诗句，生动形象地描绘了花瑶梯田的灵秀与壮美。

花瑶婚礼是最能夺人眼球的人文景观。打泥巴订婚、顿屁股、炒茅壳栗等婚礼习俗，浪漫、疯狂、怪诞，完整地保留了原始社会母系氏族时代的遗风。花瑶挑花，古朴独特、精致艳丽，被列为第一批国家级非物质文化遗产。

星空云舍。景区内建有高档次民宿"星空云舍"，让你睡着懒觉看梯田和云海美景。星空云舍建在海拔 1300 余米山顶，一字排开，别具花瑶风情的七栋别墅，犹如七星拱月，闪烁在层层叠叠的梯田上。这里蓝天白云，旭照夕映，云天霞蔚，茫茫青山，云雾缠绕，宛若仙境。白天，清晨第一缕阳光叫你起床，让你脚踏七彩祥云，观梯田四季风光；夜晚，手攀弯钩明月，数着星星入眠，还可与吴刚豪放对饮，挽嫦娥翩翩起舞。

阳雀坡景区。位于溆浦县龙潭镇阳雀坡村，始建于清乾隆早期，由清代建筑风格的 6 座四合院组成。历经 300 余年的风雨，村落里栋栋房屋石墙青瓦、古门天井、画壁飞檐，依然保存完整。古村落内至今还保存了水车、花轿、雕花床、琴凳、石磨、风车、油灯、钱锉、纺车、八仙桌、太师椅、组合茶盘等老物件，以及草龙灯等多项非物质文化遗产。这里地形如太极，树木葱茏，翠竹起伏，风景秀丽，犹如世外桃源。1945 年春，抗日名将王耀武亲临前线指挥作战，将指挥中心设在这里，并将野战医院设在距古村 1 公里的王氏宗祠里。如今，练兵场遗址、挂枪的排钉、机枪射击孔、炮弹筒、手榴弹、日本军刀和王耀武将军坐过的棚轿以及 180 多件抗日野战医院遗留的各种医疗器具等抗战文物被完好保存。古村距沪昆高铁溆浦南站 40 公里，距沪昆高速 20 公里，距溆浦县城和娄怀高速溆浦入口 50 公里，交通十分便利，区位优势十分明显。

清朝六院落。阳雀坡四面环山，周围树木葱茏，翠竹起伏，风景秀丽。从清乾隆十九年起，王氏子孙在阳雀坡定居立业。阳雀坡的老人们说，从开山祖母冯娥在这里建成第一座大院开始，几百年来阳雀坡人信守开山祖母所定"与人为善，取财有道，只许修屋，不准拆房"的古训。因为信守"与人为善"，阳雀坡人有很好的人缘；因为信守"取财有道"，他们敬奉祖宗和土地；因为信守"只许修屋，不准拆房"，阳雀坡才保存了如此完整的乡村古建筑。

雪峰山会战地下指挥所。洞连洞，洞套洞。洞中有锦绣，洞外有奇石。连环密洞，隐藏秘密。洞内有中美高级将领指挥雪峰山会战塑像，十分逼真，栩栩如生，匠心独运。洞内还植入了龙潭军民抗战故事，用声光技术传播，将人引入抗战的烽火岁月。

龙潭抗战农耕文化陈列馆。抗战文化陈列室分为两个展室三大内容，即雪峰山会战（又称湘西会战）军事模型、文字图片展、中日双方当年作战的部分实物展。游客通过参观，可大致了解雪峰山会战中日双方军队的作战态势，并弄清三个问题：雪峰山会战为什么会被称为"抗日战争最后一战"？溆浦龙潭为什么被称为"抗战决胜地"？不可一世的侵华日军为什么最终惨败于龙潭？农耕文化陈列室，主要陈列了龙潭当地的一些农具，如钉耙、犁耙、升、斗之类，有的已有上百年历史，甚至是明清时期文物，观者可大饱眼福。

飞山景区旅游导览词

飞山位于县城西 1 公里，是湘桂黔三省交界处宗教名山、游览胜地，是靖州的形象标志，也是本地群众流连忘返的集文化、商业、健康休闲、游览和庙会为一体的休闲公园。飞山海拔 720 米，山间植被丰茂、风景秀丽。其山顶处耸立的宝鼎峰，相传是经仙人施法从他处飞来靖州，由此而得名飞山。近年来，随着国家大力推动旅游业和扶贫产业的发展，靖州县以大湘西旅游发展契机为机遇，以"一心两线多点"整体规划为蓝图，以国家 4A 级旅游景区建设标准为准绳，通过旅游＋扶贫的开发模式，对飞山景区进行了大力度基础设施建设。现在，就让我们迈向"日月同辉"的飞山正门，开始一番生态飞山之旅。

大门前。苗乡侗寨旅游精品路线建设项目（一期）飞山景区（一标段）建设项目，总投资 25500 万元。目前已完成投资 14246 万元，项目总体进度已达 80% 以上。该项目围绕苗侗历史风情、易经文化主题，将本土建筑风格和民族元素进行整体融合，结合山体地形风貌和旅游服务功能规划进行设计、建设。我们现在所在的飞山大门，就是融合了中国传统建筑风格和本地人文历史的景点。

大门。飞山大门，项目总投资 642 万元。高 25 米，整体造型采用传统城楼样式，屋角飞举呈王冠状，大气雄伟。从正面看飞山，犹如坚城壁垒竖立其后，也体现了飞山在历史上的功能和地位。在五代十国的混乱时期，当时的少数民族军阀在此聚众练兵，建城垒寨，自称飞山蛮。其兵锋一度打到了长沙附近，逼得南楚王马殷亲自率军平定飞山的苗人，当年马殷驻军的地方后来就叫马王坪村，也就是现在飞山大门所在的位置。马殷打败飞山蛮后，杨再思统一了这一地区。他发展生产，团结辖区内各族人民。乱时维持地方自治，保土安民；治时归顺朝廷，服从中央管辖。他为当地人民赢得了安定的生存空间，又维护了国家统一。因而多次获得朝廷封赏，更被当地苗人奉为飞山太公。大门的城楼，未来将作为展示这一段历史画卷的长廊，同时也可以眺望县城景色。

进入大门，入口区。我们现在所处的入口区，以文化展示和游客服务为主要功能。您所看到的这一栋兼具现代设计风格和本土元素的建筑，是飞山景区的游客服务中心。同时根据我县整体旅游规划布局，它也是整个靖州旅游信息服务中心、游客集散中心。总建筑面积 1010.5 平方米，总投资 2706 万元。同时建有 9185.6 平方米的生态停车场，能同时容纳大型客车 15 辆、小型汽车 96 辆。在游客服务中心，游客能从图书、声光影像资料、模型沙盘中获取靖州旅游景点信息，获取餐饮、住宿、物品存放、购买门票、旅游导览信息等相关服务，同时提供景区应急避险的场所。

款文化广场。杨再思统一了这一地区的苗部后，利用本地一种叫"款"的社会契约进行管理。款文化广场便是用来呈现这一具有民族特色的社会自治契约文化的地方。该广场总占地面积 5556 平方米，两侧建有长廊，以民族风情图腾柱为装饰，在苗侗主题雕塑的四周（琵琶为侗，芦笙为苗），雕刻款约。内容包括组织机构，行为规范，移风易俗，伦理道德，宗教信仰等。如：款坪款、约法款、出征款、英雄款、族源款、创世款、习俗款、请神款、祭祀款等，兼具道德规范、法律约束、行为准则等功能，生动地描述了当时本地部族的生活。

栈道。现在进入的山腰区，其功能为休闲健身、游览观光。飞山植被茂盛，生态良好，风景优越，视野开阔。依托原有盘山公路及地形，投资 3309 万元，修建了湘黔桂地区最长的上山木栈道——全长 3.6 公里，并在沿途视野开阔处建有六处景观平台。景观平台分别以苗绣、侗锦、铜鼓、蝴蝶、凤凰、芦笙、琵琶等民俗元素为主题。同时投资 1724 万元，建设有山体亮化项目。入夜时分，山体亮化和城市灯火交相辉映，璀璨夺目。

苗绣台。这是以苗绣为主题的观景台。本土苗绣是苗族民间传承的刺绣技艺，多以五色彩线织成，配色鲜艳明快，构图均匀对称，造型夸张生动，技法多样复杂。其主要用途是镶嵌服装的衣领、衣

襟、衣袖、帕边、裙脚、护船边等部位。

铜鼓台。这是以铜鼓为主题的观景平台。铜鼓形状像圆鼓，有各式图案，反映了本地人民的自然崇拜和图腾崇拜。是中国西南少数民族的一种具有特殊社会意义的铜器，它原是一种打击乐器，常用于战争中指挥军队进退，也常用于宴会、乐舞中。本地民众将铜鼓视为一种珍贵的重器或礼器，在祭祀礼仪中扮演重要角色。

侗锦台。侗锦，是侗族人民在生产生活中创造的瑰宝。其以五彩木棉线织成，做工精细，色彩对比强烈，配有鸟兽虫鱼、花草树石、天地人文和各种几何图案，结构细致严谨。主要用于衣裙、被面、门帘、背包、胸巾、枕头、头帕、绑腿、侗带等传统织物的镶边或整面。

芦笙台。芦笙，是西南少数民族特别喜爱的一种古老乐器。逢年过节，人们都要举行丰富多彩的芦笙会，跳铜鼓、斗牛、斗鸟、对歌、赛马庆祝自己的民族节日。芦笙吹奏，都要配合舞蹈，边吹边舞。因为有男吹女跳的配合环节，芦笙会也是苗族男女青年成婚的重要媒介。

琵琶台。侗族琵琶，侗语称嘎黑元、嘎琵琶、嘎弹。是侗族人民喜爱的一种弹拨乐器。护栏装饰琵琶即以本地侗琵琶为范本。演奏侗琵琶时，需以假嗓高音演唱琵琶歌，曲调悠扬悦耳，别具风格。它的曲调、歌词丰富，其种类包括情歌、孝敬老人歌、叙事歌，等等。

蝴蝶台。蝴蝶，是苗族人在服饰上绣制的富有民族特色的纹样。是古代的图腾崇拜。元明清时期的书籍中将苗族按服饰特点分成不同的部族。其中，花苗的图腾便是蝴蝶。苗族的先民认为，枫木变成了蝴蝶，蝴蝶又生出了人类的祖先姜央，然后才有苗族，所以，枫树蝴蝶纹是苗绣中使用最多最广，也是最主要的纹饰。

白云洞。远远地，可以看到了镌刻在石壁之上的"白云洞天"四个大字。白云洞素有"华夏七十二洞天福地"之称，前来白云洞求子、求婚、求寿，无不灵验。洞外有瀑布悬挂于绝壁之上，洞中供奉有诸路神佛，内壁有清泉汇聚。为方便游客，在该处修建了洗手间、白云阁、观景亭等。

白牛洞。白牛洞，又名飞珠岩。洞壁光滑呈半弧形，山泉沿洞顶飞流而下，状如水帘，在阳光照射下，银光闪闪，远远望去，犹如一头白色水牛镶嵌在洞顶之上，故名"白牛洞"。相传古时候有一白牛精经常在飞山脚下糟蹋庄稼，山民无不恨之。某日，一勇汉得飞山神相助，在步云桥上将白牛精一脚踢入飞珠岩，深嵌岩壁，从此白牛精不再祸害百姓。有缘人透过阳光照射下的瀑流，仍可以看到石壁上镶嵌的大白牛。现在，我们将这个传说以雕塑的形式呈现在大家面前。

凤凰台。凤凰图案是苗绣中经常出现的图案之一，在苗族文化中代表着男人。古代苗人视凤凰为神鸟而崇拜，它是人们想象中的保护神。经过漫长的演化，头似锦鸡，身如鸳鸯，有大鹏的翅膀，白鹤的脚，鹦鹉的嘴，孔雀的尾，居百鸟之首。

山顶停车场。这里是观光专车的终点站，游客从此处步行进入宝鼎区。该停车场总占地面积 2857 平方米，能同时容纳中巴车 8 辆、小车 58 辆。未来会在此处开拓下山道路，以形成环线。山顶的居民安置区设置在这附近，将来也可以作为民宿等经营项目，既能实现共建共享，又能帮助本地居民创收。

飞山文化广场。宝鼎区是飞山的巅峰所在，同时也是自然、宗教和人文景观汇集之地，是飞山景区的核心区域。此处可俯瞰四面、远眺八方。飞山文化广场总面积 1950 平方米，以飞山金顶为背景，是向游客展示本地区独有的民俗风情、文化历史风貌的舞台。同时建有中式风格的禅意花园和木屋民宿，给游客提供一个休闲品茗、娱乐住宿的场所。

宝鼎。相传是由仙人施法从他处飞来。宝鼎共有三峰，在山巅头宝鼎处，修建飞山圣宫。以镏金瓦铺设屋顶，若在晴日当空之时，远观即能望见山顶金光闪耀。二宝鼎现建成观景平台，以易文化为主题，周围处铺设玻璃栈道。三宝鼎雷神殿，是在原有寺庙的基础上加以修缮，基本上保留了原有建筑的风貌。整个宝鼎能俯览周边地理风貌，在山顶能望见九龙山、香炉山、渠江，连同艮山（飞山旧称）"三山一水"，对应乾坤艮兑四卦，即是八卦之始。相传古代伏羲在此处观星象，研习《易经》八卦，得《连山易》。飞山圣宫即是展示这《易经》创始文化的地方。

十峒广场。您现在看到刻在地板上的巨幅地图，显示的是当年杨再思统治下的飞山蛮控制的区域。年老力衰后，杨再思将他统治下的地区分别交给他的十个儿子掌管。因其掌管的地区叫"峒"，遂称"十峒"，居住在这一地区的人就叫峒人。这个"峒"后来演变成

文塔书香
摄影 / 刘刚

了"侗"，峒人也就是现代侗族的前身。十峒广场就是为了纪念这一民族演变的历史进程而建，该广场总占地面积约 1200 平方米，是组织祭祀礼仪、节庆活动的主要场所。

黔阳古城景区讲解词

古城入口处。各位游客、各位朋友：欢迎您来到湘西南古老、美丽的黔阳古城旅游。黔阳古城又名黔城，地处云贵高原东部的雪峰山区，三面环水，自古就是湘楚苗地边陲重镇，素有"湘西第一古镇"之称，被誉为滇黔门户。黔阳古城已有 2200 多年历史，城内

▼ 黔阳古城入口

古建筑林立，明清街巷格局保存完好。黔阳古城的街巷呈"丁"字形布局，原有 5 座城门、5 里城墙、9 条街、18 条巷，被誉为"江南古建筑博物馆"。黔阳古城主要景点有钟鼓楼、文庙、节孝祠、张家老屋、然翔园、中正门以及核心景点芙蓉楼。现在就请您开始体验黔阳古城巧夺天工的建筑艺术、千古传诵的文学艺术，以及经营有道的财富艺术吧！

钟鼓楼。各位游客、各位朋友：欢迎您来到钟鼓楼！钟鼓楼是黔阳古城普明寺的附属建筑，始建于明成化八年。清咸丰十一年石达开率部离开天京，欲绕道湘西进击大西南，见黔阳古城地势险要，富甲一方，便欲攻下古城，建为王宫。清军调来精兵强将，并将军火库设于龙标山普明寺内，双方激战三天三夜，石达开久攻不下，一顿乱炮，引爆军火库中火药，炸毁了普明寺，只有这座钟鼓楼幸免于难，保留下来，所以钟鼓楼被称为幸运楼。钟鼓楼的外侧是一道龙标山的古城墙，墙边有一棵被称为"昌龄香樟"的千年古樟树。相传此树是唐代大诗人王昌龄亲手栽种，历经千年风霜雨雪，依然枝叶繁茂，成了一方百姓朝拜的圣树。现在的年轻情侣更是把它当作爱情圣树来朝拜，在树边挂上同心锁，祈求自己的爱情得到圆满。钟鼓楼外有三奇，这"昌龄香樟"就是第一奇。

普明古井。各位游客、各位朋友：现在为您介绍的是被称为"井王"的宋朝古井，这口井也是钟鼓楼外三奇之一。因为此井虽地处古城地势最高点，却常年井水充盈，无论春夏秋冬，不管天雨天旱，这口井都很神奇地保持较高水位。本地人还叫它观音菩萨井，因为黔阳古城在古代经常发生水灾，所以地势较高的普明寺就是百姓避难的场所，这口古井，不知救济了多少百姓。

千年古铁。各位游客、各位朋友：现在为您介绍的是一棵拥有 1200 多年树龄的大铁树。这么古老的铁树世界上仅存两棵，另一棵

▲ 古铁树

在日本东京。黔阳民间有"苏铁花开科甲发，龙阳洲现状元来"的传说。这棵铁树非常神奇，是古代黔阳预报科举成绩的晴雨表，十分灵验。每遇黔阳古城有状元考出，铁树就会自然开花报喜。例如清道光二十一年（1841），铁树4个分支全部开花，知县龙光甸在龙标书院读书的儿子龙启瑞赴京赶考，不久从京城传来龙启瑞考中状元的喜讯，全城百姓奔走相告，大街小巷热闹非凡，都为铁树开花报佳音而拍手称奇。

节孝祠。各位游客、各位朋友：欢迎您来到中国古代节孝文化缩影地节孝祠，有道是：万事孝为先，史义传千秋。节孝祠位于古城的育婴巷，始建于清雍正元年（1723），民国时曾为国民党县党部、抗敌后援会办公场所、戴笠临时公馆、《黔阳民报》社。节孝祠是一座窨子屋，整体布局为"工"字形，正堂门楣金字匾额是"为妇女劝"四字，由清代黔阳教谕黄本骥所书。正厅祭祀位有黔阳县历代孝子、义士、节妇、烈女21人。古城有孝子危阶的传说，说的是明末黔阳境内战事频繁，危阶兄弟为躲战乱，背着80多岁的老母逃进深山，母亲又惊又怕，得了重病，整日思念吃肉。在兵荒马乱的时期，哪里有肉给母亲吃！孝子危阶竟然背着母亲割下自己的肉，煮了给母亲吃。母亲去世后，危阶跪墓守孝三年，感动上苍。一日在深山里遇到一只饥饿的老虎，危阶大声对老虎说，我母仙逝，我守孝，当不能吃我，老虎听后果真离去。清雍正六年，黔阳县令王光电上奏其事，将其列入孝子祠。祠内陈列的文物及根艺、字画、奇石为黔阳古城陈志明先生收藏。

节孝祠——戴笠居所。节孝祠左厢房为抗战时期戴笠在黔阳古城办军统特训班（1938—1939）时的临时居所。在此简略介绍戴笠在黔城开办军统特训班的故事。1938年秋，因湘北会战，日军进逼长沙，设在临澧的军统第二期特训班秘密转移到雪峰山下的黔阳县城，训练班对外称"中央警官学校特种警察人员训练班"，对内称"黔训班"，共设7个中队、21个区队、63个班，总人数达800多人。驻扎在黔阳城的圣庙、普明寺、城隍庙、简师学堂、下杨公庙、先农坛等地，黔阳成为"特务城"。戴笠任特训班主任，陆军少将吴琅任副主任，特训班设有女生队，女特务达数十人，多为江苏、浙江、江西、湖北等省沦陷区的逃难女青年，也有黔阳籍的。学生毕业后，都成了特务组织的骨干，被派往各地从事情报、暗杀、谍务等工作。1939年冬，日军闯入湘西，战火烧到雪峰山区，特训班随即迁往贵州息烽。

张家老屋。各位游客、各位朋友：欢迎您来到南正街最值得玩味的张家老屋。张家老屋坐落在南正街的中央，现为张国英先生世代居住的"百忍堂"。此窨子屋为二堂三进结构，建造十分独特，既有徽派之纤秀，又有江南之华丽，为南正街窨子屋的代表。张国英先生家里有祖传下来的"存钱罐子"，铭刻有家训和建造时间，诠释了人生在世要勤俭为本，有吃有剩，人可享受财富但不可被财富所累的道理。大家一进门会看到地面铺的福字格铜钱地板，寓意为进屋求财，出门求平安，踩在地上是福，翻起身来也不亏。再往里走会看到屋顶的旱天井，可起通风、采光作用，且不受风雨之累，与露天井相比，有"此时无声胜有声，亮堂一方慰平生"的意境。中堂中央有三对匾联，是张家用来教育子孙的家训。第一副对联是"家风佳风永世久；忍得忍德源流长"，教育张家子孙学家训家规，要有忍耐、忍让、忍受的高尚品德，古语说得好，忍得一时之气，免得百日之忧，要以这样的肚量与胸怀待人。第二副是"一等人忠臣孝子；两件事读书耕田"，讲的是人间节为贵，天下孝为先，视忠孝为人生的头等大事。第三副是"友如作画需求淡；山似论文不喜平"，古话说，君子之交淡如水，小人之交甜如蜜，为人做事要直率，交朋待友需真诚，才能受人尊敬爱戴。张家人以这三副对联约束自己，先做人，后做事，是张家教育子孙的原则，绵延至今。

危家大院。各位游客、各位朋友：我们看到的是黔阳古城最高的围墙，墙高近8米，即使有轻功绝技的人也不一定翻得上墙头。深宅大院内是危泽莆窨子屋遗址，以柱大、梁高、院宽、房多而著称，为桶形窨子屋，有前庭后院、天井、厢房，院内有太平缸及石凳，规模宏大，空间轩敞，雕梁画栋，十分华丽精致。该窨子屋始建于清康熙五年（1666），为清朝黔阳县衙门小公馆。清同治十三年（1874）被清朝五品大官危锡瓒购为私宅，一直为危家子孙世代居住。1939年冬，黔阳军统特训班第二期学员毕业，蒋介石从重庆飞抵芷江，来黔城参加毕业典礼，下榻地点选择的就是这座深宅大院。

可惜 2003 年失火烧毁，成为黔阳古城一大损失。原址又建古城特色酒店——尚贤客舍，客舍前庭后院，宽敞明亮，结合酒店设计发展新趋势，大堂以温润厚实的木色系为主调色，地面使用质朴的青砖铺设，墙面更是运用了传统的手工艺处理成草筋肌理效果，大堂吧紧邻庭院，身处其中放松惬意，让每一位客人自进门的一刻感受到悠然自得的度假环境。

然翔园。各位游客、各位朋友：您看到的这座宅院是黔阳民间豪绅胡本焯的故居，现已成为杨汉明先生的雕刻艺术博物馆。杨汉明是黔阳本地的侗族民间艺人，同时他也是巫傩文化的还原者。在我们黔阳古城保留着一种神秘而古老的文化，它以面具来演绎神、仙、妖、魔、鬼、怪等故事，而将这一切重新破译出来的就是杨汉明先生。园内共有六道门，依次分别为心灵门、智慧门、大财门、有缘门、五福门和长寿门，每道门均蕴含有深刻的寓意。此外然翔园内的藏品非常丰富，包括以前侗族劳动工具、契约、棕榈绳、编织的面具与棕绳画，以及由杨汉明大师亲手雕刻的各种令人叹为观止的根雕艺术。

西门。各位游客、各位朋友：现在您所站的位置是古城的西门。我们眼前看到的这座城门是黔阳古城保存最完整的一个古城门，原名安远门，始建于明成化八年（1472），后于清康熙、雍正、乾隆、道光年间多次复修。1938 年戴笠在黔阳办军统特训班，第二期结业之际，蒋介石亲临黔城视察，应戴笠的请求在西门城楼上题写了"高瞻远瞩"匾额。为求吉利，戴笠撰写碑文，并将西门改名为"中正门"。黔城老百姓更喜欢将西门叫作"吉祥门"，意思是凡从西门进出者，必能逢凶化吉，遇难成祥。1939 年国民党军统特训班第二期毕业之际，蒋介石飞临芷江来黔城视察，当时隐藏在黔阳古城的日本特务和汉奸得知了消息，欲派日军飞机轰炸黔城，置蒋介石于

死地。蒋当时十分迷信和谨慎，隐蔽的地点一变再变，当时黔城有5个城门，蒋介石唯独选择了西门，连夜过河后，隐宿于森林茂密的蟠龙山岩洞，躲过了一场谋杀。后人有诗为证："西门蟠龙一线牵，避难呈祥安远边。逢凶化吉真豪杰，城门过后尽开颜。"西门外沿河往北100米，就是黔阳古城的核心景区芙蓉楼，芙蓉楼为国家级重点文物保护单位，本地流传一句话："不观芙蓉楼，枉来黔阳游。"进入园内，富有江南建筑艺术魅力的亭、台、楼、阁及最具文化魅力的书法碑廊将一一展现在您的眼前。

芙蓉楼。各位游客、各位朋友：欢迎您来到黔阳古城最具文化魅力的国家级重点文物保护单位芙蓉楼。芙蓉楼位于潕水与沅水相汇处，是一座江南古典园林式建筑，被誉为"江南四大名楼"之一，是中国诗歌艺术、木雕碑刻艺术、建筑艺术最集中的景点之一。芙蓉楼始建于唐代，唐天宝七年，大诗人王昌龄从江宁丞贬为龙标尉。芙蓉楼是王昌龄宴宾送客、吟诗作赋的地方。现存的芙蓉楼是清朝

嘉庆二十年，也就是 1815 年，知县曾钰为纪念王昌龄修复的，距今已有 200 多年的历史。

▲ 龙标胜迹门

送客亭。各位游客、各位朋友：现在您看到的这个亭子叫送客亭，两旁的楹联"名花好共题诗句；寒雨曾经送客舟"为清朝道光年间的进士王诰所撰，送客亭相传为王昌龄送辛渐之处，在此写出了千古名篇《芙蓉楼送辛渐》。"寒雨连江夜入吴，平明送客楚山孤。洛阳亲友如相问，一片冰心在玉壶。"王昌龄的这首诗在唐诗中占有重要地位。

龙标胜迹门。各位游客、各位朋友：现在您看到这座门坊是芙蓉楼的老大门，它建于清代晚期，叫龙标胜迹门，也称"三绝门"。龙标胜迹门高二丈五尺八寸，宽一丈八尺八寸，厚一尺，门坊正中为大型泥塑的《王少伯送客图》，左右为春、夏、秋、冬四季图。泥塑使用的是古代"堆塑"工艺，材料主要是桐油、石灰、糯米。泥塑造型精美，栩栩如生，世所罕见，是为第一绝。令人赞叹不已的是，牌坊高近三丈，却向临河处倾斜了两尺八寸而不倒。据专家考证，其倾斜度已超过了意大利比萨斜塔的斜度，是为第二绝。门楣正中是一个指南针，上南下北，与常见到的指南针上北下南正好相反，是何缘故？此乃第三绝。龙标胜迹门是黔阳的标志，旧时行船看到此门，便知到黔阳县城了。

芙蓉楼主楼。各位游客、各位朋友：这座重檐歇山顶的古楼就是芙蓉楼。它占地约120平方米，全楼48块门窗精雕细刻，刀法细腻，风格古朴。有"喜鹊串梅""金鱼闹莲""八仙过海""刘海戏金蟾"等等，为江南木刻之一绝。进入芙蓉楼内，可以一睹诗家天子王昌龄的风采。王昌龄，字少伯，京兆人，出生于武则天天授元年；开元十五年37岁中进士，授秘书省校书郎；开元二十二年中博学宏词科，改任河南汜水尉；开元二十五年获罪被贬岭南，后遇赦北上，任江宁丞；天宝七年58岁时因"不护细行，谤议沸腾"而左迁为龙标尉。他于天宝七年冬天自江宁出发，途经安徽、江西、湖北、湖南，于第二年春天才到达五溪蛮地的龙标城，也就是现在的黔阳古城，历时半年多。大家在楼内可以看到王昌龄画像，他慈眉善目，虚怀若谷，表露出对百姓的深深同情和关怀。王昌龄任龙标尉期间，政善民安，为政以宽，深得苗、侗、汉等各族人民的敬仰。至今尚有"苗女听歌""侗蛮乞诗""佳句退兵""昌龄补靴"等美丽动人的故事流传，被百姓敬称为"仙尉"。一楼门口挂有一副对联："天地大离亭，千古浮生都是客；芙蓉空艳色，百年人事尽如花。"这是晚清时期黔阳县举人陈柄卓所撰。陈柄卓在外为官50多年，告老还乡后在芙蓉楼撰此联感叹人生，其间的哲理，值得大家玩味，是一副不可多得的佳联。

半月亭。各位游客、各位朋友：现在您看到是芙蓉池和半月亭，芙蓉池位于半月亭和芙蓉楼之间，池中山石为天然生成，水中莲花为睡莲，虽为池，但里面的水却永远灌不满，您猜一猜是为什么？原来芙蓉楼地下为溶洞群，有暗河，再多的水，也是一个漏斗，流到溶洞暗流中去了。半月亭是王昌龄抚琴吟唱的地方，相传王少伯常在池畔月夜吟诗，感动了芙蓉仙女，芙蓉仙女爱慕王昌龄的诗才，常吹箫做伴，上演一段才子佳人的佳话。半月亭有一副对联"鱼游水底寻明月；树插石缝遮青天"，是中华民国内阁总理熊希龄先生所作。文学大师沈从文当年游古城和芙蓉楼，在他的散文《沅水上游几个县份》中有"洪江沿沅水上行到黔阳……地方在外面读书做事的人相当多，湘西人的个性强悍处，似乎也因之较少"的描述，赞扬黔阳古城人杰地灵。

五子登科树、耸翠楼。这棵大树名叫豹皮黄药楠，清道光年间县令龙光甸的儿子龙启瑞常在此树下读书，后高中状元。树根部萌发五棵小树，将古树环绕，故又名"五子登科树"。如果哪位游客家中有小孩正在读书求学，可以摸摸这棵大树，寄上一条许愿红丝带，保佑你的孩子学业有成，考个好学校。

在您眼前的这栋楼名为耸翠楼，相传是王昌龄宴宾饮酒的地方。王昌龄是我国古代最伟大的诗人之一，与诗仙李白交情深厚，李白曾专门为王昌龄作《闻王昌龄左迁龙标遥有此寄》诗一首："杨花落尽子规啼，闻道龙标过五溪。我寄愁心与明月，随风直到夜郎西。"黔阳在唐代称为龙标，怀化古称五溪蛮地，李白诗中所说的正是王昌龄入黔阳的故事。王昌龄在中国古代文学史上享有极高的地位，被誉为"诗家天子""七绝圣手"。他的诗歌存世 170 多首，其中七绝 75 首、五绝 14 首。王昌龄两次入湖南，在古龙标生活了 7年，共在湖南作宦楚诗 41 首，其中 29 首为芙蓉楼内书法碑刻，特别是《芙蓉楼送辛渐》《龙标野宴》等均作于龙标，是其宦楚诗中的代表作。王昌龄的边塞诗、闺怨诗也十分出名，他在这里写下《闺怨》"闺中少妇不知愁，春日凝妆上翠楼。忽见陌头杨柳色，悔教夫婿觅封侯。"

三角亭。各位游客、各位朋友：芭蕉林边紧靠古城墙的亭子叫作三角亭。亭中碑刻是 1937 年由黔阳县县长张其雄撰文，著名书法、篆刻家黎泽泰书写的《芙蓉楼记》碑。穿过芭蕉林，我们就来到了碑廊，芙蓉楼共保存古代石碑 128 方，是湖南省现保存古代石碑数量最多、文物价值最高的地方。芙蓉楼碑刻是黔阳古城文化被雕刻成历史记忆的最典型、最浓缩的见证。

书法碑廊。各位游客、各位朋友：我们看到第一块石碑是《麻姑山仙坛记》，是唐代大书法家颜真卿的代表作。颜真卿字清臣，陕西西安人，唐开元进士，官至吏部尚书，人称颜鲁公。他的书法大气磅礴，笔力刚健、开阔雄壮、布局充实，被誉为"天下第一楷书"。大历六年四月，他再次登麻姑山，游览仙坛，书兴大发，挥笔写下了记述麻姑山仙女和仙人王平方在麻姑山蔡经家里相会的神话故事，此碑咸丰四年在芙蓉楼刻制。

第二块石碑"西山书院碑"是芙蓉楼镇馆之宝，作者是北宋大书法家米芾。米芾字元章，号襄阳居士、海岳山人。祖籍太原，后迁居湖北襄阳，米芾曾任校书郎、书画博士、礼部员外郎。善诗，工书法，擅篆、隶、楷、行、草等书体，长于临摹古人书法，达到乱真程度。他初师欧阳询、柳公权，字体紧结，笔画挺拔劲健。后转师王羲之、王献之，体势展拓，笔致浑厚爽劲，自谓刷字，与苏东坡、黄庭坚、蔡襄齐名，合称"苏黄米蔡"，又称"北宋四大家"。他的书画成就很高，时人评其字"风樯阵马、沉着痛快"。此碑为清咸丰三年黔阳县事周廷鉴，用米芾真迹上石翻刻，刻工精湛，将米

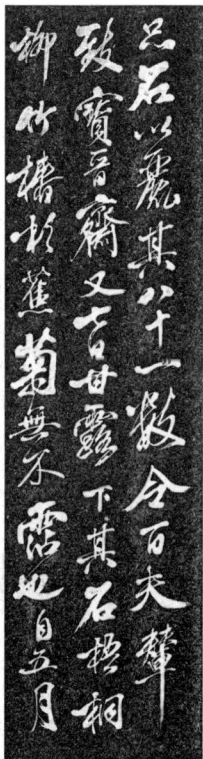

◀ 西山书院碑

荐的书法表现得淋漓尽致。

第三块"墨庄"碑刻是宋代爱国将领岳飞所书,岳飞字鹏举,相州汤阴人,为宋朝名将。"墨庄"二字碑刻的来历:史载南宋高宗赵构绍兴六年十月,岳飞任征西将军,率部西征路过江西永新龙田,感谢吉州别驾刘钦之子、驸马刘景晖饷军之热情,遂书写了墨庄二字相赠。黔阳县典史郭开望临刻。

《选宅》碑为北宋大书法家黄庭坚所书,黄庭坚号山谷道人,晚号涪翁,今江西修水人。黄庭坚是宋四家之一,其书法与苏轼齐名。"昔欲居南村,非为卜其宅;闻多素心人,乐与数晨夕。怀此颇有年,今日从兹役;敝庐何必广,取足蔽床席。邻曲时时来,抗言谭在昔；奇文共欣赏，疑义相与析。"

《前赤壁赋》碑刻，为赵孟頫所书。赵孟頫是元代大书法家，字子昂，自号松雪道人，宋太祖十一世孙，秦王赵德芳之后，孟坚从弟。他自幼聪明，读书过目成诵，诗文双绝。篆籀、分、隶、真、行、草书，无不冠绝，绘画尤精。

《岳阳楼》诗碑是黔阳教谕黄本骥集清代内阁大臣、书法家张照所书《岳阳楼》字成长律一章。张照字得天，号泾南，亦号天瓶居士，江苏华亭（今上海市松江）人。"旷古诗情属岳阳，洞庭南去是潇湘。湖形远与烟霏际，楼影高连日月翔。感物无心春浩浩，观澜有象景洋洋。百年兴废陵空浪，千里浮沉薄莫樯。巴峡排青吞雨气，君山衔碧隐星光。后先兰楫骚人国，下卜鸥波酒客乡。览胜都忘行旅至，倾怀谁得泳游长。潜鳞惊集渔歌作，顷刻登临乐备尝。"

这十七块小碑为清代黔阳教谕黄本骥的妻子陈梅仙作品，陈梅仙为常德人，湖南省有名才女，善篆书和丹青，惜三十多岁早逝。书法工于小篆，喜治秦汉印学。她尽出其所藏临摹，书艺益精，声名大噪。清道光七年，黄本骥选为黔阳县教谕。清道光十九年，教谕黄本骥与黔阳知县龙光甸，及龙光甸子龙启瑞，一起重修黔阳芙蓉楼，妻子陈梅仙遗墨《香雪阁遗篆》也泐石于芙蓉楼碑廊。

怀古记事碑是道光十九年中秋重修芙蓉楼落成后，黔阳县令龙光甸的儿子、辛丑状元龙启瑞用楷、行、隶、篆、草五种字体书写，体现了其精深的书法造诣。

这长长的八块碑为清道光年间本土教育家、书法家、诗人湘渔老人邱开来撰书。邱开来十二岁歌采芹宫墙，推少年第一，被誉为神童、小神仙。尝读岳麓书院，受教翰林院庶吉士王金策。此碑名为《童训新编》，是当时教育小孩的百科全书，也叫"四字经"，共二十五章、五千多字。

王继贤对联碑为清代大书法家、山西汾州府永宁州知州、黔城长坡人王继贤书写，内容是"妙书鸿戏秋江水；佳句风行晓苑花"，边款是民国书法家杨于茂补题，书法精美绝伦，可谓双英合璧，十分珍贵。王继贤平生工于书法，在京城一带享有盛名，高丽国多次遣派使臣前来购求，为其书写的"继美凌烟"四个大字，誉满邻国。太后赏银四千两，被誉为一字千金。

"太平天下"碑是民国初年湘西军阀、湖南省第五守备区司令周则范在溆浦行营的绝笔，书写距其被下属杀害仅10个小时，真是"太平未见身先死"。周则范曾疯狂追求过向警予，爱慕她的才气和人品，向警予誓死不从，身为守备司令的周则范也不强迫，显示了他对知识女性的宽容。

此碑作者是沈从文先生的老师田名瑜。田名瑜，字个石，晚署老顽皮、半痴老人。苗族。南社诗人。湖南凤凰沱江镇清沙湾人。民国时期曾三任黔阳县县长，其书法为碑体行书。

碑廊的另一面多为记事碑，头前两块为复修芙蓉楼碑记，其他还有抗战标语碑、清代祠堂庙宇碑和政府文告等。

望江亭。各位游客、各位朋友：现在看到的这块石碑刻着"古龙标山"四个大字，是由黔阳县教谕袁淑先在乾隆三十五年庚子题刻，道光二十三年重刻，此碑原系古城龙标山西侧文庙牌坊匾额。黔阳县在唐代称龙标县，皆因古城内龙标山得名。石碑后雕刻有唐代大诗人李白为的《闻王昌龄左迁龙标遥有此寄》。

至圣遗像。眼前两块高大石碑，原立于古城文庙，一块是孔子像，相传为唐代大画家吴道子绘制；一块是乾隆二十二年（1757）正二品黔阳知县杨国菜刻的孔氏家谱。旁边长寿木纹石，来自沅江河底，一圈一圈石寿纹清晰可见，据考已有2.5亿年的历史，见证了亿万年的沧海桑田，摸一摸这块石头，可以给您添财、添福、添寿！

根雕陈列馆。各位游客、各位朋友：现在到达的地方是根雕陈列馆，门口的青石雕云龙又叫八龙碑，是从文庙搬至此处的。众所周知，九龙为帝王九五之尊的标志，而文庙所雕刻的八龙碑，则代表了一人之下，万人之上的意思，由此可看出，孔子在历代帝王和百姓心中的地位。室内这座大型古香樟根雕为湖南著名民间雕刻家傅振源先生带弟子耗时两年多雕成。此根雕重约 1 吨，直径 1.98 米，高 1.54 米，雕完后因其体量大、人物故事多、工艺精湛而被誉为"三绝树根雕""芙蓉仙境"。树根上雕有 30 多个民间故事和历史典故共 100 多个传奇人物和 150 多个精怪禽兽，如哪吒闹海、武松打虎、杨门女将、三鞭换两锏等。其独特的艺术价值在于"刀头奇取千般态，眼底掠收万种情"。

根雕后方看到的这口大铁钟铸造于清道光十三年（1833），钟高 1.2 米，重约 500 公斤，被称为"湘西第一古铁钟"，铁钟系纯铁铸造，其钟声雄浑、深沉、幽远。

记事碑廊。各位游客、各位朋友：现在看到的是芙蓉楼的记事碑廊，碑廊内陈列有清嘉庆至宣统年间黔阳县衙文告及祠堂、庙宇等碑刻 19 方，堪称黔阳县"石书档案"，对了解和研究清代湘西地区的政治、经济和民俗文化有着十分重要的意义。

后 记

文 红

《这里是怀化》是一本本土文化旅游资源读本，它的问世，是几个志同道合的朋友谈天说地时思想碰撞的结果，也是我们旅游人的一个夙愿。

作为一个旅游教育工作者，我最初的动机是编一本可供大学生了解本土文化旅游资源的书，弥补自己离开旅游管理专业十来年的遗憾。我把想法跟资深旅游管理工作者、我的亦徒亦友的学生肖建新一沟通，师徒二人产生了强烈的共鸣，于是，我们把一群热爱怀化文化旅游事业的朋友拉进来做编委会委员。可别小看了这帮朋友，这可是一群战斗在怀化旅游教育、旅游管理、文化传媒、纪检监察、新闻传播、文艺创作等战线上的精英，加上怀院旅游管理专业的部分教师，组成了编委会的"豪华"阵容。编书的意图一经传达，大家一拍即合，各领编写任务旋即进入写作状态。其间，大家克服了工作繁忙的困难，夜深人静之时苦苦思索，酷暑严冬坚持写作，历时一年半终于完成任务。

编书枯燥，但是过程充满了友谊和欢乐，这里略拾花絮：我们忘不了第一次会议后爬砚山的情景，那是疫情严重的 2020 年的春天，绚丽的樱花开满了怀院校园，经过一个下午讨论，最后定下了写作大纲的我们，很疲惫也很兴奋。于是大家在砚山广场前留下了第一张合影，建新编委眯缝着眼睛看了石碑上的"砚山"二字，故意说成"爬山"，大家哄堂大笑，原来毛体的"砚山"二字，看起来和"爬山"很近似。转念一想，这个良好的开端不就是意味着今后的编书工作是一个不断攀登的过程吗？此后的麻阳磨刀岩的碰头会，也同样是编写组"砥砺磨刀"的过程……凡此种种，现在回想起来，真是痛并快乐的。

随着编写进程的深入，我们越来越被书稿的精彩内容所打动所吸引：风景旖旎、人文荟萃的怀化，有那么多神奇而又瑰丽的风物和山川，有那么多遥远而又亲切的历史遗存，有那么多古朴而又生动的传说和故事。我们被自己生活的这一块土地深深地吸引住了，以至于很长的一段时间里，我们醉心忘情、牵肠挂肚，常常废寝忘食、通宵达旦。到后来，这个工作变成了难得的文化享受，既有怀化风俗风情、历史地理的知识补充，也有"沉醉不知归路"的审美沉潜。每每一个章节定稿之后，我们就像经历一场忘情沉迷、不能自已的精神之旅；每当工作遭遇瓶颈，我们会心无旁骛、苦思冥想；每当迷茫之后出现顿悟和灵感，我们又茅塞顿开、欣喜若狂。这种文字耕耘的痛苦和欢乐真是刻骨铭心、受益终身。

在编写的过程中，我们力求文字的清新生动，力求书面语言的严谨规范和生动活泼，还要有"坐在你的对面娓娓道来"的亲切感。希望我们的努力能让本书的使用者体会到怀化文化的源远流长、古朴瑰丽，又有亲临其境、如沐春风之愉悦感。

本书的面世，得益于资深旅游管理者肖建新发起、谋划和孜孜以求的努力；得益于同样在旅游管理部门工作的我的学生蔡海军的扛鼎参与；得益于吴京达、蔡海军、黄义良、肖建新认真细致地修改、丰富、校核和统稿。

　　本书的面世，还得益于文联的赵慧卉、广电宣传部门的杨咏的通力合作。

　　本书的面世，当然也离不开怀化学院商学院旅游管理专业建设资金的支持，旅游管理教研室的全体教师的集体奉献。

　　最后要感谢怀化市文旅广体局和怀化学院的大力支持。

　　要特别说明的是，本书的图片资料，是怀化市文旅广体局免费提供的，我们表示感谢；另外，本书的个别数据，由于统计口径和来源的不同，可能存在一些争议，我们在编纂的过程中，力求准确。

　　在本书编纂过程中，参阅了十几部学术专著和相关文献资料，是怀化旅游的文化拓荒者给予了我们丰富的营养和无穷的力量，一并表示感谢。

　　编著出版这本书，时间紧，任务重，我们承受了很大的压力，也深感责任重大，为了尽量少留下遗憾，几个月来，我们全力以赴，情凝笔端，苦心写作，我们的编纂工作得到了大家的支持，在此一并致谢！但由于时间仓促、水平有限，书中不妥之处甚至错误在所难免，敬望读者海涵并予以指正，以利再版时校正。

　　　　　　　　　　　　（作者系怀化学院商学院教授，本书主编）